일단 합격하고 오겠습니다

JLPT

일본어 능력시험

단어장

N2

김은영 저

동양북스

일단 합격하고 오겠습니다
JLPT N2
일본어 능력시험 단어장

초판 5쇄 | 2023년 10월 1일

저 자 | 김은영
발행인 | 김태웅
책임 편집 | 길혜진, 이선민
디자인 | 남은혜, 김지혜
마케팅 | 나재승
제 작 | 현대순

발행처 | (주)동양북스
등 록 | 제 2014-000055호
주 소 | 서울시 마포구 동교로22길 14 (04030)
구입 문의 | 전화 (02)337-1737 팩스 (02)334-6624
내용 문의 | 전화 (02)337-1762 dybooks2@gmail.com

ISBN 979-11-5768-443-4 14730
979-11-5768-441-0 (세트)

이 도서의 국립중앙도서관 출판예정도서목록(CIP)은 서지정보유통지원시스템 홈페이지(http://seoji.nl.go.kr)와
국가자료공동목록시스템(http://www.nl.go.kr/ kolisnet)에서 이용하실 수 있습니다.
(CIP제어번호:CIP2018031169)

머리말

일본어능력시험이 개정된 지 어느덧 8년이 지났습니다. 시험이 개정되며 많은 변화가 있었지만 그중에서 가장 큰 것은 어휘 부분에 있어서 각 급수별로 제시되던 어휘 기준이 더 이상 제시되지 않는다는 것입니다. 기존의 레벨 구분을 참고할 수는 있으나 개정 전의 기준과는 다르게 출제되는 문제가 많아 실제로 학습자가 각 레벨의 어휘를 구분하여 암기하는 것은 굉장히 어려운 일입니다. 따라서 이 책에서는 그런 점을 고려하여 개정 후 실제 출제된 어휘와 앞으로 출제 가능성이 높은 어휘를 골라내서 중요도, 기출 횟수 등을 고려하여 배치하였습니다.

기존의 어휘 교재들은 대부분 많은 양의 어휘를 사전처럼 제시하는 것이 많았지만 이 책에서는 학습자의 부담을 줄이면서 학습 효율성을 높이기 위해 핵심 어휘를 30일 분량으로 나누어 제시하였습니다. 또한 사용된 예문은 최대한 실생활 또는 시험에 자주 출제되는 예문 위주로 구성하였으므로 예문을 통째로 외우는 것이 시험에 많은 도움이 될 거라 생각됩니다.

외국어의 시작은 단어 암기입니다. 어휘 실력이 부족한 상황을 수업 현장에서는 '총알 없는 총'이라고도 하고, '재료도 없이 훌륭한 레시피만 들고 있다'라고도 이야기합니다. 그만큼 단어 학습은 가장 기본적이지만 지루하고 힘든 일이기도 합니다.

특히 일본어의 단어는 우리말과 많이 닮아 있지만 단어마다 읽는 법도 다양하고 한자를 알아야만 그 의미를 정확히 알 수 있어 많은 학습자들이 좌절을 경험하고는 합니다. 이 책은 그 힘든 싸움에 조금이마나 도움을 주기 위해 집필하였습니다. 부디 이 책이 여러분의 일본어능력시험 합격에 많은 보탬이 되기를 바랍니다.

저자 김은영

목차

학습 플래너

☐ Day 01 ___ 월 ___ 일 ▸ 명사·동사 ▸ 하루 1분 체크 ☐ 복습 1회 ☐ 복습 2회	☐ Day 02 ___ 월 ___ 일 ▸ 명사·동사 ▸ 하루 1분 체크 ☐ 복습 1회 ☐ 복습 2회	☐ Day 03 ___ 월 ___ 일 ▸ 명사·동사 ▸ 하루 1분 체크 ☐ 복습 1회 ☐ 복습 2회
☐ Day 07 ___ 월 ___ 일 ▸ 명사·동사 ▸ 하루 1분 체크 ☐ 복습 1회 ☐ 복습 2회	☐ Day 08 ___ 월 ___ 일 ▸ 형용사 ▸ 하루 1분 체크 ☐ 복습 1회 ☐ 복습 2회	☐ Day 09 ___ 월 ___ 일 ▸ 형용사 ▸ 하루 1분 체크 ☐ 복습 1회 ☐ 복습 2회
☐ Day 13 ___ 월 ___ 일 ▸ 명사·동사 ▸ 하루 1분 체크 ☐ 복습 1회 ☐ 복습 2회	☐ Day 14 ___ 월 ___ 일 ▸ 명사·동사 ▸ 하루 1분 체크 ☐ 복습 1회 ☐ 복습 2회	☐ Day 15 ___ 월 ___ 일 ▸ 명사·동사 ▸ 하루 1분 체크 ☐ 복습 1회 ☐ 복습 2회
☐ Day 19 ___ 월 ___ 일 ▸ 형용사 ▸ 하루 1분 체크 ☐ 복습 1회 ☐ 복습 2회	☐ Day 20 ___ 월 ___ 일 ▸ 부사·접속사 ▸ 하루 1분 체크 ☐ 복습 1회 ☐ 복습 2회	☐ Day 21 ___ 월 ___ 일 ▸ 명사·동사 ▸ 하루 1분 체크 ☐ 복습 1회 ☐ 복습 2회
☐ Day 25 ___ 월 ___ 일 ▸ 명사·동사 ▸ 하루 1분 체크 ☐ 복습 1회 ☐ 복습 2회	☐ Day 26 ___ 월 ___ 일 ▸ 명사·동사 ▸ 하루 1분 체크 ☐ 복습 1회 ☐ 복습 2회	☐ Day 27 ___ 월 ___ 일 ▸ 명사·동사 ▸ 하루 1분 체크 ☐ 복습 1회 ☐ 복습 2회

✧ 날짜를 기록하면서 진도를 확인해 보세요.

▢ **Day 04** ___월 ___일 ▸ 명사·동사 ▸ 하루 1분 체크 ▢ 복습 1회 ▢ 복습 2회	▢ **Day 05** ___월 ___일 ▸ 명사·동사 ▸ 하루 1분 체크 ▢ 복습 1회 ▢ 복습 2회	▢ **Day 06** ___월 ___일 ▸ 명사·동사 ▸ 하루 1분 체크 ▢ 복습 1회 ▢ 복습 2회
▢ **Day 10** ___월 ___일 ▸ 부사·접속사 ▸ 하루 1분 체크 ▢ 복습 1회 ▢ 복습 2회	▢ **Day 11** ___월 ___일 ▸ 명사·동사 ▸ 하루 1분 체크 ▢ 복습 1회 ▢ 복습 2회	▢ **Day 12** ___월 ___일 ▸ 명사·동사 ▸ 하루 1분 체크 ▢ 복습 1회 ▢ 복습 2회
▢ **Day 16** ___월 ___일 ▸ 명사·동사 ▸ 하루 1분 체크 ▢ 복습 1회 ▢ 복습 2회	▢ **Day 17** ___월 ___일 ▸ 명사·동사 ▸ 하루 1분 체크 ▢ 복습 1회 ▢ 복습 2회	▢ **Day 18** ___월 ___일 ▸ 형용사 ▸ 하루 1분 체크 ▢ 복습 1회 ▢ 복습 2회
▢ **Day 22** ___월 ___일 ▸ 명사·동사 ▸ 하루 1분 체크 ▢ 복습 1회 ▢ 복습 2회	▢ **Day 23** ___월 ___일 ▸ 명사·동사 ▸ 하루 1분 체크 ▢ 복습 1회 ▢ 복습 2회	▢ **Day 24** ___월 ___일 ▸ 명사·동사 ▸ 하루 1분 체크 ▢ 복습 1회 ▢ 복습 2회
▢ **Day 28** ___월 ___일 ▸ 형용사 ▸ 하루 1분 체크 ▢ 복습 1회 ▢ 복습 2회	▢ **Day 29** ___월 ___일 ▸ 형용사 ▸ 하루 1분 체크 ▢ 복습 1회 ▢ 복습 2회	▢ **Day 30** ___월 ___일 ▸ 부사·접속사 ▸ 하루 1분 체크 ▢ 복습 1회 ▢ 복습 2회

이 책의 구성과 활용

본책

미리 보기
오늘 공부할 단어를 미리 살펴봅니다. QR코드를 스캔하면 본문 MP3 파일을 들을 수 있습니다.

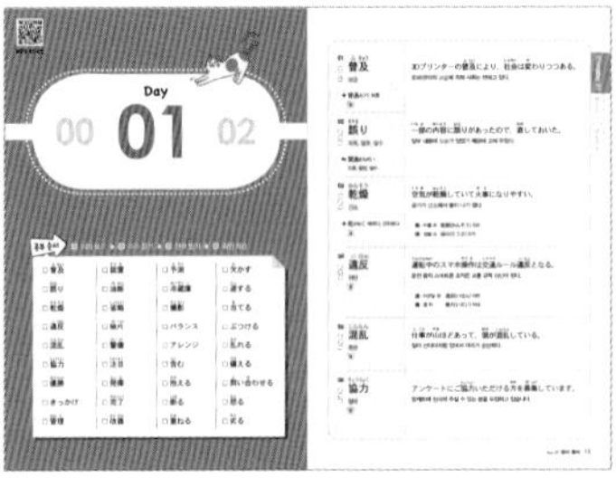

공부 단어
합격을 위한 필수 단어를 공부합니다. 기출 단어와 출제 예상 단어가 우선 순위별, 품사별로 정리되어 있어 효과적으로 학습할 수 있습니다.

하루 1분 체크
간단한 형식의 문제 풀이를 통해 단어를 잘 외웠는지 확인할 수 있습니다.

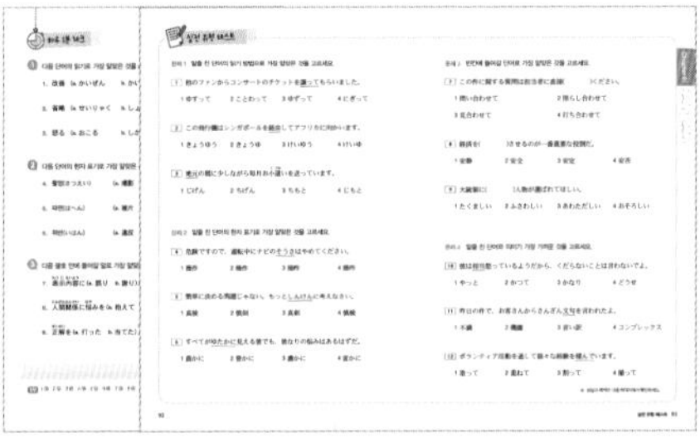

실전 유형 테스트
실제 일본어능력시험 유형에 맞춘 문제를 풀며 단어를 복습하고, 시험에 대비할 수 있습니다.

부록

플러스 단어 360
고득점 합격을 위해 알아야 할 중요 단어를 실었습니다.

색인
본문의 단어를 쉽게 찾을 수 있도록 50음도순으로 단어를 정리하였습니다.

핸드북

중요 단어
시험장에서 빠르게 훑어볼 수 있도록 본책의 1순위 단어를 정리했습니다

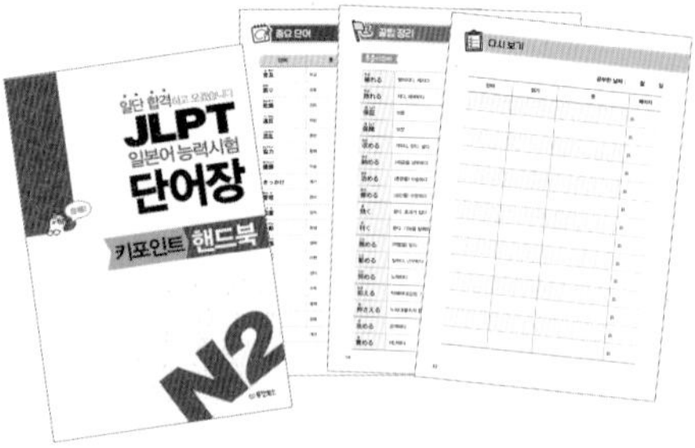

꿀팁 정리
알아 두면 도움이 될 꿀팁들을 한눈에 볼 수 있도록 정리했습니다.

다시 보기
잘 외워지지 않는 단어들을 정리하여 효과적으로 복습할 수 있습니다.

상세보기

03 かんそう ❶
⑥ □□□ **乾燥**
건조

❷ + 乾かわく 마르다, 건조하다
동 ❸

空気(くうき)が乾燥(かんそう)していて火事(かじ)になりやすい。❹
공기가 건조해서 불이 나기 쉽다.

燥 : 마를 조　乾燥(かんそう) 건조 ❺
操 : 잡을 조　操作(そうさ) 조작

❶ **표제어:** 합격을 위한 필수 단어입니다. 단어를 외운 뒤 셀로판지로 가리고 복습할 수 있습니다.

❷ **보충 단어:** 표제어와 함께 보면 좋은 유의어(≒), 반의어(↔), 관련 어휘(+)를 정리했습니다.

❸ **추가 품사 표기**

동 する를 붙여 동사로 활용 가능한 단어임을 나타냅니다.
명 だ를 빼고 명사로 활용 가능한 단어임을 나타냅니다.
＊부사의 경우 명사로도 쓰일 수 있다는 것을 나타냅니다.
ナ ナ형용사로도 활용 가능한 단어임을 나타냅니다.

❹ **예문:** 문장을 통해 단어의 뜻과 사용 방법을 자연스럽게 익힐 수 있습니다.

❺ **팁:** 표제어와 관련하여 일본어능력시험 수험자에게 꼭 필요한 팁들을 다음과 같은 유형으로 정리하였습니다.

＊틀리기 쉬운 한자 읽기	수험자들이 틀리기 쉬운 한자 읽기를 예시 단어와 함께 정리하였습니다.
＊형태가 비슷한 한자	형태가 비슷하여 혼동하기 쉬운 한자를 비교할 수 있도록 정리하였습니다.
＊표현 및 뉘앙스 비교	뜻이 비슷한 단어, 동음이의어 등 헷갈리기 쉬운 단어들의 차이를 설명하여 문맥 규정, 용법 문제에 대비할 수 있습니다.
＊자 · 타동사 비교(N3)	틀리기 쉬운 자동사, 타동사를 함께 제시하여 비교하면서 공부할 수 있습니다.

❻ **체크 박스:** 셀로판지로 가리고 읽기와 뜻을 말할 수 있다면 체크 박스에 표시합니다. 완벽한 암기를 위해 복습하는 것을 잊지 마세요.

본 책은 일본어능력시험에 대비하기 위한 맞춤형 단어장으로,
사전으로는 쓰실 수 없습니다.
본 책에서는 동사와 형용사를 모두 기본형으로 제시하며,
ナ형용사는 사전형이 아닌 だ가 붙은 형태로 제시합니다.

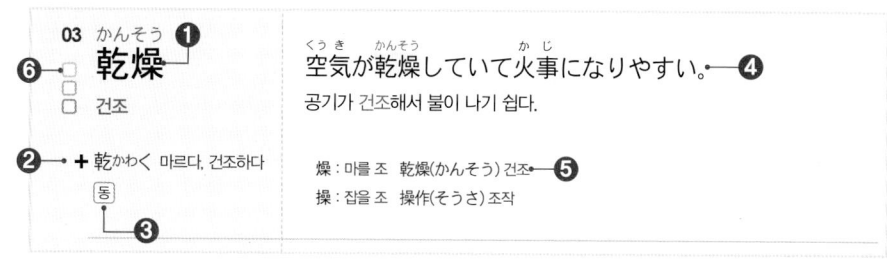

이 책의 공부 방법

Step 1 미리 보기

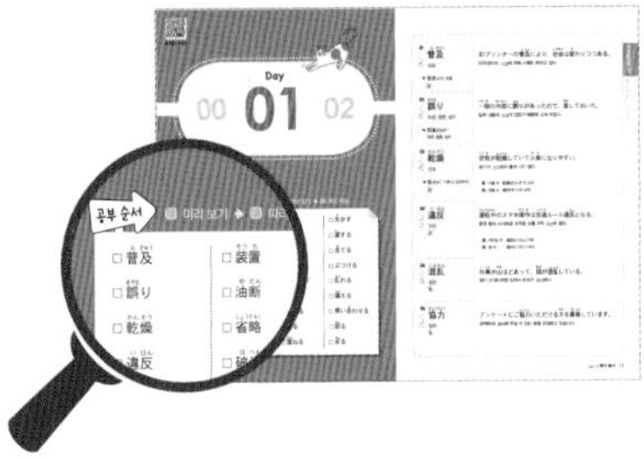

그날 외울 단어를 미리 살펴보고, 이미 알고 있는 단어에 체크합니다. 내가 잘 모르는 단어를 파악할 수 있어 효과적으로 공부할 수 있습니다.

Step 2 따라 읽기

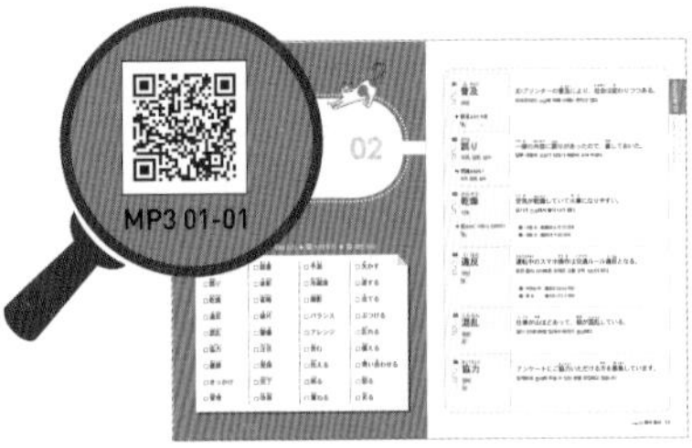

단어를 살펴본 후에는, MP3 음성을 들으며 단어를 따라 읽습니다. 최소 2번 이상 진행합니다. 눈으로 보고, 귀로 듣고, 입으로 읽으면서 암기 효과를 높일 수 있습니다.

▸ MP3 파일 듣는 방법

– 스마트폰에서 [미리 보기] 페이지의 QR코드 스캔하기.
– 동양북스 홈페이지(www.dongyangbooks.com) 도서 자료실에서 다운로드받기.

Step 3 단어 암기

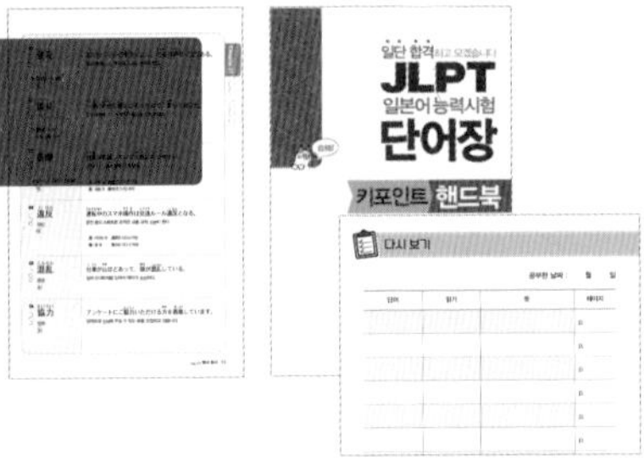

'따라 읽기'를 마쳤다면 단어를 암기합니다. 하루치 단어를 공부한 뒤에는 셀로판지로 단어를 가리며 제대로 외웠는지 확인합니다. 잘 외워지지 않는 단어는 핸드북에 정리하여 틈틈이 복습합니다.

Step 4 확인 학습

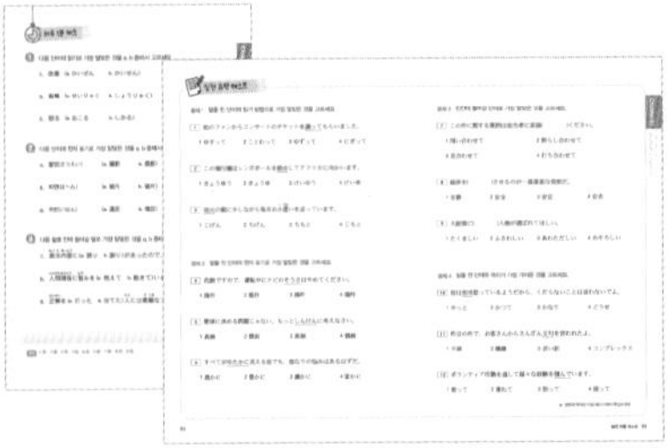

그날그날 단어를 잘 외웠는지 '하루 1분 체크'를 통해 확인합니다. 또한 한 챕터가 끝나면 실전 유형에 맞춘 '실전 유형 테스트'를 풀어 보며 단어를 복습하고, 시험에 대비할 수 있습니다.

Chapter 01

★★★

1순위 단어

Day 01~10

MP3 01-01

Day 01

00 01 02

공부 순서 ▢ 미리 보기 → ▢ 따라 읽기 → ▢ 단어 암기 → ▢ 확인 학습

□ 普及(ふきゅう)	□ 装置(そうち)	□ 予測(よそく)	□ 欠(か)かす
□ 誤(あやま)り	□ 油断(ゆだん)	□ 冷蔵庫(れいぞうこ)	□ 達(たっ)する
□ 乾燥(かんそう)	□ 省略(しょうりゃく)	□ 撮影(さつえい)	□ 当(あ)てる
□ 違反(いはん)	□ 破片(はへん)	□ バランス	□ ぶつける
□ 混乱(こんらん)	□ 警備(けいび)	□ アレンジ	□ 乱(みだ)れる
□ 協力(きょうりょく)	□ 注目(ちゅうもく)	□ 含(ふく)む	□ 備(そな)える
□ 優勝(ゆうしょう)	□ 発揮(はっき)	□ 抱(かか)える	□ 問(と)い合(あ)わせる
□ きっかけ	□ 完了(かんりょう)	□ 断(ことわ)る	□ 怒(おこ)る
□ 管理(かんり)	□ 改善(かいぜん)	□ 重(かさ)ねる	□ 劣(おと)る

01 ふきゅう
普及
보급

3Dプリンターの普及(ふきゅう)により、社会(しゃかい)は変(か)わりつつある。
3D프린터의 보급에 의해 사회는 변하고 있다.

+ 普通ふつう 보통
동

02 あやま
誤り
오류, 잘못, 실수

一部(いちぶ)の内容(ないよう)に誤(あやま)りがあったので、直(なお)しておいた。
일부 내용에 오류가 있었기 때문에 고쳐 두었다.

≒ 間違まちがい
오류, 잘못, 실수

03 かんそう
乾燥
건조

空気(くうき)が乾燥(かんそう)していて火事(かじ)になりやすい。
공기가 건조해서 불이 나기 쉽다.

+ 乾かわく 마르다, 건조하다
동

燥 : 마를 조 乾燥(かんそう) 건조
操 : 잡을 조 操作(そうさ) 조작

04 いはん
違反
위반
동

運転中(うんてんちゅう)のスマホ操作(そうさ)は交通(こうつう)ルール違反(いはん)となる。
운전 중의 스마트폰 조작은 교통 규칙 위반이 된다.

違 : 어긋날 위 違反(いはん) 위반
偉 : 클 위 偉大(いだい) 위대

05 こんらん
混乱
혼란
동

仕事(しごと)が山(やま)ほどあって、頭(あたま)が混乱(こんらん)している。
일이 산더미처럼 있어서 머리가 혼란하다.

06 きょうりょく
協力
협력
동

アンケートにご協力(きょうりょく)いただける方(かた)を募集(ぼしゅう)しています。
앙케트에 협력해 주실 수 있는 분을 모집하고 있습니다.

07 ゆうしょう
優勝
우승
동

ワールドカップで優勝(ゆうしょう)して国民(こくみん)を喜(よろこ)ばせた。
월드컵에서 우승해서 국민을 기쁘게 했다.

08
きっかけ
계기

≒契機けいき 계기

俳優(はいゆう)の夢(ゆめ)を持(も)つことになったきっかけは何(なん)ですか。
배우의 꿈을 가지게 된 계기는 무엇입니까?

09 かんり
管理
관리
동

在庫管理(ざいこかんり)アプリを無料(むりょう)で配布(はいふ)している。
재고 관리 어플을 무료로 배포하고 있다.

10 そうち
装置
장치

手荷物(てにもつ)の3Dスキャン装置(そうち)を導入(どうにゅう)することになった。
수화물의 3D 스캔 장치를 도입하게 되었다.

11 ゆだん
油断
방심

+ 油断大敵ゆだんたいてき
방심은 금물
동

弱(よわ)い相手(あいて)だと油断(ゆだん)してはいけない。
약한 상대라고 방심해서는 안 된다.

12 しょうりゃく
省略
생략
동

言葉(ことば)を省略(しょうりゃく)しすぎると意味(いみ)が分(わ)からなくなる。
말을 너무 많이 생략하면 의미를 알 수 없게 된다.

• 省(살필 성, 덜 생)
しょう 省略(しょうりゃく) 생략
せい 反省(はんせい) 반성

13 はへん
破片
파편

コップが割(わ)れて、ガラスの破片(はへん)で足(あし)を切(き)った。
컵이 깨져서 유리 파편에 발을 베었다.

破 : 깨뜨릴 파　破片(はへん) 파편
被 : 입을 피　被害(ひがい) 피해

14 けいび
警備
경비
동

この会社(かいしゃ)は警備(けいび)を専門(せんもん)に扱(あつか)っております。
이 회사는 경비를 전문으로 취급하고 있습니다.

警 : 경계할 경　警備(けいび) 경비
敬 : 공경할 경　敬語(けいご) 경어

15 ちゅうもく
注目
주목
동

現在(げんざい)、一番注目(いちばんちゅうもく)を集(あつ)めている技術(ぎじゅつ)はAIだ。
현재 가장 주목을 모으고 있는 기술은 AI이다.

注 : 부을 주　注目(ちゅうもく) 주목
住 : 살 주　住所(じゅうしょ) 주소

16 はっき
発揮
발휘

+ 指揮しき 지휘
동

緊張(きんちょう)して実力(じつりょく)を発揮(はっき)できないまま終(お)わってしまった。
긴장해서 실력을 발휘하지 못한 채로 끝나 버렸다.

17 かんりょう
完了
완료
동

登録(とうろく)が完了(かんりょう)したらメールでお知(し)らせします。
등록이 완료되면 메일로 알려 드리겠습니다.

18 かいぜん
改善
개선
동

今後(こんご)、更(さら)なる教育環境(きょういくかんきょう)の改善(かいぜん)を目指(めざ)しています。
향후 보다 나은 교육 환경의 개선을 목표로 하고 있습니다.

19 よそく
予測
예측

+ 予想よそう 예상
동

じゅよう よそく はず ざいこ ふ
需要予測が外れて在庫が増えてしまった。
수요 예측이 빗나가서 재고가 늘어 버렸다.

測 : 헤아릴 측 予測(よそく) 예측
則 : 법칙 칙 反則(はんそく) 반칙

20 れいぞうこ
冷蔵庫
냉장고

+ 冷凍れいとう 냉동

ふゆ れいぞうこ ほかん ほう
冬でも冷蔵庫に保管した方がいい。
겨울이라도 냉장고에 보관하는 편이 좋다.

21 さつえい
撮影
촬영
동

かんない さつえい きょか ひつよう
館内での撮影は許可が必要です。
관내에서의 촬영은 허가가 필요합니다.

撮 : 찍을 촬 撮影(さつえい) 촬영
最 : 가장 최 最高(さいこう) 최고

22
バランス
밸런스, 균형

≒ 均衡きんこう 균형

しごと と だいじ
仕事とプライベートのバランスを取ることが大事だ。
일과 사생활의 균형을 맞추는 것이 중요하다.

23
アレンジ
정리, 배열, 편곡, 각색
동

わしつ へや つく
和室をアレンジしておしゃれな部屋を作ろう。
다다미방을 새로 정리해서 멋진 방을 만들자.

24 ふく
含む
포함하다

+ 含ふくめる 포함되다

おんせん せいぶん ふく
温泉にはいい成分が含まれている。
온천에는 좋은 성분이 포함되어 있다.

25 かか
抱える
안다, (어려움 등을) 껴안다

にんげんかんけい なや かか ひと ふ
人間関係に悩みを抱えている人が増えている。
인간 관계에 고민을 안고 있는 사람이 늘고 있다.

26 ことわ
断る
거절하다

ことわ ほう
だめなのはきっぱりと断った方がいい。
안 되는 것은 단호히 거절하는 편이 좋다.

27 かさ
重ねる
겹치다, 쌓다

≒積つむ 쌓다, 거듭하다

わか けいけん かさ ほう
若いうちにたくさんの経験を重ねた方がいい。
젊을 때 많은 경험을 쌓는 편이 좋다.

28 か
欠かす
빠트리다

+ 欠かける 빠지다, 모자라다

かね ひと じんせい か
お金は人の人生において欠かせないものだ。
돈은 사람의 인생에 있어서 빠트릴 수 없는 것이다.

29 たっ
達する
달하다

しごと げんかい たっ き
仕事でストレスが限界に達している気がする。
일 때문에 스트레스가 한계에 달한 것 같은 느낌이 든다.

30 あ
当てる
맞히다, 대다, 해당하다

せいかい あ ひと すてき
正解を当てた人には素敵なプレゼントがある。
정답을 맞힌 사람에게는 멋진 선물이 있다.

31 ぶつける
부딪치다

角(かど)にぶつけてけがをしてしまった。
모서리에 부딪쳐서 부상을 당하고 말았다.

32 乱(みだ)れる
흐트러지다, 엉망이 되다

台風(たいふう)の影響(えいきょう)でダイヤが乱(みだ)れている。
태풍의 영향으로 운행 시간표가 혼란스럽다.

33 備(そな)える
대비하다, 준비하다

地震(じしん)に備(そな)えて必要(ひつよう)な物(もの)をまとめてみました。
지진에 대비해서 필요한 물건을 정리해 보았습니다.

34 問(と)い合(あ)わせる
문의하다

+ 問とう 묻다

担当者(たんとうしゃ)に直接(ちょくせつ)お問(と)い合(あ)わせください。
담당자에게 직접 문의해 주세요.

35 怒(おこ)る
화내다

ちょっとでも遅刻(ちこく)したら先生(せんせい)に怒(おこ)られるよ。
조금이라도 지각하면 선생님한테 혼나.

怒 : 성낼 노　怒(おこ)る 화내다
努 : 힘쓸 노　努(つと)める 힘쓰다

36 劣(おと)る
떨어지다, 뒤지다

+ 劣等感れっとうかん 열등감

専門家(せんもんか)に劣(おと)らない実力(じつりょく)を持(も)っている。
전문가에게 뒤지지 않는 실력을 가지고 있다.

하루 1분 체크

1 다음 단어의 읽기로 가장 알맞은 것을 a, b 중에서 고르세요.

1. 改善 (**a.** かいぜん **b.** かいせん)

2. 省略 (**a.** せいりゃく **b.** しょうりゃく)

3. 怒る (**a.** おこる **b.** しかる)

2 다음 단어의 한자 표기로 가장 알맞은 것을 a, b 중에서 고르세요.

4. 촬영(さつえい) (**a.** 撮影 **b.** 最影)

5. 파편(はへん) (**a.** 被片 **b.** 破片)

6. 위반(いはん) (**a.** 違反 **b.** 偉反)

3 다음 괄호 안에 들어갈 말로 가장 알맞은 것을 a, b 중에서 고르세요.

7. 表示内容(ひょうじないよう)に(**a.** 誤り **b.** 謝り)があったので、直(なお)しておいた。

8. 人間関係(にんげんかんけい)に悩(なや)みを(**a.** 抱えて **b.** 飽きて)いる人(ひと)が増(ふ)えている。

9. 正解(せいかい)を(**a.** 打った **b.** 当てた)人(ひと)には素敵(すてき)なプレゼントがある。

정답 1ⓐ 2ⓑ 3ⓐ 4ⓐ 5ⓑ 6ⓐ 7ⓐ 8ⓐ 9ⓑ

MP3 01-02

Day

01 **02** 03

공부 순서 ☑ 미리 보기 ➔ ☑ 따라 읽기 ➔ ☑ 단어 암기 ➔ ☑ 확인 학습

□ かいふく 回復	□ ついか 追加	□ よ なか 世の中	□ あた 与える
□ こうがい 郊外	□ いきお 勢い	□ ちゅうせん 抽選	□ かわ 乾く
□ ほうりつ 法律	□ とうろん 討論	□ せいぞう 製造	□ やと 雇う
□ きん し 禁止	□ しゅうかく 収穫	□ ショック	□ ふ む 振り向く
□ うで 腕	□ ちゅうだん 中断	□ リーダー	□ ふ 触れる
□ ち りょう 治療	□ しんがくりつ 進学率	□ やぶ 破れる	□ かたむ 傾く
□ ふく し 福祉	□ ゆく え 行方	□ す 済ませる	□ おぎな 補う
□ ひょうばん 評判	□ そんちょう 尊重	□ あわ 慌てる	□ く 暮らす
□ しょくぶつ 植物	□ か じょう 過剰	□ まね 招く	□ すく 救う

01 かい
回復
회복
동

日本(にほん)の景気(けいき)はゆっくり回復(かいふく)に向(む)かっている。
일본의 경기는 천천히 회복을 향해 가고 있다.

- 復(회복할 복, 다시 부)
  ふく　回復(かいふく) 회복
  ふく　復活(ふっかつ) 부활

02 こう
郊外
교외

パリの郊外(こうがい)に小(ち)さい一戸建(いっこだ)てを持(も)っている。
파리의 교외에 작은 단독 주택을 가지고 있다.

03 ほう
法律
법률

全(すべ)ては法律(ほうりつ)に基(もと)づいて判断(はんだん)すべきだ。
모든 것은 법률에 근거하여 판단해야만 한다.

04 きんし
禁止
금지

+ 禁煙きんえん 금연
동

室内(しつない)での喫煙(きつえん)は固(かた)く禁止(きんし)されております。
실내에서의 흡연은 엄격히 금지되어 있습니다.

05
腕
팔, 기술, 솜씨

≒ 腕前うでまえ
솜씨, 기량, 역량

腕(うで)のいい美容師(びようし)を探(さが)しているけど、なかなかいないね。
솜씨가 좋은 미용사를 찾고 있는데 좀처럼 없네.

06 ち
治療
치료
동

アレルギーの治療(ちりょう)は長(なが)く続(つづ)けなければならない。
알레르기 치료는 오랫동안 계속해야만 한다.

療 : 고칠 료　治療(ちりょう) 치료
僚 : 동료 료　同僚(どうりょう) 동료

07 ふくし
福祉
복지

いもうと ろうじんふくし はたら
妹は老人福祉センターで働いている。
여동생은 노인 복지 센터에서 일하고 있다.

福 : 복 복 福祉(ふくし) 복지
副 : 버금 부 副詞(ふくし) 부사

08 ひょうばん
評判
평판
ナ

ひょうばん し か しょうかい
評判のいい歯科を紹介してもらった。
평판이 좋은 치과를 소개해 받았다.

評判ひょうばん은 ナ형용사로도 명사로도 사용된다. '評判がいい 평판이 좋다'와 ナ형용사로 쓰인 '評判だ 평판이 좋다'는 같은 의미이다.

09 しょくぶつ
植物
식물

しぜんゆらい しょくぶつせいぶん はいごう
自然由来の植物成分が配合されています。
자연 유래 식물 성분이 배합되어 있습니다.

+ 植うえる 심다

10 ついか
追加
추가
동

ぜんこく ついかこうえん き
全国ツアーの追加公演が決まりました。
전국 투어의 추가 공연이 결정되었습니다.

11 いきお
勢い
기세, 힘

さけ よ いきお こくはく
お酒に酔った勢いで告白してしまった。
술 기운에 고백해 버렸다.

+ 勢力せいりょく 세력

12 とうろん
討論
토론
동

とうろんかい すす かた せつめい
討論会の進め方について説明します。
토론회의 진행 방법에 대해 설명하겠습니다.

13 しゅうかく
収穫
□□□
수확
동

この季節(きせつ)に収穫(しゅうかく)した果物(くだもの)をたっぷり使(つか)ったタルトだ。
이 계절에 수확한 과일을 듬뿍 사용한 타르트이다.

穫 : 거둘 확　収穫(しゅうかく) 수확
獲 : 얻을 획　獲得(かくとく) 획득

14 ちゅうだん
中断
□□□
중단
동

セキュリティー上(じょう)の理由(りゆう)から、手続(てつづ)きを一時中断(いちじちゅうだん)させた。
보안상의 이유로 수속을 일시 중단시켰다.

15 しんがくりつ
進学率
□□□
진학률

進学率(しんがくりつ)の高(たか)い高校(こうこう)ランキングをご紹介(しょうかい)します。
진학률이 높은 고등학교 랭킹을 소개하겠습니다.

- 率(비율 률, 거느릴 솔)
  りつ　進学率(しんがくりつ) 진학률
  そつ　引率(いんそつ) 인솔

16 ゆくえ
行方
□□□
행방

一年前(いちねんまえ)に行方不明(ゆくえふめい)になったまま未(いま)だに帰(かえ)ってこない。
1년 전에 행방불명이 된 채로 아직도 돌아오지 않는다.

17 そんちょう
尊重
□□□
존중
동

議論(ぎろん)ではお互(たが)いを尊重(そんちょう)する態度(たいど)が必要(ひつよう)だ。
토론에서는 서로를 존중하는 태도가 필요하다.

18 かじょう
過剰
□□□
과잉

＋剰余じょうよ 잉여
ナ

買(か)い物(もの)で過剰(かじょう)な包装(ほうそう)はお断(ことわ)りしましょう。
쇼핑에서 과한 포장은 거절합시다.

19 よ なか
世の中
세상

よ なか つよ あた ぎじゅつ かいはつ
世の中に強いインパクトを与える技術を開発したい。
세상에 강한 임팩트를 주는 기술을 개발하고 싶다.

- 世(세상 세)
 よ　世の中(よのなか) 세상
 せ　世界(せかい) 세계

20 ちゅうせん
抽選
추첨
[동]

ちゅうせん めいさま いた
抽選で100名様にサウンドトラックをプレゼント致します。
추첨으로 100명에게 OST를 선물합니다.

21 せいぞう
製造
제조
[동]

ひと で ぶ そく なや せいぞうぎょう おな
人手不足に悩むのは製造業も同じだ。
인력 부족으로 고민하는 것은 제조업도 마찬가지이다.

製 : 지을 제　製造(せいぞう) 제조
制 : 절제할 제　制度(せいど) 제도

22
ショック
쇼크, 충격

じけん う ぼく
この事件でショックを受けたのは僕だけじゃない。
이 사건으로 충격을 받은 것은 나뿐만이 아니다.

≒ 衝撃しょうげき 충격

23
リーダー
리더

やくわり いちばんじゅうよう なん
リーダーの役割として一番重要なのは何でしょう。
리더의 역할로서 가장 중요한 것은 무엇일까요?

24 やぶ
破れる
찢어지다, 깨지다, 터지다

せ かい き ろく とうぶんやぶ
この世界記録は当分破れないだろう。
이 세계 기록은 당분간 깨지지 않을 것이다.

破やぶれる는 '종이나 천 등이 찢어지거나 기록이 깨진다'는 의미로 사용하며, 敗やぶれる는 '경기에서 지다'라는 뜻으로 사용한다.

25 す
済ませる
끝내다

お急(いそ)ぎだから今日中(きょうじゅう)に済(す)ませておきましょう。
급한 것이니까 오늘 중으로 끝내 둡시다.

+ 済すむ 끝나다

26 あわ
慌てる
당황하다

地震(じしん)の時(とき)は慌(あわ)てないことが大事(だいじ)だ。
지진 때는 당황하지 않는 것이 중요하다.

27 まね
招く
부르다, 초대하다, 초래하다

無理(むり)なダイエットが体力低下(たいりょくていか)を招(まね)いている。
무리한 다이어트가 체력 저하를 초래하고 있다.

+ 招待しょうたい 초대

28 あた
与える
주다, 공급하다

子供(こども)は元気(げんき)を与(あた)えてくれる存在(そんざい)だ。
아이는 힘을 주는 존재이다.

与 : 줄 여　与(あた)える 주다, 부여하다
写 : 베낄 사　写(うつ)す 베끼다, 찍다

29 かわ
乾く
마르다, 건조되다

じめじめしていて洗濯物(せんたくもの)が乾(かわ)かない。
습기가 많아서 빨래가 마르지 않는다.

30 やと
雇う
고용하다

雇(やと)われている立場(たちば)で社長(しゃちょう)の話(はなし)は逆(さか)らえない。
고용되어 있는 입장에서 사장님의 이야기는 거스를 수 없다.

+ 雇用こよう 고용

Day 02

31 ふむ
振り向く
뒤돌아보다

はな ふ む
話しかけたが振り向いてもくれない。
말을 걸었지만 뒤돌아보지도 않는다.

32 ふ
触れる
닿다, 접촉하다

+ 触さわる 닿다

こども きょういく しぜん ふ
子供にいい教育は自然とたくさん触れることだ。
아이에게 좋은 교육은 자연과 많이 접하는 것이다.

触ふれる와 触さわる 모두 '신체나 어떤 물건에 실질적으로 접촉'하는 경우에 사용할 수 있으며, 접촉의 정도는 触れる가 가볍다. '추상적인 어떤 것'에 접할 때는 触れる를 사용한다.

33 かたむ
傾く
기울다

+ 傾斜けいしゃ 경사

けんせつちゅう かたむ こうじ ちゅうだん
建設中のビルが傾いて、工事が中断された。
건설 중인 건물이 기울어서 공사가 중단되었다.

34 おぎな
補う
보충하다

つか の えいよう おぎな
疲れにはサプリメントでも飲んで栄養を補うことだ。
피로에는 건강보조식품이라도 먹어서 영양을 보충하는 것이 좋다.

35 く
暮らす
살다, 생활하다

かいがい ひとり く あま
海外で一人で暮らすのはそんなに甘くない。
해외에서 혼자서 생활하는 것은 그렇게 간단하지 않다.

暮 : 저물 모　暮(く)らす 살다
募 : 모을 모　募(つの)る 모으다

36 すく
救う
구하다

≒ 助たすける 구하다

おお いのち すく
AEDで多くの命が救われているそうだ。
AED로 많은 목숨이 구해지고 있다고 한다.

하루 1분 체크

1 다음 단어의 읽기로 가장 알맞은 것을 a, b 중에서 고르세요.

1. 尊重 (a. そんちょう　b. そんじゅう)

2. 評判 (a. へいばん　b. ひょうばん)

3. 行方 (a. ゆくえ　b. いくかた)

2 다음 단어의 한자 표기로 가장 알맞은 것을 a, b 중에서 고르세요.

4. 제조(せいぞう)　(a. 製造　b. 制造)

5. 초대하다(まねく)　(a. 招く　b. 紹く)

6. 금지(きんし)　(a. 歴止　b. 禁止)

3 다음 괄호 안에 들어갈 말로 가장 알맞은 것을 a, b 중에서 고르세요.

7. (a. 肩　b. 腕)のいい美容師(びようし)を探(さが)しているけど、なかなかいないね。

8. 買(か)い物(もの)で(a. 過剰な　b. 過密な)包装(ほうそう)はお断(ことわ)りしましょう。

9. 世(よ)の中(なか)に強(つよ)いインパクトを(a. 与える　b. 及ぶ)技術(ぎじゅつ)を開発(かいはつ)したい。

정답 1ⓐ 2ⓑ 3ⓐ 4ⓐ 5ⓐ 6ⓑ 7ⓑ 8ⓐ 9ⓐ

MP3 01-03

Day 03

02 03 04

공부 순서 미리 보기 → 따라 읽기 → 단어 암기 → 확인 학습

□ 苦情(くじょう)	□ 安定(あんてい)	□ 演説(えんぜつ)	□ 悩(なや)む
□ 強火(つよび)	□ 地元(じもと)	□ 変更(へんこう)	□ 戻(もど)す
□ 招待(しょうたい)	□ 言(い)い訳(わけ)	□ 邪魔(じゃま)	□ 略(りゃく)する
□ 出版(しゅっぱん)	□ 容姿(ようし)	□ リラックス	□ 取(と)り扱(あつか)う
□ 商品(しょうひん)	□ 我慢(がまん)	□ プラン	□ 隠(かく)す
□ 延期(えんき)	□ 総額(そうがく)	□ 譲(ゆず)る	□ 訪(おとず)れる
□ 操作(そうさ)	□ 役目(やくめ)	□ 揃(そろ)う	□ 打(う)ち消(け)す
□ 削除(さくじょ)	□ 最寄(もよ)り	□ 散(ち)らかす	□ 差(さ)し支(つか)える
□ 目上(めうえ)	□ 催促(さいそく)	□ 湿(しめ)る	□ 優(すぐ)れる

01 くじょう **苦情** 불만, 고충, 불편 ≒ 不満ふまん 불만, 불평	お客(きゃく)さんからたくさんの苦情(くじょう)が入(はい)って大変(たいへん)だった。 고객으로부터 많은 불만이 들어와서 힘들었다.
02 つよび **強火** 강한 불 ↔ 弱火よわび 약한 불	強火(つよび)で焼(や)いたら中身(なかみ)は生(なま)のまま焦(こ)げてしまった。 강한 불로 구웠더니 속은 익지 않고 타 버렸다.
03 しょうたい **招待** 초대 [동]	友達(ともだち)の招待(しょうたい)で登録(とうろく)した場合(ばあい)はポイントを差(さ)し上(あ)げます。 친구 초대로 등록한 경우는 포인트를 드립니다. 招 : 부를 초　招待(しょうたい) 초대 紹 : 이을 소　紹介(しょうかい) 소개
04 しゅっぱん **出版** 출판 [동]	ブログをきっかけにレシピの本(ほん)を出版(しゅっぱん)することになった。 블로그를 계기로 레시피 책을 출판하게 되었다. 版 : 널 판　出版(しゅっぱん) 출판 販 : 팔 판　販売(はんばい) 판매
05 しょうひん **商品** 상품	ハンドメイド商品(しょうひん)をたくさん揃(そろ)えています。 핸드메이드 상품을 많이 구비하고 있습니다.
06 えんき **延期** 연기 ≒ 遅延ちえん 지연 [동]	台風(たいふう)のために花火大会(はなびたいかい)は延期(えんき)された。 태풍 때문에 불꽃놀이는 연기되었다.

07 そうさ
☐
☐ **操作**
☐ 조작
동

にほん くるま うんてんちゅう そうさ
日本の車は運転中にナビの操作ができません。
일본 차는 운전 중에 내비게이션 조작이 불가능합니다.

08 さくじょ
☐
☐ **削除**
☐ 삭제

≒ 除去じょきょ 제거
동

こじんじょうほう さくじょ あんしん
個人情報はすぐ削除されるので、安心してください。
개인 정보는 바로 삭제되므로 안심하세요.

除 : 덜 제　　削除(さくじょ) 삭제
徐 : 천천히 할 서　徐行(じょこう) 서행

09 めうえ
☐
☐ **目上**
☐ 윗사람

↔目下めした 아랫사람

めうえ ひと いかた
目上の人にそんな言い方はないだろう。
윗사람에게 그렇게 말하는 건 좀 아니지.

10 あんてい
☐
☐ **安定**
☐ 안정

＋ 安静あんせい 안정
동

あんてい しごと こうむいん
安定した仕事というとやはり公務員ですね。
안정된 일이라고 하면 역시 공무원이죠.

安定あんてい는 '경제, 분위기, 상황, 직업' 등이 안정된 상태를 말하며, 安静あんせい는 '편안하고 조용하게'라는 뜻으로 보통 환자들에게 '안정을 취하다'라고 말할 때 사용한다.

11 じもと
☐
☐ **地元**
☐ 고향, 근거지, 그 고장

とうだい そつぎょう じもと だいがく すうがく おし
東大を卒業して地元の大学で数学を教えている。
도쿄대를 졸업하고 고향의 대학에서 수학을 가르치고 있다.

• 地(땅 지)
　じ　地元(じもと) 고향, 근거지
　ち　地球(ちきゅう) 지구

12 い わけ
☐
☐ **言い訳**
☐ 변명

≒ 弁明べんめい 변명
동

い わけ なに い
言い訳をするなら、何も言わないでよ。
변명을 할 거라면 아무 말도 하지 마.

13 ようし
容姿
모습, 자태, 얼굴과 몸매

50才を過ぎて容姿に自信がなくなった。
50세가 지나고 용모에 자신이 없어졌다.

14 がまん
我慢
참음, 용서

+ 耐たえる 견디다, 참다 동

韓国人は我慢が苦手だ。
한국인은 참는 것을 잘 못한다.

慢 : 게으를 만　我慢(がまん) 참음
漫 : 흩어질 만　漫画(まんが) 만화

15 そうがく
総額
총액

水害による被害総額は100億円にのぼるという。
수해에 의한 피해 총액은 100억 엔에 달한다고 한다.

16 やくめ
役目
역할, 임무

できないと思ったが、立派に役目を果たした。
불가능하다고 생각했지만, 훌륭하게 역할을 해냈다.

- 役(부릴 역, 소임 역)
  やく　役目(やくめ) 역할, 임무
  えき　現役(げんえき) 현역

17 もよ
最寄り
가장 가까움

父に最寄りの駅まで車で送ってもらった。
아버지가 가장 가까운 역까지 차로 바래다 주었다.

18 さいそく
催促
재촉

+ 開催かいさい 개최 동

支払い期間が過ぎた場合は、催促メールを送る。
지불 기간이 지난 경우에는 재촉 메일을 보낸다.

19 えんぜつ
演説
연설

+ 遊説ゆうぜい 유세
동

かのじょ えんぜつ ひと こころ うご
彼女の演説は人の心を動かすものがある。
그녀의 연설은 사람의 마음을 움직이게 하는 것이 있다.

• 説(말씀 설)
ぜつ 演説(えんぜつ) 연설
せつ 説明(せつめい) 설명

20 へんこう
変更
변경

+ 更新こうしん 갱신
동

くわ てじゅん へんこう ばあい
詳しい手順は変更される場合もあります。
자세한 순서는 변경되는 경우도 있습니다.

21 じゃま
邪魔
방해
동 ナ

すこ じゃま おこ ひと
少しでも邪魔されたらすぐ怒る人だ。
조금이라도 방해받으면 바로 화내는 사람이다.

魔 : 마귀 마 邪魔(じゃま) 방해
磨 : 갈 마 研磨(けんま) 연마

22
リラックス
릴랙스, 긴장을 푸는 것

とき おんがく き
こんな時こそ音楽でも聞きながらリラックスしよう。
이런 때일수록 음악이라도 들으면서 릴랙스하자.

23
プラン
플랜, 계획

≒ 計画けいかく 계획

こま た ほう あんしん
もっと細かくプランを立てた方が安心できる。
좀 더 꼼꼼하게 계획을 세우는 편이 안심된다.

24 ゆず
譲る
양보하다, 물려주다

こうはい みち ゆず かいしゃ や
後輩に道を譲って、会社を辞めた。
후배에게 길을 양보하고 회사를 그만두었다.

25 そろ
揃う
갖추어지다, 모이다

≒ 集あつまる 모이다

ぜんいんそろ かいぎ はじ
全員揃ったら会議を始めます。
전원 모이면 회의를 시작하겠습니다.

26 ち
散らかす
어지르다, 흩뜨리다

こども へや ち
子供はいつも部屋を散らかしっぱなしだ。
아이는 항상 방을 어지럽히기만 한다.

27 しめ
湿る
습하다, 축축하다

+ 湿気しっけ 습기

しめ くうき はい こ む あつ ひ つづ みこ
湿った空気が入り込み、蒸し暑い日が続く見込みだ。
습한 공기가 유입되어 무더운 날이 계속될 전망이다.

湿 : 젖을 습　湿度(しつど) 습도
温 : 따뜻할 온　温度(おんど) 온도

28 なや
悩む
고민하다

ひとり なや だれ そうだん
一人で悩まないで誰かに相談しましょう。
혼자서 고민하지 말고 누군가에게 상담합시다.

29 もど
戻す
되돌리다, 돌려놓다

つか お もの もと いち もど
使い終わった物は元の位置に戻してください。
다 사용한 물건은 원래 위치로 돌려놓아 주세요.

30 りゃく
略する
줄이다, 생략하다

りゃく よ
スターバックスのことを略して「スタバ」と呼んでいる。
스타벅스를 줄여서 '스타바'라고 부르고 있다.

31 取り扱う(と あつか)
취급하다

当店(とうてん)では子供用品(こどもようひん)は取(と)り扱(あつか)っておりません。
당 점포에서는 아이 용품은 취급하고 있지 않습니다.

32 隠す(かく)
숨기다, 감추다

+ 隠かくれる 숨다

溢(あふ)れる喜(よろこ)びを隠(かく)すことができなかった。
넘치는 기쁨을 감출 수가 없었다.

33 訪れる(おとず)
방문하다, 찾아오다

≒ 訪たずねる 찾다, 방문하다

最近(さいきん)、この島(しま)を訪(おとず)れてくる観光客(かんこうきゃく)が多(おお)くなった。
요즘 이 섬을 찾아오는 관광객이 많아졌다.

'어떤 장소를 방문하다, 찾아가다'라는 의미인 경우는 **訪おとずれる**와 **訪たずねる**를 모두 사용할 수 있고, '봄이 찾아오다', '소식이 찾아오다'와 같이 '추상적인 것이 찾아오다'라는 의미인 경우에는 **訪れる**만 사용한다.

34 打ち消す(う け)
부정하다, 없애다, 지우다

あの二人(ふたり)はすぐ結婚(けっこん)するとのうわさを打(う)ち消(け)した。
그 두 사람은 곧 결혼한다는 소문을 부정했다.

35 差し支える(さ つか)
지장이 있다, 방해가 되다

差(さ)し支(つか)えなければ、お名前(なまえ)をお願(ねが)いします。
지장이 없으시다면 성함을 부탁드립니다.

36 優れる(すぐ)
뛰어나다, 우수하다

+ 優秀ゆうしゅう 우수

この会社(かいしゃ)の製品(せいひん)はすべて品質(ひんしつ)に優(すぐ)れている。
이 회사의 제품은 모두 품질이 뛰어나다.

하루 1분 체크

1 다음 단어의 읽기로 가장 알맞은 것을 a, b 중에서 고르세요.

1. 地元 (a. ちげん　b. じもと)

2. 目上 (a. もくじょう　b. めうえ)

3. 演説 (a. えんぜつ　b. えんせつ)

2 다음 단어의 한자 표기로 가장 알맞은 것을 a, b 중에서 고르세요.

4. 출판(しゅっぱん)　(a. 出板　b. 出版)

5. 습도(しつど)　(a. 温度　b. 湿度)

6. 삭제(さくじょ)　(a. 削除　b. 削徐)

3 다음 괄호 안에 들어갈 말로 가장 알맞은 것을 a, b 중에서 고르세요.

7. 後輩(こうはい)に道(みち)を(a. 譲って　b. 許して)会社(かいしゃ)を辞(や)めた。

8. 父(ちち)に(a. 最寄り　b. 最近い)の駅(えき)まで車(くるま)で送(おく)ってもらった。

9. (a. 安静　b. 安定)した仕事(しごと)というとやはり公務員(こうむいん)ですね。

정답 1ⓑ 2ⓑ 3ⓐ 4ⓑ 5ⓑ 6ⓐ 7ⓐ 8ⓐ 9ⓑ

Day

03 **04** 05

공부 순서 ☑ 미리 보기 ➡ ☑ 따라 읽기 ➡ ☑ 단어 암기 ➡ ☑ 확인 학습

□ 求人 きゅうじん	□ 被害 ひがい	□ 契機 けいき	□ 迫る せま
□ 密閉 みっぺい	□ 現象 げんしょう	□ 願望 がんぼう	□ 悔やむ く
□ 山のふもと やま	□ 改正 かいせい	□ 一転 いってん	□ 目指す めざ
□ 皮膚 ひ ふ	□ 防災 ぼうさい	□ シーズン	□ 慣れる な
□ 想像 そうぞう	□ 勘定 かんじょう	□ アピール	□ 解く と
□ 缶詰 かんづめ	□ 拒否 きょ ひ	□ むかつく	□ 恐れる おそ
□ 議論 ぎ ろん	□ 合図 あい ず	□ 述べる の	□ 保つ たも
□ 構造 こうぞう	□ 行事 ぎょうじ	□ 縮む ちぢ	□ 相次ぐ あいつ
□ 改札口 かいさつぐち	□ 息抜き いきぬ	□ 握る にぎ	□ 生じる しょう

01 きゅうじん
求人
구인

学校(がっこう)のWEBの求人情報(きゅうじんじょうほう)が毎日更新(まいにちこうしん)されている。
학교 웹의 구인 정보가 매일 갱신되고 있다.

+ 求もとめる 구하다, 요구하다
[동]

求 : 구할 구　求人(きゅうじん) 구인
救 : 구원할 구　救急(きゅうきゅう) 구급

02 みっぺい
密閉
밀폐

密閉容器(みっぺいようき)を使(つか)えばかなり長(なが)く持(も)ちます。
밀폐 용기를 사용하면 꽤 오래 보존할 수 있습니다.

+ 開閉かいへい 개폐
[동]

03 やま
山のふもと
산기슭

山(やま)のふもとにあるペンションに泊(と)まる予定(よてい)だ。
산기슭에 있는 펜션에 숙박할 예정이다.

04 ひ ふ
皮膚
피부

アレルギーによる皮膚(ひふ)のトラブルで苦(くる)しんでいる。
알레르기에 의한 피부 트러블로 고생하고 있다.

≒ 肌はだ 피부

05 そうぞう
想像
상상
[동]

想像(そうぞう)できないくらいの暑(あつ)さでみんな苦労(くろう)している。
상상할 수 없을 정도의 더위로 모두 고생하고 있다.

像 : 모양 상　想像(そうぞう) 상상
象 : 코끼리 상　印象(いんしょう) 인상 (※'코끼리'로 쓰일 때는 象ぞう라고 읽는다)

06 かんづめ
缶詰
통조림

缶詰(かんづめ)を使(つか)ったゼリーのレシピを教(おし)えてくれた。
통조림을 사용한 젤리 레시피를 알려 주었다.

+ びん詰づめ 병조림

07 ぎろん
議論
논의, 토론, 의논

≒ ディベート 토론
동

こういう問題(もんだい)はたくさんの議論(ぎろん)が必要(ひつよう)だ。
이러한 문제는 많은 논의가 필요하다.

議 : 의논할 의　議論(ぎろん) 논의, 의논
義 : 옳을 의　講義(こうぎ) 강의

08 こうぞう
構造
구조

建物(たてもの)の構造(こうぞう)を勝手(かって)に変更(へんこう)してはいけない。
건물의 구조를 마음대로 변경해서는 안 된다.

構 : 얽을 구　構造(こうぞう) 구조
講 : 강론할 강　講演(こうえん) 강연

09 かいさつぐち
改札口
개찰구

改札口(かいさつぐち)付近(ふきん)で財布(さいふ)を落(お)としてしまったらしい。
개찰구 부근에서 지갑을 떨어트린 것 같다.

10 ひがい
被害
피해

この地域(ちいき)は地震(じしん)で大(おお)きな被害(ひがい)を受(う)けた。
이 지역은 지진으로 많은 피해를 입었다.

11 げんしょう
現象
현상

エルニーニョ現象(げんしょう)が起(お)こると異常気象(いじょうきしょう)になるそうだ。
엘니뇨 현상이 일어나면 이상 기상이 된다고 한다.

12 かいせい
改正
개정

＋ 改(あらた)める 고치다, 바꾸다
동

法律(ほうりつ)の一部(いちぶ)を改正(かいせい)することに合意(ごうい)した。
법률의 일부를 개정하는 것에 합의했다.

13 ぼうさい
防災
방재

+ 災害さいがい 재해

ひ なんせいかつ　ひつよう　ぼうさい　しょうかい

避難生活に必要な防災グッズを紹介します。
피난 생활에 필요한 방재 물품을 소개하겠습니다.

14 かんじょう
勘定
계산, 지불, 셈
동

勘定を済ませて店を出た。
계산을 마치고 가게를 나왔다.

• 定(정할 정)
じょう　勘定(かんじょう) 계산, 지불
てい　限定(げんてい) 한정

15 きょひ
拒否
거부
☐動

めいわく　　じゅしん　きょ ひ　ほうほう　おし
동

迷惑メールの受信を拒否する方法を教えてください。
스팸 메일의 수신을 거부하는 방법을 알려 주세요.

16 あいず
合図
신호, 사인
☐動

よう い　　　　あい ず　あ　　　　　　はし　だ
동

「用意、ドン」という合図に合わせてみんな走り出した。
'준비 땅'이라는 신호에 맞춰서 모두 달리기 시작했다.

• 図(그림 도)
ず　地図(ちず) 지도
と　意図(いと) 의도

17 ぎょうじ
行事
행사

へいせい　　ねん ど　　ねんかんぎょう じ よ てい　こうかい

平成30年度の年間行事予定を公開した。
헤이세이 30년도의 연간 행사 예정을 공개했다.

• 行(갈 행)
ぎょう　行事(ぎょうじ) 행사
こう　行動(こうどう) 행동

18 いきぬ
息抜き
잠시 쉼, 한숨 돌림

いきぬ　　しごと　こうりつ　あ

+ ため息いき 한숨
동

ちょっとした息抜きで仕事の効率が上がる。
잠깐의 휴식으로 일의 효율이 오른다.

19 けいき
契機
□□□ 계기

≒きっかけ 계기

旅行(りょこう)を契機(けいき)に世界(せかい)を学(まな)ぶことができる。
여행을 계기로 세상을 배울 수 있다.

20 がんぼう
願望
□□□ 원망, 바람, 희망

＋志願しがん 지원
동

私(わたし)の大好(だいす)きな彼女(かのじょ)には結婚願望(けっこんがんぼう)がまったくない。
내가 정말 좋아하는 그녀에게는 결혼 바람이 전혀 없다.

21 いってん
一転
□□□ 일전, 완전히 바뀌는 것, 일변
동

昼(ひる)の暑(あつ)さから一転(いってん)して夜(よる)は急(きゅう)に寒(さむ)くなった。
한낮의 더위가 완전히 변해서 밤에는 갑자기 추워졌다.

22
シーズン
□□□ 시즌, 성수기

足(あし)を怪我(けが)して今(こん)シーズンは休(やす)むことになった。
다리를 다쳐서 이번 시즌은 쉬게 되었다.

23
アピール
□□□ 어필
동

自分(じぶん)の長所(ちょうしょ)をうまくアピールした人(ひと)が面接(めんせつ)で受(う)かる。
자신의 장점을 잘 어필한 사람이 면접에서 합격한다.

24
むかつく
□□□ 화가 나다, 메슥거리다

≒怒おこる 화나다

平気(へいき)でうそをつく彼(かれ)を見(み)たら本当(ほんとう)にむかつく。
아무렇지 않게 거짓말을 하는 그를 보면 진짜 화난다.

25 の
述べる
□
□ 말하다, 서술하다
□

＋ 記述きじゅつ 기술

りょうこくかん　こうりゅう　ふか　　　　　　　　　　　の
両国間の交流を深めていきたいと述べた。

양국 간의 교류를 심화해 나가고 싶다고 말했다.

26 ちぢ
縮む
□
□ 줄다, 쭈글쭈글해지다

＋ 縮ちぢめる 줄이다

ゆ　せんたく　　　　　ふく　ちぢ
お湯で洗濯をしたら服が縮んだ。

뜨거운 물로 빨래를 했더니 옷이 줄었다.

27 にぎ
握る
□
□ 쥐다

＋ 握手あくしゅ 악수

み らい　　　　　　　にぎ　　　　　　　　　　　　こ ども
未来のカギを握っているのはやはり子供たちだ。

미래의 열쇠를 쥐고 있는 것은 역시 아이들이다.

28 せま
迫る
□
□ 다가오다, 육박하다

し けん　　　あした　せま
センター試験が明日に迫っている。

센터 시험이 내일로 다가왔다.

29 く
悔やむ
□
□ 후회하다, 애석히 여기다

＋ 悔くやしい 분하다, 억울하다
후회스럽다

か こ　　く
過去は悔やんでもしょうがないです。

과거는 후회해도 소용이 없어요.

30 め ざ
目指す
□
□ 목표로 하다

＋ 目標もくひょう 목표

しょうらい　えい ご きょうし　め ざ
将来は英語教師を目指している。

장래에는 영어 교사를 목표로 하고 있다.

Day 04

31 な
慣れる
익숙하다

+ 習慣しゅうかん 습관

日本(にほん)の生活(せいかつ)に慣(な)れてなくてちょっと困(こま)ってる。

일본에서의 생활에 익숙하지 않아서 조금 곤란하다.

32 と
解く
풀다

小学生(しょうがくせい)でも解(と)けるくらい簡単(かんたん)な問題(もんだい)だ。

초등학생이라도 풀 수 있을 정도로 간단한 문제이다.

33 おそ
恐れる
두려워하다

+ 恐おそろしい 무섭다, 두렵다

人間(にんげん)なら誰(だれ)でも死(し)を恐(おそ)れる。

인간이라면 누구라도 죽음을 두려워한다.

34 たも
保つ
유지하다

+ 維持いじ 유지

人(ひと)の体温(たいおん)は約(やく)37度(ど)に保(たも)たれている。

사람의 체온은 약 37도로 유지되고 있다.

35 あいつ
相次ぐ
잇따르다

大雪(おおゆき)でホテルの予約(よやく)キャンセルが相次(あいつ)いでいる。

큰 눈이 와서 호텔의 예약 취소가 잇따르고 있다.

36 しょう
生じる
생기다, 발생하다

≒ 発生はっせいする 발생하다

パスワードが正(ただ)しくないとログインエラーが生(しょう)じる。

패스워드가 정확하지 않으면 로그인 에러가 발생한다.

하루 1분 체크

1 다음 단어의 읽기로 가장 알맞은 것을 a, b 중에서 고르세요.

1. 行事 (a. こうじ　　b. ぎょうじ)

2. 願望 (a. がんぼう　　b. えんぼう)

3. 合図 (a. あいず　　b. あいと)

2 다음 단어의 한자 표기로 가장 알맞은 것을 a, b 중에서 고르세요.

4. 상상(そうぞう)　(a. 想像　　b. 想象)

5. 논의(ぎろん)　(a. 義論　　b. 議論)

6. 구조(こうぞう)　(a. 構造　　b. 講造)

3 다음 괄호 안에 들어갈 말로 가장 알맞은 것을 a, b 중에서 고르세요.

7. 人(ひと)の体温(たいおん)は約(やく)37度(ど)に(a. 保たれている　b. 守られている)。

8. ちょっとした(a. 息抜き　b. ため息)で仕事(しごと)の効率(こうりつ)が上(あ)がる。

9. センター試験(しけん)が明日(あした)に(a. 攻めて　b. 迫って)いる。

정답 1ⓑ 2ⓐ 3ⓐ 4ⓐ 5ⓑ 6ⓐ 7ⓐ 8ⓐ 9ⓑ

MP3 01-05

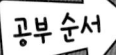

Day

04 05 06

공부 순서 미리 보기 → 따라 읽기 → 단어 암기 → 확인 학습

□ 分解(ぶんかい)	□ 経由(けいゆ)	□ 貿易(ぼうえき)	□ 異(こと)なる
□ 展開(てんかい)	□ 副作用(ふくさよう)	□ 収納(しゅうのう)	□ 伴(ともな)う
□ 保証(ほしょう)	□ 催(もよお)し	□ 用心(ようじん)	□ 買(か)い占(し)める
□ 針(はり)	□ 距離(きょり)	□ メリット	□ ささやく
□ 要求(ようきゅう)	□ 確保(かくほ)	□ レンタル	□ 積(つ)む
□ 礼儀(れいぎ)	□ 名所(めいしょ)	□ 受(う)け入(い)れる	□ 痛(いた)む
□ 観察(かんさつ)	□ 訂正(ていせい)	□ 甘(あま)やかす	□ 収(おさ)める
□ 戦争(せんそう)	□ 批評(ひひょう)	□ 絞(しぼ)る	□ 除(のぞ)く
□ 領収書(りょうしゅうしょ)	□ 継続(けいぞく)	□ 養(やしな)う	□ 沈(しず)む

Chapter 01
Chapter 02
Chapter 03

01 ぶんかい
分解
분해
동

しぜんぶんかい かみ つか
自然分解できる紙のストローを使うことにした。
자연 분해 가능한 종이 빨대를 사용하기로 했다.

02 てんかい
展開
전개
동

かいがい しじょう てんかい よてい
海外市場にサービスを展開していく予定だ。
해외 시장에 서비스를 전개해 갈 예정이다.

03 ほしょう
保証
보증

+ 保障ほしょう 보장
동

か ねんかん ほしょう
プラスケアを買うと5年間の保証がつきます。
플러스 케어를 구입하면 5년간 보증이 가능합니다.

保証ほしょう는 '책임을 지고 증명'한다는 의미이고, 保障ほしょう는 '장애가 되지 않도록 보호'한다는 의미이다.
예) 保証人ほしょうにん 보증인 / 安全保障あんぜんほしょう 안전 보장

04 はり
針
침

かた はり う
肩こりがひどくて針を打ってもらった。
허리 통증이 심해서 침을 맞았다.

05 ようきゅう
要求
요구
동

じょうし ようきゅう ぜんぶ う い
上司の要求でも全部受け入れるわけにはいかない。
상사의 요구라도 전부 받아들일 수는 없다.

06 れいぎ
礼儀
예의

+ 礼儀正れいぎただしい
예의 바르다

れいぎ し わかもの
礼儀やマナーを知らない若者もいる。
예의나 매너를 모르는 젊은 사람들도 있다.

儀 : 거동 의　礼儀(れいぎ) 예의
議 : 의논할 의　会議(かいぎ) 회의

07 かんさつ
観察
관찰

+ 観光かんこう 관광
동

表情(ひょうじょう)をよく観察(かんさつ)すると何(なに)が言(い)いたいのかが分(わ)かる。
표정을 잘 관찰하면 무엇을 말하고 싶은지를 알 수 있다.

観 : 볼 관　観察(かんさつ) 관찰
歓 : 기쁠 환　歓迎(かんげい) 환영

08 せんそう
戦争
전쟁

+ 戦たたかう 싸우다
동

もう二度(にど)と戦争(せんそう)なんか起(お)きて欲(ほ)しくない。
두 번 다시 전쟁 같은 건 일어나지 않길 바란다.

09 りょうしゅうしょ
領収書
영수서(증)

駐車料金(ちゅうしゃりょうきん)を精算(せいさん)する時(とき)、領収書(りょうしゅうしょ)の提示(ていじ)が必要(ひつよう)だ。
주차 요금을 정산할 때 영수증 제시가 필요하다.

10 けいゆ
経由
경유
동

アマゾンを経由(けいゆ)して販売(はんばい)しています。
아마존을 경유해서 판매하고 있습니다.

- 由(말미암을 유)
  ゆ　経由(けいゆ) 경유
  ゆう　自由(じゆう) 자유

11 ふくさよう
副作用
부작용

+ 副社長ふくしゃちょう 부사장

薬(くすり)の副作用(ふくさよう)は必(かなら)ず確認(かくにん)しましょう。
약의 부작용은 반드시 확인합시다.

12 もよお
催し
모임, 행사

+ 催もよおす 개최하다

夏(なつ)の注目(ちゅうもく)イベント・催(もよお)しをまとめてみた。
여름의 주목 이벤트, 행사를 정리해 봤다.

13 きょ り
☐
☐ **距離**
☐ 거리

^{ち きゅう} ^{つき} ^{きょ り}
地球から月までの距離はどれくらいですか。
지구에서 달까지의 거리는 어느 정도입니까?

距 : 떨어질 거 距離(きょり) 거리
拒 : 막을 거 拒否(きょひ) 거부

14 かく ほ
☐
☐ **確保**
☐ 확보

^{いそが} ^{すいみん じ かん} ^{かく ほ} ^{ほう}
忙しくても睡眠時間を確保した方がいい。
바쁘더라도 수면 시간을 확보하는 편이 좋다.

➕ 確認かくにん 확인
동

15 めいしょ
☐
☐ **名所**
☐ 명소

^{いち ど} ^い ^{さくら} ^{めいしょ} ^{しょうかい}
一度は行ってみたい桜の名所をご紹介します。
한번은 가 보고 싶은 벚꽃 명소를 소개하겠습니다.

• 所(바 소, 곳 소)
しょ 名所(めいしょ) 명소
じょ 近所(きんじょ) 근처

16 ていせい
☐
☐ **訂正**
☐ 정정

^{ひょう じ ないよう} ^{あやま} ^{ていせい}
表示内容に誤りがあって訂正しました。
표시 내용에 오류가 있어서 정정했습니다.

➕ 改訂かいてい 개정
동

17 ひ ひょう
☐
☐ **批評**
☐ 비평

^{さくひん} ^{きゃっかんてき} ^{ひ ひょう} ^{むずか}
ある作品を客観的に批評するのは難しい。
어떤 작품을 객관적으로 비평하는 것은 어렵다.

➕ 批判ひはん 비판
동

18 けいぞく
☐
☐ **継続**
☐ 계속
동

^{こ ども} ^う ^{し ごと} ^{けいぞく}
子供を産んでも仕事は継続していくつもりです。
아이를 낳아도 일은 계속해 갈 생각입니다.

19 ぼうえき
貿易
□□□ 무역
동

おおてぼうえきがいしゃ ながねんはたら けいけん
大手貿易会社で長年働いた経験があります。
대형 무역 회사에서 오랫동안 일한 경험이 있습니다.

• 易(바꿀 역, 쉬울 이)
えき 貿易(ぼうえき) 무역
い 安易(あんい) 안이

20 しゅうのう
収納
□□□ 수납
+ 納品のうひん 납품
동

しゅうのう おお べんり
このかばんは収納スペースが多くて便利だ。
이 가방은 수납 공간이 많아서 편리하다.

21 ようじん
用心
□□□ 조심
≒ 注意ちゅうい 주의
동

ひ ようじん よ
「火の用心」を呼びかけるキャンペーンをやっている。
'불조심'을 강조하는 캠페인을 하고 있다.

• 心(마음 심)
じん 用心(ようじん) 조심
しん 心理(しんり) 심리

22
メリット
□□□ 메리트, 장점, 이점
≒ デメリット 디메리트, 단점

きん
筋トレにはたくさんのメリットがあります。
근육 트레이닝에는 많은 이점이 있습니다.

23
レンタル
□□□ 대여, 빌림, 임대
+ 借かりる 빌리다
동

かんこく み
韓国ドラマのDVDをレンタルして見ている。
한국 드라마 DVD를 빌려서 보고 있다.

24 う い
受け入れる
□□□ 받아들이다

じぶん う い
ありのままの自分を受け入れることにした。
있는 그대로의 자신을 받아들이기로 했다.

25 甘やかす(あま)
응석을 받아주다

子供(こども)を甘(あま)やかすから、わがままな子(こ)になるのだ。
아이의 응석을 받아주니까 버릇없는 아이가 되는 것이다.

26 絞る(しぼ)
짜다, (범위를) 좁히다

捜査(そうさ)の範囲(はんい)を絞(しぼ)ることができた。
수사의 범위를 좁히는 것이 가능했다.

27 養う(やしな)
기르다, 양성하다

「自分(じぶん)で考(かんが)える力(ちから)」を養(やしな)うべきだ。
'스스로 생각하는 힘'을 길러야 한다.

28 異なる(こと)
다르다

≒ 違(ちが)う 다르다

自分(じぶん)と異(こと)なる意見(いけん)にも耳(みみ)を傾(かたむ)けるべきだ。
자신과 다른 의견에도 귀를 기울여야만 한다.

29 伴う(ともな)
동반하다

強風(きょうふう)を伴(ともな)う大雨(おおあめ)で大(おお)きな被害(ひがい)が出(で)た。
강풍을 동반한 큰 비로 큰 피해가 났다.

伴 : 짝 반　伴(ともな)う 동반하다
従 : 좇을 종　従(したが)う 따르다

30 買い占める(か し)
사재기하다, 매점하다

記念(きねん)グッズを買(か)い占(し)めて転売(てんばい)する人(ひと)がいる。
기념 상품을 매점해서 되파는 사람이 있다.

Day 05

31 ささやく
속삭이다, 소곤거리다

ささやくように話(はな)す声(こえ)が優(やさ)しく聞(き)こえる。
속삭이듯 말하는 목소리가 다정하게 들린다.

32 積(つ)む
쌓다, 싣다

≒ 重(かさ)ねる 겹치다, 쌓다

安定(あんてい)した環境(かんきょう)でスキルを積(つ)むことができる所(ところ)だ。
안정된 환경에서 기술을 쌓는 것이 가능한 곳이다.

33 痛(いた)む
아프다, 손상되다

髪(かみ)が痛(いた)んでいるから、パーマはかけない方(ほう)がいい。
머리가 손상돼 있으니까 파마는 하지 않는 편이 좋다.

34 収(おさ)める
거두다, 얻다, 넣다

＋ 納(おさ)める
(세금을) 납부하다

絶(た)え間(ま)ない努力(どりょく)で成功(せいこう)を収(おさ)めた。
끊임없는 노력으로 성공을 거두었다.

収(おさ)める 는 '성공을 거두다, 수익을 얻다' 라는 의미로 경우에 사용하며, 納(おさ)める 는 '세금을 납부하다, 서랍에 넣다' 등의 의미로 사용한다.

35 除(のぞ)く
제외하다, 빼다

週末(しゅうまつ)を除(のぞ)いては24時間営業(じかんえいぎょう)いたします。
주말을 제외하고는 24시간 영업합니다.

36 沈(しず)む
가라앉다, 저물다, 지다

ゆっくりと沈(しず)む太陽(たいよう)を見(み)ていると空(むな)しくなる。
천천히 저무는 태양을 보고 있으면 허무해진다.

하루 1분 체크

1 다음 단어의 읽기로 가장 알맞은 것을 a, b 중에서 고르세요.

1. 経由 (a. けいゆ b. けいゆう)

2. 用心 (a. ようしん b. ようじん)

3. 副作用 (a. ふくさよう b. ふさよう)

2 다음 단어의 한자 표기로 가장 알맞은 것을 a, b 중에서 고르세요.

4. 예의(れいぎ) (a. 礼儀 b. 礼議)

5. 보증(ほしょう) (a. 保障 b. 保証)

6. 거리(きょり) (a. 拒離 b. 距離)

3 다음 괄호 안에 들어갈 말로 가장 알맞은 것을 a, b 중에서 고르세요.

7. ありのままの自分(じぶん)を(a. 受け持つ b. 受け入れる)ことにした。

8. 絶(た)え間(ま)ない努力(どりょく)で成功(せいこう)を(a. 収めた b. 納めた)。

9. 週末(しゅうまつ)を(a. 除いては b. 削っては)24時間営業(じかんえいぎょう)いたします。

정답 1ⓐ 2ⓑ 3ⓐ 4ⓐ 5ⓑ 6ⓑ 7ⓑ 8ⓐ 9ⓐ

MP3 01-06

Day 06

05 06 07

공부 순서 ▢ 미리 보기 → ▢ 따라 읽기 → ▢ 단어 암기 → ▢ 확인 학습

- ☐ 相互(そうご)
- ☐ 姿勢(しせい)
- ☐ 衝突(しょうとつ)
- ☐ 文句(もんく)
- ☐ 頂上(ちょうじょう)
- ☐ 節約(せつやく)
- ☐ 勧誘(かんゆう)
- ☐ 拡充(かくじゅう)
- ☐ 圧勝(あっしょう)

- ☐ 損害(そんがい)
- ☐ 隅(すみ)
- ☐ 間際(まぎわ)
- ☐ 格好(かっこう)
- ☐ 規模(きぼ)
- ☐ 肩(かた)
- ☐ 引退(いんたい)
- ☐ 反省(はんせい)
- ☐ 逃亡(とうぼう)

- ☐ 返却(へんきゃく)
- ☐ 在籍(ざいせき)
- ☐ 平等(びょうどう)
- ☐ デザイン
- ☐ パンク
- ☐ 散(ち)らかる
- ☐ 凍(こお)る
- ☐ 従(したが)う
- ☐ 思(おも)いつく

- ☐ 恵(めぐ)む
- ☐ 誘(さそ)う
- ☐ うつむく
- ☐ 守(まも)る
- ☐ 励(はげ)む
- ☐ 効(き)く
- ☐ 占(し)める
- ☐ 減(へ)る
- ☐ 叶(かな)う

01 そうご
相互
□□□ 상호

くすり た もの そう ご さ よう てっていてき しら

薬と食べ物の相互作用について徹底的に調べてみる。
약과 음식의 상호 작용에 대해서 철저하게 조사해 본다.

+ 交互こうご 번갈아 함

---

02 しせい
姿勢
□□□ 자세

「やればできる」という姿勢で取り組んでほしい。
'하면 된다'라는 자세로 임해 주길 바란다.

---

03 しょうとつ
衝突
□□□ 충돌

相手チームの選手と衝突して、けがをした。
상대팀 선수와 충돌해서 부상을 당했다.

+ ぶつかる 부딪치다 동

衝 : 부딪칠 충　衝突(しょうとつ) 충돌
衡 : 저울대 형　均衡(きんこう) 균형

---

04 もんく
文句
□□□ 불만, 불평

頑張っているのに文句を言われて落ち込んでいる。
열심히 하고 있는데 불평을 들어서 기분이 우울하다.

≒ 不満ふまん 불평, 불만

- 文(글월 문)
  もん　文句(もんく) 불만, 불평
  ぶん　文章(ぶんしょう) 문장

---

05 ちょうじょう
頂上
□□□ 정상

天気が悪かったため、山の頂上までは登れなかった。
날씨가 나빴기 때문에 산 정상까지는 오르지 못했다.

+ 頂点ちょうてん 정점

---

06 せつやく
節約
□□□ 절약 동

でん き せつやく きょうりょく

電気の節約にご協力いただき、ありがとうございます。
전기 절약에 협력해 주셔서 감사합니다.

節 : 마디 절　節約(せつやく) 절약
筋 : 힘줄 근　筋肉(きんにく) 근육

Day 06

07 かんゆう
勧誘
□□□ 권유

+ 誘導ゆうどう 유도

동

さいきん　かんゆうでんわ　ふ　き
最近、しつこい勧誘電話が増えた気がする。
요즘 집요한 권유 전화가 는 것 같은 느낌이 든다.

勧 : 권할 권　勧誘(かんゆう) 권유
観 : 볼 관　観光(かんこう) 관광

08 かくじゅう
拡充
□□□ 확충

동

そうり　ほいくしせつ　かくじゅう　やくそく
総理は保育施設の拡充を約束した。
총리는 보육 시설 확충을 약속했다.

拡 : 넓힐 확　拡充(かくじゅう) 확충
広 : 넓을 광　広告(こうこく) 광고

09 あっしょう
圧勝
□□□ 압승

동

だいとうりょうせんきょ　やとう　あっしょう　お
大統領選挙は野党の圧勝に終わりました。
대통령 선거는 야당의 압승으로 끝났습니다.

10 そんがい
損害
□□□ 손해

まん　いち　そんがいほけん　かにゅう
万が一のために損害保険に加入しましょう。
만일을 위해 손해 보험에 가입합시다.

11 すみ
隅
□□□ 구석

≒ 奥おく 깊숙한 곳, 안, 속

へや　すみ　ゆかた　したぎるい　お
部屋の隅に浴衣、下着類が置かれていた。
방구석에 유카타, 속옷류가 놓여 있었다.

12 まぎわ
間際
□□□ 바로 옆, 직전

+ 窓際まどぎわ 창가

しゅっぱつまぎわ　ま　けっきょくかれ　こ
出発間際まで待っていたが、結局彼は来なかった。
출발 직전까지 기다렸지만 결국 그는 오지 않았다.

13 かっこう
格好
□□□ 모습, 모양

格好(かっこう)をつける男(おとこ)って意外(いがい)とかわいくない？
폼 잡는 남자 의외로 귀엽지 않아?

14 きぼ
規模
□□□ 규모

日本(にほん)で一番(いちばん)規模(きぼ)の大(おお)きい花火大会(はなびたいかい)だ。
일본에서 가장 규모가 큰 불꽃놀이이다.

模 : 본뜰 모　規模(きぼ) 규모
漠 : 사막 막　砂漠(さばく) 사막

15 かた
肩
□□□ 어깨

肩(かた)を広(ひろ)げるストレッチをたくさんやっている。
어깨를 펴는 스트레칭을 많이 하고 있다.

+ 肩(かた)こり 어깨 결림

16 いんたい
引退
□□□ 은퇴
동

あの選手(せんしゅ)は今試合(こんしあい)を限(かぎ)りに引退(いんたい)するそうだ。
저 선수는 이번 시합을 끝으로 은퇴한다고 한다.

17 はんせい
反省
□□□ 반성
동

一日(いちにち)を反省(はんせい)するという意味(いみ)で毎日日記(まいにちにっき)を書(か)いている。
하루를 반성한다는 의미로 매일 일기를 쓰고 있다.

18 とうぼう
逃亡
□□□ 도망
동

長(なが)い逃亡生活(とうぼうせいかつ)の末(すえ)、警察(けいさつ)に捕(つか)まった。
오랜 도망 생활 끝에 경찰에 잡혔다.

逃 : 도망할 도　逃亡(とうぼう) 도망
挑 : 돋울 도　挑戦(ちょうせん) 도전

Day 06

19 へんきゃく
返却
반납
동

休館日(きゅうかんび)にはブックポストに返却(へんきゃく)してください。
휴관일에는 반납함에 반납해 주세요.

却 : 물러날 각　返却(へんきゃく) 반납
脚 : 다리 각　脚本(きゃくほん) 각본

20 ざいせき
在籍
재적

+ 国籍こくせき 국적
동

200人(にん)ぐらいの留学生(りゅうがくせい)が在籍(ざいせき)しています。
200명 정도의 유학생이 재적하고 있습니다.

21 びょうどう
平等
평등

≒公平こうへい 공평
ナ

世界各地(せかいかくち)で男女平等(だんじょびょうどう)を訴(うった)えるイベントが開催(かいさい)された。
세계 각지에서 남녀 평등을 호소하는 이벤트가 개최되었다.

• 平(평평할 평)
びょう　平等(びょうどう) 평등
へい　平均(へいきん) 평균

22
デザイン
디자인
동

このブランドはデザインもよく値段(ねだん)も手頃(てごろ)で大人気(だいにんき)だ。
이 브랜드는 디자인도 좋고 가격도 적당해서 대인기이다.

23
パンク
펑크
동

タイヤがパンクしちゃって立(た)ち往生(おうじょう)している。
타이어가 펑크 나서 오도가도 못하고 있다.

24 ち
散らかる
흩어지다, 어질러지다

部屋(へや)が散(ち)らかっていてとても汚(きたな)い。
방이 어질러져 있어서 매우 더럽다.

Chapter 01
Chapter 02
Chapter 03

25 こお
凍る
얼다

+ 冷凍れいとう 냉동
↔ 溶とく 녹다

痛いくらいの寒さで湖まで凍ってしまった。
아플 정도의 추위로 호수까지 얼어 버렸다.

26 したが
従う
따르다

上司の命令なので、従わなければならない。
상사의 명령이기 때문에 따라야만 한다.

27 おも
思いつく
생각해 내다

何か思いついたらすぐ行動に移してみよう。
무언가 생각이 떠오르면 바로 행동으로 옮겨 보자.

思おもいつく는 어떤 아이디어나 생각이 문득 떠올랐을 때 사용하고, 思おもい出だす는 잊어버리고 있던 내용이 생각날 때 사용한다.

28 めぐ
恵む
(은혜를) 베풀다

+ 恩恵おんけい 은혜

田舎で自然に恵まれて幸せな一時を送っている。
시골에서 풍요로운 자연 속에서 행복한 한때를 보내고 있다.

29 さそ
誘う
권하다, 불러내다

彼にパーティーに誘われたけど、行けそうにない。
그에게 파티 초대를 받았지만 못 갈 것 같아.

30
うつむく
고개를 숙이다

うつむいたまま答えるのは失礼だ。
고개를 숙인 채로 대답하는 것은 실례이다.

31 まも
守る
지키다

＋ 見守みまもる
지켜보다, 돌보다

やくそく いじょう まも
やると約束した以上は守るべきだ。
하겠다고 약속한 이상은 지켜야 한다.

32 はげ
励む
힘쓰다, 전념하다

なつ や きゅうたいかい む れんしゅう はげ
夏の野球大会に向けて練習に励んでいる。
여름 야구 대회를 목표로 연습에 전념하고 있다.

33 き
効く
듣다, 효과가 있다

くすり ずつう き
この薬は頭痛によく効きます。
이 약은 두통에 잘 듣습니다.

効きく는 '어떤 것의 효과가 나타나다'라는 의미이며, 利きく는 '본래의 기능을 잘 발휘한다'라는 의미이다. 예) 保険ほけんが利く(보험이 적용되다) / 気きが利く(눈치가 있다)

34 し
占める
차지하다, 점유하다

＋ 占有せんゆう 점유

こくど やま し
国土の70%を山が占めている。
국토의 70%를 산이 차지하고 있다.

- 占(점칠 점, 점령할 점)
  しめる　占(し)める 차지하다
  うらなう　占(うらな)う 점치다

35 へ
減る
줄다, 감소하다

＋ 減へらす 감소시키다
↔ 増ふえる 늘다, 증가하다

こども かず へ しゃかいもんだい
子供の数が減って社会問題になっている。
아이 수가 줄어서 사회 문제가 되고 있다.

36 かな
叶う
이루어지다

こども ゆめ かな ささ
子供の夢が叶うように支えていきたい。
아이의 꿈이 이루어지도록 지원해 주고 싶다.

하루 1분 체크

1 다음 단어의 읽기로 가장 알맞은 것을 a, b 중에서 고르세요.

1. 返却 (a. へんきゃく b. はんきゃく)

2. 平等 (a. へいとう b. びょうどう)

3. 反省 (a. はんせい b. はんしょう)

2 다음 단어의 한자 표기로 가장 알맞은 것을 a, b 중에서 고르세요.

4. 도망(とうぼう) (a. 逃亡 b. 挑亡)

5. 권유(かんゆう) (a. 勧誘 b. 観誘)

6. 확충(かくじゅう) (a. 拡充 b. 拡忠)

3 다음 괄호 안에 들어갈 말로 가장 알맞은 것을 a, b 중에서 고르세요.

7. 何(なに)か (a. 思いついたら b. 思い込んだら) すぐ行動(こうどう)に移(うつ)してみよう。

8. 田舎(いなか)で自然(しぜん)に (a. 恵まれて b. 巡られて) 幸(しあわ)せな一時(ひととき)を送(おく)っている。

9. この薬(くすり)は頭痛(ずつう)によく (a. 利きます b. 効きます)。

정답 1ⓐ 2ⓑ 3ⓐ 4ⓐ 5ⓐ 6ⓐ 7ⓐ 8ⓐ 9ⓑ

MP3 01-07

Day

06 **07** 08

공부 순서 ▶ ☐ 미리 보기 ➡ ☐ 따라 읽기 ➡ ☐ 단어 암기 ➡ ☐ 확인 학습

☐ 利益 <small>りえき</small>	☐ 爆発 <small>ばくはつ</small>	☐ 汚染 <small>おせん</small>	☐ 足す <small>た</small>
☐ 諸国 <small>しょこく</small>	☐ 機嫌 <small>きげん</small>	☐ 世紀 <small>せいき</small>	☐ 立ち去る <small>た さ</small>
☐ 首脳 <small>しゅのう</small>	☐ 欧米 <small>おうべい</small>	☐ 貯蔵 <small>ちょぞう</small>	☐ 争う <small>あらそ</small>
☐ 技術 <small>ぎじゅつ</small>	☐ 矛盾 <small>むじゅん</small>	☐ ブーム	☐ 掘る <small>ほ</small>
☐ 水滴 <small>すいてき</small>	☐ 廃止 <small>はいし</small>	☐ テンポ	☐ 繰り返す <small>く かえ</small>
☐ 都合 <small>つごう</small>	☐ 補足 <small>ほそく</small>	☐ 務める <small>つと</small>	☐ 積み重なる <small>つ かさ</small>
☐ 限定 <small>げんてい</small>	☐ 上昇 <small>じょうしょう</small>	☐ 驚く <small>おどろ</small>	☐ 敗れる <small>やぶ</small>
☐ 交代 <small>こうたい</small>	☐ 愚痴 <small>ぐち</small>	☐ 抑える <small>おさ</small>	☐ 競う <small>きそ</small>
☐ 世間 <small>せけん</small>	☐ 抵抗 <small>ていこう</small>	☐ つぶす	☐ 省く <small>はぶ</small>

01 りえき
利益
이익

≒ 収益しゅうえき 수익

小さ(ちい)なアイディアでたくさんの利益(りえき)をあげた。
작은 아이디어로 많은 이익을 거두었다.

02 しょこく
諸国
제국, 여러 나라

＋ 諸島しょとう 제도

アフリカ諸国(しょこく)の独立(どくりつ)により、いろんな変化(へんか)が起(お)きた。
아프리카 제국의 독립에 의해 여러 가지 변화가 일어났다.

諸 : 여러 제　諸国(しょこく) 제국
緒 : 실마리 서　内緒(ないしょ) 비밀

03 しゅのう
首脳
수뇌, 정상

プサンでG7の首脳会談(しゅのうかいだん)が行(おこな)われた。
부산에서 G7 정상회담이 개최되었다.

脳 : 뇌 뇌　首脳(しゅのう) 수뇌
悩 : 번뇌할 뇌　苦悩(くのう) 고뇌

04 ぎじゅつ
技術
기술

すでにいろんなところでAI技術(ぎじゅつ)が利用(りよう)されている。
이미 다양한 곳에서 AI기술이 이용되고 있다.

05 すいてき
水滴
물방울

洗濯物(せんたくもの)から水滴(すいてき)が落(お)ちている。
빨래에서 물방울이 떨어지고 있다.

滴 : 물방울 적　水滴(すいてき) 물방울
摘 : 딸 적　摘出(てきしゅつ) 적출

06 つごう
都合
사정, 형편

都合(つごう)のいい時(とき)でいいから、連絡(れんらく)お願(ねが)いします。
사정이 괜찮을 때 연락 부탁드립니다.

- 都(도읍 도)
  - つ　都合(つごう) 사정, 형편
  - と　都市(とし) 도시

07 げんてい
限定
□□□ 한정

＋限かぎる 한정하다
동

7月に入って、夏限定の商品がたくさん発売された。
7월에 들어서서 여름 한정 상품이 많이 발매되었다.

限 : 한정할 한　限定(げんてい) 한정
根 : 뿌리 근　根拠(こんきょ) 근거

08 こうたい
交代
□□□ 교대
동

この舞台は主人公の交代が決まった。
이 무대는 주인공의 교체가 결정되었다.

• 代(대신할 대)
たい　交代(こうたい) 교대
だい　代理(だいり) 대리

09 せけん
世間
□□□ 세간, 세상

＋世間話せけんばなし
세상 사는 이야기

世間に知られたら困るから、内緒にしてくれる？
세간에 알려지면 곤란하니까 비밀로 해 줄래?

10 ばくはつ
爆発
□□□ 폭발
동

火山が爆発して、多くの人が避難しています。
화산이 폭발해서 많은 사람들이 피난하고 있습니다.

爆 : 터질 폭　爆発(ばくはつ) 폭발
暴 : 사나울 폭　暴行(ぼうこう) 폭행

11 きげん
機嫌
□□□ 기분, 심사

社長の機嫌が悪いから、話かけない方がいい。
사장님 기분이 안 좋으니까 말 걸지 않는 편이 좋다.

12 おうべい
欧米
□□□ 구미(유럽과 미국)

＋西欧せいおう 서구

この地域は欧米から来た人々もたくさん住んでいる。
이 지역은 구미에서 온 사람들도 많이 살고 있다.

• 米 쌀 미
べい　欧米(おうべい) 구미(유럽과 미국)
まい　新米(しんまい) 햅쌀, 신참

13 むじゅん
矛盾
모순
동

じぶん しゅちょう むじゅん きづ
自分の主張が矛盾していることに気付かなかった。
자신의 주장이 모순되어 있다는 것을 알아차리지 못했다.

矛 : 창 모　矛盾(むじゅん) 모순
予 : 미리 예　予約(よやく) 예약

---

14 はいし
廃止
폐지

＋ 廃棄はいき 폐기
동

だんたい しけいせいど はいし ようきゅう
この団体は死刑制度の廃止を要求している。
이 단체는 사형 제도의 폐지를 요구하고 있다.

---

15 ほそく
補足
보족, 보충

≒ 補充ほじゅう 보충
동

せんせい ろんぶん ほそく つ くわ
先生が論文に補足を付け加えてくださいました。
선생님이 논문에 보충 설명을 덧붙여 주셨습니다.

補足ほそく는 논문 등에 어떤 설명을 보충할 때 사용하며, 補充ほじゅう는 양이 부족하거나 모자를 때 채워 넣는다는 의미로 사용한다.
예) エネルギーを補充する(에너지를 보충하다)

---

16 じょうしょう
上昇
상승

＋ 昇のぼる 오르다, 상승하다
동

おんだんか ちきゅう へいきんきおん じょうしょう
温暖化で地球の平均気温が上昇している。
온난화로 지구의 평균 기온이 상승하고 있다.

---

17 ぐち
愚痴
불평, 불만

≒ 文句もんく 불평, 불만

かのじょ なに ぐち ともだち
彼女は何もかも愚痴をこぼすから、友達がいない。
그녀는 모든 일에 불평을 늘어놓기 때문에 친구가 없다.

---

18 ていこう
抵抗
저항
동

あいて えら い かた ていこう かん
相手の偉そうな言い方に抵抗を感じた。
상대의 잘난 척하는 말투에 저항을 느꼈다.

19 おせん
□ 汚染
□
□ 오염

+ 染色せんしょく 염색
동

かわ　おせん　　　　　　　すいどう　みず　　つか
川の汚染がひどくなって、水道の水としては使えない。
강의 오염이 심해서 수돗물로서는 사용할 수 없다.

20 せいき
□ 世紀
□
□ 세기

せいき　　たいけつ　　よ　　　　　しあい　　　　　　　　　　　さくひん
「世紀の対決」と呼ばれる試合をモチーフにした作品だ。
세기의 대결이라고 불리는 경기를 모티브로 한 작품이다.

* 世(세상 세)
 せい　世紀(せいき) 세기
 せ　　世界(せかい) 세계

21 ちょぞう
□ 貯蔵
□
□ 저장

+ 貯ためる 쌓다
동

たいりょう　しょくりょうひん　ちょぞう　　し せつ　ひつよう
大量の食料品を貯蔵する施設が必要だ。
대량의 식료품을 저장할 시설이 필요하다.

22
□ ブーム
□
□ 붐, 유행

≒ 流行りゅうこう 유행

さいきん　かんこくりょうり
最近、韓国料理がブームになっています。
요즘 한국 음식이 유행하고 있습니다.

23
□ テンポ
□
□ 템포, 박자

≒ 速はやさ 속도, 빠르기

はや　　　　　　　　　　　　　うた
テンポが早すぎるから、ゆっくり歌ってみよう。
템포가 너무 빠르니까 천천히 노래해 보자.

24 つと
□ 務める
□
□ (역할을) 맡다

さくひん　　しゅやく　つと
この作品で主役を務めさせていただいています。
이 작품에서 주인공을 맡고 있습니다.

務つとめる는 '어떤 역할을 맡다', 勤つとめる는 '근무하다, 일하다', 努つとめる는 '노력
하다'라는 의미로 각각 다른 한자를 사용한다.

25 おどろ
驚く
놀라다

≒ びっくりする 놀라다

外から大きな音がしてみんな驚いた。(そと・おお・おと・おどろ)
밖에서 큰 소리가 나서 모두 놀랐다.

26 おさ
抑える
억제하다, 누르다

≒ 押おさえる 누르다

歯磨きには食欲を抑える効果があるそうだ。(はみが・しょくよく・おさ・こうか)
양치질에는 식욕을 억제하는 효과가 있다고 한다.

抑おさえる는 '감정이나 기분 또는 세력을 억제하다'라는 의미로 사용하고, 押おさえる는 '외부에서 어떤 물리적인 힘을 가하거나 누르다'라는 의미로 사용한다.

27
つぶす
부수다, 망치다, (체면을) 손상시키다

＋ つぶれる
찌부러지다, 망하다

ワールドカップでベスト16に進めなくて顔をつぶした。(すす・かお)
월드컵에서 16강에 진출하지 못해 체면을 구겼다.

28 た
足す
더하다

↔ 引ひく 빼다

1から10まで足すと55になる。(た)
1에서 10까지 더하면 55가 된다.

29 た さ
立ち去る
(자리를) 떠나다, 물러가다

おいおい泣きながら、その場を立ち去りました。(な・ば・た・さ)
엉엉 울면서 그 자리를 떠났습니다.

30 あらそ
争う
싸우다

労働トラブルで会社側と争っている。(ろうどう・かいしゃがわ・あらそ)
노동 문제로 회사 측과 싸우고 있다.

Day 07

31 ほ
掘る
파다

この辺はどこを掘っても温泉が出てくる。
이 주변은 어디를 파도 온천이 나온다.

32 く かえ
繰り返す
반복하다

同じことを何回も繰り返して話させないでよ。
같은 것을 몇 번이나 반복해서 말하게 하지 마.

33 つ かさ
積み重なる
쌓이다, 겹쳐지다

小さなミスが積み重なって大きな事故につながる。
작은 실수가 쌓여서 큰 사고로 이어진다.

34 やぶ
敗れる
패하다, 지다

≒ 負まける 지다

決勝戦で3-2で敗れて、惜しかった。
결승전에서 3–2로 패해서 아쉬웠다.

35 きそ
競う
경쟁하다

≒ 争あらそう 싸우다

世界の高校生がロボットの技術を競う大会だ。
세계의 고등학생이 로봇 기술을 겨루는 대회이다.

競きそう는 어떤 경쟁에서 '실력을 겨루다'라는 의미이고 争あらそう 는 '어떤 문제로 인해 다투거나 싸우다'라는 의미로 사용된다.

36 はぶ
省く
생략하다

＋ 省略しょうりゃく 생략

堅苦しいあいさつは省きましょう。
딱딱한 인사는 생략합시다.

하루 1분 체크

1 다음 단어의 읽기로 가장 알맞은 것을 a, b 중에서 고르세요.

1. 世紀 (a. せいき　　b. せき)

2. 欧米 (a. こうまい　　b. おうべい)

3. 矛盾 (a. もじゅん　　b. むじゅん)

2 다음 단어의 한자 표기로 가장 알맞은 것을 a, b 중에서 고르세요.

4. 수뇌(しゅのう)　(a. 首脳　　b. 首悩)

5. 한정(げんてい)　(a. 限定　　b. 根定)

6. 폭발(ばくはつ)　(a. 暴発　　b. 爆発)

3 다음 괄호 안에 들어갈 말로 가장 알맞은 것을 a, b 중에서 고르세요.

7. 歯磨(はみが)きには食欲(しょくよく)を(a. 抑える　b. 押す)効果(こうか)があるそうだ。

8. 先生(せんせい)が論文(ろんぶん)に(a. 補充　b. 補足)を付(つ)け加(くわ)えてくださいました。

9. 社長(しゃちょう)の(a. 気持ち　b. 機嫌)が悪(わる)いから、話(はなし)をかけない方(ほう)がいい。

정답 1ⓐ　2ⓑ　3ⓑ　4ⓐ　5ⓐ　6ⓑ　7ⓐ　8ⓑ　9ⓑ

MP3 01-08

Day 08

07 08 09

공부 순서 ▢ 미리 보기 → ▢ 따라 읽기 → ▢ 단어 암기 → ▢ 확인 학습

☐ 順調だ(じゅんちょう)	☐ 独特だ(どくとく)	☐ わずかだ	☐ 乏しい(とぼ)
☐ 勝手だ(かって)	☐ 貴重だ(きちょう)	☐ 積極的だ(せっきょくてき)	☐ 詳しい(くわ)
☐ 豊かだ(ゆた)	☐ 柔軟だ(じゅうなん)	☐ 有効だ(ゆうこう)	☐ 快い(こころよ)
☐ 妥当だ(だとう)	☐ 面倒だ(めんどう)	☐ 急速だ(きゅうそく)	☐ 賢い(かしこ)
☐ 鮮やかだ(あざ)	☐ 真剣だ(しんけん)	☐ ルーズだ	☐ 涼しい(すず)
☐ 夢中だ(むちゅう)	☐ 大げさだ(おお)	☐ 幼い(おさな)	☐ ふさわしい
☐ 安易だ(あんい)	☐ 温暖だ(おんだん)	☐ 珍しい(めずら)	☐ やかましい
☐ 正直だ(しょうじき)	☐ 深刻だ(しんこく)	☐ 鋭い(するど)	☐ 怖い(こわ)
☐ でたらめだ	☐ 明らかだ(あき)	☐ やむを得ない(え)	☐ そそっかしい

01 じゅんちょう
順調だ
□□□ 순조롭다

＋ 順番じゅんばん 순번

このプロジェクトは計画通り(けいかくどお)順調(じゅんちょう)に進(すす)んでいる。
이 프로젝트는 계획대로 순조롭게 진행되고 있다.

02 かって
勝手だ
□□□ 제멋대로이다

≒ わがままだ 제멋대로이다 명

人(ひと)の話(はなし)を聞(き)かないなら、勝手(かって)にしなさい。
사람의 말을 안 들을 거면 멋대로 하세요.

03 ゆた
豊かだ
□□□ 풍부하다, 풍요롭다

≒ 豊富ほうふだ 풍부하다

心豊(こころゆた)かでシンプルな暮(く)らしを目指(めざ)している。
마음이 풍요롭고 심플한 생활을 목표로 하고 있다.

04 だとう
妥当だ
□□□ 타당하다

＋ 妥協だきょう 타협 명 동

自分(じぶん)の主張(しゅちょう)が妥当(だとう)かどうかゆっくり考(かんが)えてみる。
자신의 주장이 타당한지 어떤지 천천히 생각해 본다.

05 あざ
鮮やかだ
□□□ 선명하다

≒ 鮮明せんめいだ 선명하다

鮮(あざ)やかな色(いろ)とユニークなデザインが素敵(すてき)な服(ふく)だ。
선명한 색깔과 독특한 디자인이 멋진 옷이다.

06 むちゅう
夢中だ
□□□ 빠져 있다

＋ はまる 빠지다, 열중하다 명

何(なに)かに夢中(むちゅう)になればストレス解消(かいしょう)になる。
무언가에 푹 빠지면 스트레스가 해소된다.

07 あんい
安易だ
□□□ 안이하다

そんな安易(あんい)な考(かんが)え方(かた)じゃ、何(なに)もできない。
그런 안이한 사고방식으로는 아무것도 할 수 없다.

08 しょうじき
正直だ
□□□ 정직하다, 솔직하다

≒ 素直すなおだ 솔직하다
명

正直(しょうじき)なところ、今回(こんかい)の試合(しあい)は勝(か)つ自信(じしん)がない。
솔직하게 이번 시합은 이길 자신이 없다.

- 正(바를 정)
  しょう　正直(しょうじき) 정직
  せい　正門(せいもん) 정문

09
でたらめだ
□□□ 엉터리이다, 터무니없다
명

二人(ふたり)をめぐるうわさはでたらめなことばかりだ。
두 사람을 둘러싼 소문은 터무니없는 것뿐이다.

10 どくとく
独特だ
□□□ 독특하다

≒ ユニークだ 특이하다

独特(どくとく)な雰囲気(ふんいき)のあるカフェを紹介(しょうかい)するよ。
독특한 분위기가 있는 카페를 소개할게.

11 きちょう
貴重だ
□□□ 귀중하다
명

皆(みな)さんのおかげで貴重(きちょう)な時間(じかん)を過(す)ごしました。
여러분 덕분에 귀중한 시간을 보냈습니다.

- 重(무거울 중)
  ちょう　貴重(きちょう) 귀중
  じゅう　重量(じゅうりょう) 중량

12 じゅうなん
柔軟だ
□□□ 유연하다

＋ 柔やわらかい 부드럽다
명

混乱(こんらん)する時(とき)こそ柔軟(じゅうなん)に対応(たいおう)すべきだ。
혼란스러운 때일수록 유연하게 대응해야 한다.

13 めんどう
面倒だ
☐☐☐
귀찮다

面倒(めんどう)なことになるので、社長(しゃちょう)には言(い)わないでね。
귀찮게 되니까 사장님에게는 말하지 마.

≒ 面倒めんどうくさい 귀찮다
명

• 倒(넘어질 도)
どう　面倒(めんどう)だ 귀찮다
とう　圧倒(あっとう) 압도

---

14 しんけん
真剣だ
☐☐☐
진지하다, 진심이다

真剣(しんけん)な顔(かお)で別(わか)れたいと言(い)い出(だ)した。
진지한 얼굴로 헤어지고 싶다고 말을 꺼냈다.

≒ まじめだ
진지하다, 성실하다
명

剣 : 칼 검　　真剣(しんけん) 진지, 진심
検 : 검사할 검　検事(けんじ) 검사

---

15 おお
大げさだ
☐☐☐
과장되다, 요란스럽다

いつも大(おお)げさに言(い)うから、彼(かれ)の話(はなし)は信(しん)じられない。
항상 과장되게 말하기 때문에 그의 이야기는 믿을 수 없다.

≒ オーバーだ 과장되다
명

---

16 おんだん
温暖だ
☐☐☐
온난하다

地球温暖化(ちきゅうおんだんか)によって平均気温(へいきんきおん)がだんだん高(たか)くなる。
지구 온난화에 의해서 평균 기온이 점점 높아진다.

＋ 暖房だんぼう 난방
명

---

17 しんこく
深刻だ
☐☐☐
심각하다
명

深刻(しんこく)なエラーが発生(はっせい)してパソコンが使(つか)えなくなった。
심각한 에러가 발생해서 컴퓨터를 쓸 수 없게 되었다.

---

18 あき
明らかだ
☐☐☐
분명하다

犯人(はんにん)が誰(だれ)なのかすぐに明(あき)らかになると思(おも)う。
범인이 누구인지 금방 밝혀질 것이라고 생각한다.

Day 08

19
わずかだ
근소하다

わずかな違いを目で区別することはできない。
근소한 차이를 눈으로 구별하는 것은 불가능하다.

20 せっきょくてき
積極的だ
적극적이다

↔ 消極的しょうきょくてきだ
소극적이다

失敗を恐れずに、積極的に取り組んだ結果だ。
실패를 두려워하지 않고 적극적으로 임한 결과이다.

21 ゆうこう
有効だ
유효하다
명

この資格は来年まで有効である。
이 자격은 내년까지 유효하다.

22 きゅうそく
急速だ
급속하다
명

シルバー産業は急速に成長している。
실버 산업은 급속하게 성장하고 있다.

23
ルーズだ
헐렁하다, 느슨하다.

彼女は時間にルーズで、同僚から信用されない。
그녀는 시간을 잘 지키지 않아서 동료로부터 신용받지 못한다.

24 おさな
幼い
어리다

＋ 幼稚ようちだ 유치하다

幼い時から、音楽の才能に恵まれていた。
어렸을 때부터 음악 재능이 풍부했다.

25 めずら
珍しい
□□□ 드물다, 희귀하다, 신기하다

いつも並(なら)ぶ店(みせ)だが、今日(きょう)は珍(めずら)しく並(なら)んでいなかった。
항상 줄을 서는 가게인데 오늘은 드물게 줄을 서고 있지 않았다.

26 するど
鋭い
□□□ 예리하다

彼(かれ)は鋭(するど)い観察力(かんさつりょく)で犯人(はんにん)を見(み)つけ出(だ)した。
그는 예리한 관찰력으로 범인을 찾아냈다.

鋭 : 날카로울 예　鋭(するど)い 날카롭다
鈍 : 둔할 둔　鈍(にぶ)い 둔하다

27 え
やむを得ない
□□□ 어쩔 수 없다

≒ 仕方しかたがない 어쩔 수 없다

やむを得(え)ず、内容(ないよう)が変更(へんこう)される場合(ばあい)があります。
어쩔 수 없이 내용이 변경되는 경우가 있습니다.

28 とぼ
乏しい
□□□ 모자라다, 가난하다, 부족하다

≒ 貧まずしい 가난하다

彼(かれ)は人(ひと)が信(しん)じられない心(こころ)の乏(とぼ)しい人(ひと)だと思(おも)う。
그는 사람을 믿을 수 없는 마음이 가난한 사람이라고 생각해.

29 くわ
詳しい
□□□ 자세하다, 상세하다

＋ 詳細しょうさい 상세

展示内容(てんじないよう)について詳(くわ)しく説明(せつめい)させていただきます。
전시 내용에 대해서 자세하게 설명드리겠습니다.

30 こころよ
快い
□□□ 기분이 좋다, 유쾌하다

＋ 愉快ゆかい 유쾌

自分(じぶん)の欠点(けってん)を快(こころよ)く認(みと)めるのがかっこいい。
자신의 결점을 선뜻 인정하는 것이 멋있다.

31 かしこ
賢い
□□□ 현명하다, 똑똑하다

+ 賢明けんめい 현명

ボーダーコリーといえば賢(かしこ)いことで知(し)られる犬種(けんしゅ)だ。
보더콜리라고 하면 똑똑한 것으로 알려진 견종이다.

賢 : 어질 현　賢(かしこ)い 현명하다
堅 : 굳을 견　堅(かた)い 단단하다

32 すず
涼しい
□□□ 선선하다

厳(きび)しい暑(あつ)さが続(つづ)いたが、今日(きょう)は少(すこ)し涼(すず)しくなった。
극심한 더위가 계속되었지만, 오늘은 조금 선선해졌다.

33
ふさわしい
□□□ 어울리다

+ 似合にあう 어울리다

香取(かとり)さんほどこの役(やく)にふさわしい人物(じんぶつ)はいないと思(おも)う。
가토리 씨만큼 이 역에 어울리는 인물은 없다고 생각한다.

34
やかましい
□□□ 시끄럽다, 번거롭다

≒ 面倒めんどうだ 귀찮다

本当(ほんとう)のことを言(い)ったら、さらにやかましくなってしまった。
사실을 말했더니 더욱 번거롭게 되어 버렸다.

35 こわ
怖い
□□□ 무섭다

≒ 恐おそろしい 무섭다

夏(なつ)はやっぱりゾッとする怖(こわ)い話(はなし)がいい。
여름은 역시 오싹해지는 무서운 이야기가 좋다.

36
そそっかしい
□□□ 경솔하다, 차분하지 않다

そそっかしい人(ひと)だけど、仕事(しごと)での集中力(しゅうちゅうりょく)だけはすごい。
차분하지 못한 사람이지만, 일에서의 집중력만은 대단하다.

하루 1분 체크

1 다음 단어의 읽기로 가장 알맞은 것을 a, b 중에서 고르세요.

1. 鋭い　(**a.** にぶい　　**b.** するどい)

2. 正直だ　(**a.** せいちょくだ　　**b.** しょうじきだ)

3. 柔軟だ　(**a.** じゅうなんだ　　**b.** ゆうえんだ)

2 다음 단어의 한자 표기로 가장 알맞은 것을 a, b 중에서 고르세요.

4. 현명하다(かしこい)　(**a.** 賢い　　**b.** 堅い)

5. 진지하다(しんけんだ)　(**a.** 真剣だ　　**b.** 真検だ)

6. 자세하다(くわしい)　(**a.** 洋しい　　**b.** 詳しい)

3 다음 괄호 안에 들어갈 말로 가장 알맞은 것을 a, b 중에서 고르세요.

7. 香取(かとり)さんほどこの役(やく)に(**a.** ややこしい　**b.** ふさわしい)人物(じんぶつ)はいないと思(おも)う。

8. 彼女(かのじょ)は時間(じかん)に(**a.** ルーズ　**b.** リアル)で、同僚(どうりょう)から信用(しんよう)されない。

9. (**a.** わずか　**b.** にわか)な違(ちが)いを目(め)で区別(くべつ)することはできない。

정답 1ⓑ 2ⓑ 3ⓐ 4ⓐ 5ⓐ 6ⓑ 7ⓑ 8ⓐ 9ⓐ

MP3 01-09

Day 09

08 **09** 10

공부 순서: ☐ 미리 보기 → ☐ 따라 읽기 → ☐ 단어 암기 → ☐ 확인 학습

☐ 豊富(ほうふ)だ	☐ 抽象的(ちゅうしょうてき)だ	☐ なだらかだ	☐ 輝(かがや)かしい
☐ 曖昧(あいまい)だ	☐ 贅沢(ぜいたく)だ	☐ 穏(おだ)やかだ	☐ 慌(あわ)ただしい
☐ 変(へん)だ	☐ 幸(さいわ)いだ	☐ 手軽(てがる)だ	☐ 心強(こころづよ)い
☐ 冷静(れいせい)だ	☐ 垂直(すいちょく)だ	☐ 大幅(おおはば)だ	☐ ずるい
☐ わがままだ	☐ 乱暴(らんぼう)だ	☐ スムーズだ	☐ 恐(おそ)ろしい
☐ 哀(あわ)れだ	☐ かすかだ	☐ 怪(あや)しい	☐ 荒(あら)い
☐ 率直(そっちょく)だ	☐ 永久(えいきゅう)だ	☐ 頼(たの)もしい	☐ 湿(しめ)っぽい
☐ 活発(かっぱつ)だ	☐ 稀(まれ)だ	☐ 悔(くや)しい	☐ たくましい
☐ 密接(みっせつ)だ	☐ 小柄(こがら)だ	☐ 激(はげ)しい	☐ 思(おも)いがけない

01 ほうふ
豊富だ
풍부하다

≒豊ゆたかだ 풍부하다

地元じもとの食材しょくざいを豊富ほうふに使つかった料理りょうりだ。
그 지역의 식재료를 풍부하게 사용한 요리이다.

豊 : 풍년 풍　豊富(ほうふ) 풍부
農 : 농사 농　農民(のうみん) 농민

02 あいまい
曖昧だ
애매하다

日本人にほんじんは曖昧あいまいな表現ひょうげんをよく使つかうと言いわれている。
일본인은 애매한 표현을 자주 쓴다고 일컬어진다.

03 へん
変だ
이상하다

≒ おかしい 이상하다
명

この辺へんは変へんな人ひとが多おおいから、気きを付つけてください。
이 주변은 이상한 사람이 많으니까 조심하세요.

04 れいせい
冷静だ
냉정하다
명

地震じしんの起おきた時ときは、冷静れいせいに行動こうどうしなければならない。
지진이 일어났을 때는 냉정하게 행동해야만 한다.

05
わがままだ
제멋대로이다

≒ 勝手かってだ 제멋대로이다
명

親おやがきっちりと注意ちゅういしないから、子供こどもがわがままになる。
부모가 엄격히 주의를 주지 않으니까 아이가 버릇없어진다.

06 あわ
哀れだ
불쌍하다, 애처롭다, 가엾다

≒ かわいそうだ 불쌍하다
명

事業じぎょうに失敗しっぱいして無一文むいちもんの哀あわれな身みになった。
사업에 실패해서 무일푼의 불쌍한 처지가 되었다.

Day 09

07 そっちょく
率直だ
□□□ 솔직하다

じぶん おも そっちょく はな ほう
自分の思っていることを率直に話した方がいい。
자신이 생각하고 있는 것을 솔직히 말하는 편이 좋다.

- 直(곧을 직)
 ちょく 率直(そっちょく) 솔직
 じき 正直(しょうじき) 정직

08 かっぱつ
活発だ
□□□ 활발하다

りょうこくかん かっぱつ こうりゅう きたい
両国間の活発な交流を期待している。
양국 간의 활발한 교류를 기대하고 있다.

09 みっせつ
密接だ
□□□ 밀접하다
명

ひと せいかつ みっせつ かんけい
ごみのリサイクルは人の生活に密接な関係がある。
쓰레기 재활용은 사람의 생활에 밀접한 관계가 있다.

10 ちゅうしょうてき
抽象的だ
□□□ 추상적이다

ちゅうしょうてき ひょうげん つか わ
抽象的な表現を使いすぎると分かりにくい。
추상적인 표현을 너무 많이 사용하면 이해하기 어렵다.

抽 : 뽑을 추 抽象的(ちゅうしょうてき) 추상적
油 : 기름 유 油田(ゆでん) 유전

11 ぜいたく
贅沢だ
□□□ 사치스럽다, 분에 넘치다
명

おとな ぜいたく りょこう
「大人のためのちょっと贅沢な旅行」というコンセプトだ。
'어른을 위한 조금 사치스러운 여행'이라고 하는 콘셉트이다.

12 さいわ
幸いだ
□□□ 다행이다

+ 幸しあわせだ 행복하다

さいわ おお ひがい
幸いなことに、大きな被害はなかったです。
다행스럽게도 큰 피해는 없었습니다.

13 すいちょく
垂直だ
수직이다
명

ドリルで垂直(すいちょく)に穴(あな)を開(あ)けるのって意外(いがい)と難(むずか)しいよ。
드릴로 수직으로 구멍을 뚫는 건 의외로 어려워.

垂 : 드리울 수　垂直(すいちょく) 수직
乗 : 탈 승　乗車(じょうしゃ) 승차

14 らんぼう
乱暴だ
난폭하다
명

子供(こども)が乱暴(らんぼう)な言葉(ことば)を使(つか)った時(とき)は注意(ちゅうい)しないと。
아이가 난폭한 말을 사용했을 때는 주의를 줘야 해.

15
かすかだ
희미하다, 어렴풋하다

屋上(おくじょう)からかすかに富士山(ふじさん)が見(み)える。
옥상에서 희미하게 후지산이 보인다.

16 えいきゅう
永久だ
영구적이다
명

彼(かれ)の番号(ばんごう)は永久(えいきゅう)に欠番(けつばん)として残(のこ)すそうだ。
그의 번호는 영구적으로 결번으로 남긴다고 한다.

永 : 길 영　永久(えいきゅう) 영구
氷 : 얼음 빙　氷河(ひょうが) 빙하

17 まれ
稀だ
드물다

世界(せかい)で稀(まれ)に見(み)る速(はや)さで高齢化(こうれいか)が進(すす)んでいる。
세계에서 드물게 보는 속도로 고령화가 진행되고 있다.

18 こがら
小柄だ
몸집이 작다

+ 人柄ひとがら 인품
명

小柄(こがら)な人(ひと)のための服(ふく)をご用意(ようい)いたしました。
몸집이 작은 사람을 위한 옷을 준비했습니다.

19 **なだらかだ**

완만하다, 순조롭다, 원활하다

≒ 緩ゆるやかだ 완만하다

なだらかな山(やま)で、子供(こども)でも登(のぼ)れます。
완만한 산이라서 아이라도 오를 수 있습니다.

20 おだ **穏やかだ**

온화하다

穏(おだ)やかな気持(きも)ちになれる静(しず)かな映画(えいが)だ。
온화한 기분을 느낄 수 있는 조용한 영화이다.

21 てがる **手軽だ**

손쉽다, 간단하다

初心者(しょしんしゃ)でも手軽(てがる)に楽(たの)しめるハイキングコースです。
초보자라도 손쉽게 즐길 수 있는 하이킹 코스입니다.

軽 : 가벼울 경　軽量(けいりょう) 경량
較 : 견줄 교　比較(ひかく) 비교

22 おおはば **大幅だ**

폭이 넓다

＋ 幅広はばひろい 폭넓다

人身事故(じんしんじこ)のため、大幅(おおはば)な遅(おく)れが出(で)ています。
인명 사고 때문에 큰 폭의 지연이 발생하고 있습니다.

23 **スムーズだ**

원활하다, 순조롭다

予約(よやく)をしておいたので、待(ま)たずにスムーズに入(はい)れた。
예약을 해 두었기 때문에 기다리지 않고 바로 들어갈 수 있었다.

24 あや **怪しい**

수상하다, 이상하다

メールで届(とど)いた怪(あや)しいファイルは開(ひら)いてはいけない。
메일로 도착한 수상한 파일은 열면 안 된다.

25 たの
頼もしい
믿음직하다, 촉망되다

かれ　たの　ひとがら　ひと
彼はまじめで頼もしい人柄の人です。
그는 성실하고 믿음직한 인품의 사람입니다.

- 頼 (의뢰할 뢰)
  たのむ　頼(たの)む 부탁하다
  たよる　頼(たよ)る 의지하다

26 くや
悔しい
분하다, 억울하다

だいじ　しあい　ま　ほんとう　くや
大事な試合だったのに負けちゃって本当に悔しかった。
중요한 시합이었는데 져 버려서 정말 분했다.

27 はげ
激しい
심하다, 격하다

にしにほん　はげ　あつ　つづ
西日本にわたって激しい暑さが続いている。
서일본에 걸쳐서 심한 더위가 계속되고 있다.

28 かがや
輝かしい
눈부시다, 빛나다, 훌륭하다

＋輝かがやく 빛나다

ねんだい　かがや　けいざいせいちょう　と　じき
1970年代は輝かしい経済成長を遂げた時期だ。
1970년대는 눈부신 경제 성장을 이룬 시기이다.

29 あわ
慌ただしい
분주하다, 숨가쁘다

ねんまつ　あわ　せいかつ　みだ
年末はなんか慌ただしく、生活のリズムが乱れる。
연말은 왠지 분주하고 생활 리듬이 흐트러진다.

慌 : 어리둥절할 황　慌(あわ)ただしい 분주하다
荒 : 거칠 황　荒(あら)い 거칠다

30 こころづよ
心強い
마음 든든하다

↔ 心細こころぼそい
불안하다, 허전하다

やさ　こころづよ
優しいあなたがそばにいてくれて心強いです。
다정한 당신이 옆에 있어 줘서 마음 든든합니다.

31 **ずるい**
□□□ 치사하다, 교활하다

自分(じぶん)のミスを人(ひと)のせいにするなんてずるいよ！
자신의 실수를 남 탓으로 돌리다니 치사해!

32 **恐(おそ)ろしい**
□□□ 무섭다, 염려스럽다

≒ 怖(こわ)い 무섭다

全世界(ぜんせかい)で恐(おそ)ろしい事件(じけん)が起(お)きている。
전 세계에서 무서운 사건이 일어나고 있다.

33 **荒(あら)い**
□□□ 거칠다, 사납다, 거세다

+ 荒(あ)れる 거칠어지다

波(なみ)が荒(あら)いので海(うみ)での釣(つ)りなんかできません。
파도가 거세기 때문에 바다에서의 낚시 같은 건 불가능합니다.

34 **湿(しめ)っぽい**
□□□ 축축하다, 습하다

+ じめじめする
축축하다, 눅눅하다

ずっと雨(あめ)が降(ふ)っていて洗濯物(せんたくもの)がまだ湿(しめ)っぽい。
계속 비가 내려서 빨래가 아직 축축하다.

35 **たくましい**
□□□ 늠름하다, 강인하다

+ 健(すこ)やかだ
건강하다, 튼튼하다

子供(こども)には心豊(こころゆた)かでたくましく育(そだ)ってほしい。
아이에게는 마음이 풍요롭고 강인하게 커 주길 바란다.

36 **思(おも)いがけない**
□□□ 뜻밖이다

≒ 意外(いがい)だ 의외이다

思(おも)いがけない出会(であ)いがあるから、人生(じんせい)は面白(おもしろ)いと思(おも)う。
뜻밖의 만남이 있기 때문에 인생은 재미있는 거라 생각한다.

하루 1분 체크

1 다음 단어의 읽기로 가장 알맞은 것을 a, b 중에서 고르세요.

1. 率直だ (a. そっちょくだ b. そつじきだ)

2. 豊富だ (a. ほうふだ b. ほふうだ)

3. 頼もしい (a. たのもしい b. たよもしい)

2 다음 단어의 한자 표기로 가장 알맞은 것을 a, b 중에서 고르세요.

4. 수직이다(すいちょくだ) (a. 垂直だ b. 乗直だ)

5. 무섭다(おそろしい) (a. 怒ろしい b. 恐ろしい)

6. 손쉽다(てがるだ) (a. 手較だ b. 手軽だ)

3 다음 괄호 안에 들어갈 말로 가장 알맞은 것을 a, b 중에서 고르세요.

7. 年末(ねんまつ)はなんか(a. 慌ただしく b. 荒く)、生活(せいかつ)のリズムが乱(みだ)れる。

8. 屋上(おくじょう)から(a. あいまいに b. かすかに)富士山(ふじさん)が見(み)える。

9. 「大人(おとな)のためのちょっと(a. ぜいたく b. ひきょう)な旅行(りょこう)」というコンセプトだ。

정답 1ⓐ 2ⓐ 3ⓐ 4ⓐ 5ⓑ 6ⓑ 7ⓐ 8ⓑ 9ⓐ

MP3 01-10

Day 10

09 10 11

공부 순서 ▢ 미리 보기 → ▢ 따라 읽기 → ▢ 단어 암기 → ▢ 확인 학습

□ 改めて（あらた）
□ たびたび
□ 突然（とつぜん）
□ 途中（とちゅう）
□ 偶然（ぐうぜん）
□ のんびり
□ せめて
□ どうせ
□ はっきり

□ 単なる（たん）
□ いきなり
□ とりあえず
□ おそらく
□ 着々と（ちゃくちゃく）
□ 思い切って（おも・き）
□ 相当（そうとう）
□ 直ちに（ただ）
□ 当分（とうぶん）

□ しばらく
□ じたばた
□ きっぱり
□ ぎりぎり
□ ぐったり
□ かつて
□ 相変わらず（あい・か）
□ 常に（つね）
□ あらゆる

□ むしろ
□ やっと
□ とっくに
□ ようやく
□ 予め（あらかじ）
□ しかも
□ したがって
□ すなわち
□ ただし

01 あらた
改めて
□□□ 다시(한번), 새삼스럽게

改(あらた)めて家族(かぞく)の大切(たいせつ)さを感(かん)じました。
다시 한번 가족의 소중함을 느꼈습니다.

02
たびたび
□□□ 자주, 누차

≒ しばしば 종종, 자주

たびたびご迷惑(めいわく)をかけて申(もう)し訳(わけ)ありません。
누차 민폐를 끼쳐서 드릴 말씀이 없습니다.

03 とつぜん
突然
□□□ 돌연, 갑자기

突然(とつぜん)後(うし)ろから人(ひと)が現(あらわ)れてびっくりした。
갑자기 뒤에서 사람이 나타나서 깜짝 놀랐다.

- 然(그러할 연)
  ぜん　突然(とつぜん) 돌연
  ねん　天然(てんねん) 천연

04 と ちゅう
途中
□□□ 도중에

会議(かいぎ)の途中(とちゅう)で席(せき)を立(た)って戻(もど)ってこなかった。
회의 도중에 자리를 떠서 돌아오지 않았다.

05 ぐうぜん
偶然
□□□ 우연히, 뜻밖에

≒ たまたま 우연히

留学(りゅうがく)の時(とき)、偶然(ぐうぜん)出会(であ)って結婚(けっこん)まで至(いた)った。
유학할 때 우연히 만나서 결혼까지 이르렀다.

06
のんびり
□□□ 느긋함, 한가로움

今日一日(きょういちにち)だけは何(なに)もしないで家(いえ)でのんびりしたい。
오늘 하루만큼은 아무것도 하지 않고 집에서 느긋하게 있고 싶다.

Day 10

07
せめて
□□□ 적어도, 하다못해

せめてこれぐらいの表現(ひょうげん)だけは覚(おぼ)えてほしい。
적어도 이 정도의 표현만큼은 외우길 바란다.

08
どうせ
□□□ 어차피, 어쨌든, 결국

どうせ間(ま)に合(あ)わないから、ゆっくり歩(ある)いて行(い)こう。
어차피 제시간에 못 가니까 천천히 걸어가자.

09
はっきり
□□□ 분명히, 확실히

日本人(にほんじん)は自分(じぶん)の意見(いけん)をはっきり言(い)わないと思(おも)う。
일본인은 자신의 의견을 분명히 말하지 않는다고 생각한다.

10
単(たん)なる
□□□ 단순한

≒ ただの 단지, 그저

単(たん)なるうわさにすぎないと思(おも)ったけど、本当(ほんとう)だった。
단순한 소문에 지나지 않는다고 생각했는데 사실이었다.

11
いきなり
□□□ 갑자기

≒ 突然とつぜん 갑자기

こんなにいきなり仕事(しごと)をやめられると困(こま)るよ。
이렇게 갑자기 일을 그만두면 곤란해.

12
とりあえず
□□□ 우선, 일단, 즉시

≒ まず 우선

とりあえずできた分(ぶん)だけ先(さき)に送(おく)ります。
일단 완성된 것만 먼저 보내겠습니다.

Chapter 01
Chapter 02
Chapter 03

13 **おそらく**
아마도

≒ たぶん 아마도

おそらく明日(あした)までにお宅(たく)に届(とど)くと思(おも)います。
아마도 내일까지 댁에 도착할 거라 생각합니다.

14 **着々と**(ちゃくちゃく)
순조롭게, 척척

プロジェクトは着々(ちゃくちゃく)と進(すす)んでいます。
프로젝트는 순조롭게 진행되고 있습니다.

15 **思い切って**(おもいきって)
과감히, 마음껏

思(おも)い切(き)って彼女(かのじょ)に告白(こくはく)したけど、断(ことわ)られた。
과감히 그녀에게 고백했는데 거절당했다.

16 **相当**(そうとう)
상당히

≒ かなり 상당히, 꽤

相当(そうとう)ハードな旅行(りょこう)だったけど、いい思(おも)い出(で)になりました。
상당히 힘든 여행이었지만 좋은 추억이 되었습니다.

17 **直ちに**(ただちに)
곧, 즉시

≒ すぐ 곧

みんな集(あつ)まったら直(ただ)ちに出発(しゅっぱつ)します。
모두 모이면 즉시 출발하겠습니다.

18 **当分**(とうぶん)
당분간

けがで当分練習(とうぶんれんしゅう)を休(やす)むことになった。
부상으로 당분간 연습을 쉬게 되었다.

19 **しばらく**
☐☐☐ 잠시, 잠깐

工事(こうじ)のため、しばらくご利用(りよう)になれません。
공사 때문에 잠시 이용하실 수 없습니다.

20 **じたばた**
☐☐☐ 허둥지둥, 바둥바둥

テストの直前(ちょくぜん)になってじたばたしてもしょうがない。
테스트 직전이 되어서 허둥지둥해도 소용이 없다.

21 **きっぱり**
☐☐☐ 단호히

↔ やんわり 부드럽게

できない仕事(しごと)ならきっぱり断(ことわ)った方(ほう)がいい。
불가능한 일이라면 단호히 거절하는 편이 좋다.

22 **ぎりぎり**
☐☐☐ 빠듯함, 아슬아슬함

朝寝坊(あさねぼう)したけど、ぎりぎり間(ま)に合(あ)った。
아침에 늦잠을 잤지만 아슬아슬하게 늦지 않았다.

23 **ぐったり**
☐☐☐ 축 늘어짐, 녹초가 됨

厳(きび)しい暑(あつ)さにみんなぐったりしている。
극심한 더위에 모두 축 늘어져 있다.

24 **かつて**
☐☐☐ 일찍이, 예전에, 옛날에

かつてはここに古(ふる)いお寺(てら)があったそうだ。
예전에는 여기에 오래된 절이 있었다고 한다.

25 あいか
相変わらず
□□□ 변함없이

あいか　げんき
相変わらず元気でやさしいですね。
변함없이 활기차고 다정하시네요.

26 つね
常に
□□□ 언제나, 항상, 늘

つね　あんぜんうんてん　こころが
常に安全運転を心掛けています。
항상 안전 운전을 염두에 두고 있습니다.

27
あらゆる
□□□ 모든

かのうせい　ため
あらゆる可能性を試してみないといけない。
모든 가능성을 시험해 봐야만 한다.

28
むしろ
□□□ 오히려, 차라리

≒ かえって 오히려

かしゅ　はいゆう　ほう　む　おも
歌手よりむしろ俳優の方が向いていると思う。
가수보다 오히려 배우 쪽이 적성에 맞는다고 생각한다.

むしろ는「Aよりむしろ B」의 형태로 쓰이며 '비교했을 때 한쪽이 ~하다' 라는 의미이고, かえって는 '어떤 일의 결과가 예상 밖'이라는 의미이다. 예) 手伝てつだおうとしたが、かえって邪魔じゃまになった(도와주려고 했지만 오히려 방해가 되었다)

29
やっと
□□□ 겨우, 간신히, 가까스로

じかん　きょり　じゅうたい　じかん　つ
2時間の距離を渋滞で8時間かかってやっと着いた。
2시간의 거리를 정체 때문에 8시간 걸려서 겨우 도착했다.

30
とっくに
□□□ 훨씬 이전에, 벌써

≒ すでに 이미, 벌써

はなし　わす　き
その話ならとっくに忘れたので、気にしないでね。
그 이야기라면 훨씬 전에 잊어버렸으니까 신경 쓰지 마.

31 ようやく
☐☐☐ 겨우, 가까스로, 드디어

うちの近所（きんじょ）にもようやく駅（えき）ができました。
우리 집 근처에도 드디어 역이 생겼습니다.

32 予（あらかじ）め
☐☐☐ 미리, 사전에

いつも並（なら）ぶ店（みせ）なので、予（あらかじ）め電話（でんわ）をしておきました。
항상 줄을 서는 가게라서 미리 전화를 해 두었습니다.

≒ 前（まえ）もって 미리, 사전에

33 しかも
☐☐☐ 게다가

彼（かれ）はかっこいい。しかも優（やさ）しくて頭（あたま）もいい。
그는 멋있다. 게다가 다정하고 머리도 좋다.

≒ それに 게다가

34 したがって
☐☐☐ 따라서

台風（たいふう）が近（ちか）づいている。したがって、風（かぜ）も激（はげ）しくなっている。
태풍이 접근하고 있다. 따라서 바람도 심해지고 있다.

35 すなわち
☐☐☐ 곧, 다시 말하면, 즉시

韓国（かんこく）の首都（しゅと）、すなわちソウルに10年間（ねんかん）も住（す）んでいる。
한국의 수도 즉, 서울에 10년간이나 살고 있다.

≒ つまり 즉, 다시 말해

36 ただし
☐☐☐ 단, 단지

一年中営業（いちねんじゅうえいぎょう）いたします。ただし、お正月（しょうがつ）は除（のぞ）きます。
일 년 내내 영업합니다. 단, 정월은 제외합니다.

하루 1분 체크

1 다음 단어의 일본어 표현으로 가장 알맞은 것을 a, b 중에서 고르세요.

1. 과감히 (a. 相変わらず b. 思い切って)

2. 모든 (a. あらゆる b. いわゆる)

3. 새삼스럽게 (a. 改めて b. とりあえず)

4. 갑자기 (a. しばらく b. いきなり)

5. 오히려 (a. とっくに b. むしろ)

2 다음 빈칸에 들어갈 가장 알맞은 단어를 보기에서 고르세요.

보기 a. ぐったり b. 突然 c. きっぱり

6. (　　　　)後ろから人が現れてびっくりした。

7. できない仕事なら(　　　　)断った方がいい。

8. 厳しい暑さにみんな(　　　　)している。

3 다음 괄호 안에 들어갈 말로 가장 알맞은 것을 a, b 중에서 고르세요.

9. 今の時期は夏休みを取っている人が多い。(a. したがって b. ただし)現場でのトラブルに対応できる人が少ない。それなのに今週は厳しい暑さのせいかトラブルがたくさん起きている。仕方なくみんな残業している。

정답 1ⓑ 2ⓐ 3ⓐ 4ⓑ 5ⓑ 6ⓑ 7ⓒ 8ⓐ 9ⓐ

해석 지금 시기는 여름휴가를 간 사람이 많다. 따라서 현장에서 일어나는 트러블에 대응할 수 있는 사람이 적다. 그런데 이번 주는 엄청난 더위 때문인지 트러블이 많이 일어나고 있다. 어쩔 수 없이 모두 야근하고 있다.

실전 유형 테스트

문제 1　밑줄 친 단어의 읽기 방법으로 가장 알맞은 것을 고르세요. (한자 읽기)

1 他のファンからコンサートのチケットを譲ってもらいました。

1 ゆすって　　2 ことわって　　3 ゆずって　　4 にぎって

2 この飛行機はシンガポールを経由してアフリカに向かいます。

1 きょうゆう　　2 きょうゆ　　3 けいゆう　　4 けいゆ

3 地元の親に少しながら毎月お小遣(こづか)いを送っています。

1 じげん　　2 ちげん　　3 ちもと　　4 じもと

문제 2　밑줄 친 단어의 한자 표기로 가장 알맞은 것을 고르세요. (한자 표기)

4 危険ですので、運転中にナビのそうさはやめてください。

1 操作　　2 燥作　　3 操昨　　4 燥昨

5 簡単に決める問題じゃない。もっとしんけんに考えなさい。

1 真検　　2 慎剣　　3 真剣　　4 慎検

6 すべてがゆたかに見える彼でも、彼なりの悩みはあるはずだ。

1 農かに　　2 豊かに　　3 濃かに　　4 富かに

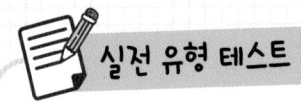

문제 3　빈칸에 들어갈 단어로 가장 알맞은 것을 고르세요. (문맥 규정)

7　この件に関する質問は担当者に直接(　　　　)ください。

1 問い合わせて　　2 照らし合わせて

3 見合わせて　　4 打ち合わせて

8　経済を(　　　　)させるのが一番重要な役割だ。

1 安静　　2 安全　　3 安定　　4 安否

9　大統領に(　　　　)人物が選ばれてほしい。

1 たくましい　　2 ふさわしい　　3 あわただしい　　4 おそろしい

문제 4　밑줄 친 단어와 의미가 가장 가까운 것을 고르세요. (유의어)

10　彼は<u>相当</u>怒っているようだから、くだらないことは言わないでよ。

1 やっと　　2 かつて　　3 かなり　　4 どうせ

11　昨日の件で、お客さんからさんざん<u>文句</u>を言われたよ。

1 不満　　2 機嫌　　3 言い訳　　4 コンプレックス

12　ボランティア活動を通して様々な経験を<u>積んで</u>います。

1 取って　　2 重ねて　　3 割って　　4 揃って

➔ 정답과 해석은 다음 페이지에서 확인하세요.

실전 유형 테스트 정답과 해석

정답 1③ 2④ 3④ 4① 5③ 6② 7① 8③ 9② 10③ 11① 12②

	문제 해석	복습하기
1	다른 팬에게서 콘서트 티켓을 양보해 받았습니다.	→ p.32
2	이 비행기는 싱가포르를 경유해서 아프리카로 향합니다.	→ p.46
3	고향의 부모님에게 적지만 매월 용돈을 보내고 있습니다.	→ p.30
4	위험하니까 운전 중에 내비게이션 조작은 하지 마세요.	→ p.30
5	간단하게 정할 문제가 아니야. 좀 더 신중하게 생각해.	→ p.71
6	모든 것이 풍부하게 보이는 그라도 그 나름대로의 고민은 있을 것이다.	→ p.69
7	이 건에 관한 질문은 담당자에게 직접 (문의해) 주세요.	→ p.18
8	경제를 (안정)시키는 것이 가장 중요한 역할이다.	→ p.30
9	대통령에 (어울리는) 사람이 뽑히길 바란다.	→ p.74
10	그는 상당히 화가 난 것 같으니까 쓸데없는 소리 하지마. 1 겨우 2 예전에 3 상당히 4 어차피	→ p.87
11	어제 일로 손님에게 엄청나게 불평을 들었어. 1 불만 2 기분 3 변명 4 콤플렉스	→ p.53
12	봉사 활동을 통해서 다양한 경험을 쌓고 있습니다. 1 가지고 2 쌓고 3 나누고 4 모이고	→ p.50

Chapter 02

★★☆

2순위 단어

Day 11~20

MP3 01-11

Day
10 **11** 12

공부 순서 ☑ 미리 보기 ➔ ☑ 따라 읽기 ➔ ☑ 단어 암기 ➔ ☑ 확인 학습

□ 参照 <small>さんしょう</small>	□ 掲示 <small>けいじ</small>	□ 延長 <small>えんちょう</small>	□ 偏る <small>かたよ</small>
□ 症状 <small>しょうじょう</small>	□ 合同 <small>ごうどう</small>	□ 硬貨 <small>こうか</small>	□ ついている
□ 援助 <small>えんじょ</small>	□ 日中 <small>にっちゅう</small>	□ 辞退 <small>じたい</small>	□ 仕舞う <small>しま</small>
□ 所有 <small>しょゆう</small>	□ 講師 <small>こうし</small>	□ エネルギー	□ 得る <small>え</small>
□ 用途 <small>ようと</small>	□ 解約 <small>かいやく</small>	□ プライベート	□ 引き止める <small>ひ と</small>
□ 発達 <small>はったつ</small>	□ 接続 <small>せつぞく</small>	□ 拾う <small>ひろ</small>	□ 外す <small>はず</small>
□ 景色 <small>けしき</small>	□ 頼り <small>たよ</small>	□ 果たす <small>は</small>	□ 扱う <small>あつか</small>
□ 見当 <small>けんとう</small>	□ 外見 <small>がいけん</small>	□ 面する <small>めん</small>	□ 囲む <small>かこ</small>
□ 作業 <small>さぎょう</small>	□ 徹夜 <small>てつや</small>	□ 割り込む <small>わ こ</small>	□ 削る <small>けず</small>

01 さんしょう
参照
참조

✚ 照明しょうめい 조명

동

関連資料をメールで送りますので、ご参照ください。
관련 자료를 메일로 보낼 테니 참조하시기 바랍니다.

02 しょうじょう
症状
증상

この薬はアレルギー症状を抑える効果がある。
이 약은 알레르기 증상을 억제하는 효과가 있다.

03 えんじょ
援助
원조

≒ 支援しえん 지원

동

台風の被災地への援助を呼びかけています。
태풍 피재지로의 원조를 호소하고 있습니다.

援 : 도울 원　援助(えんじょ) 원조
緩 : 느릴 완　緩和(かんわ) 완화

04 しょゆう
所有
소유

동

この辺は国が所有している土地です。
이 주변은 국가가 소유하고 있는 토지입니다.

05 ようと
用途
용도

≒ 使つかい道みち 사용법, 용도

このなべはサイズも豊富で、用途が広い。
이 냄비는 크기도 다양하고 용도가 넓다.

06 はったつ
発達
발달

동

科学技術の発達は楽しみでもあり、不安でもある。
과학 기술의 발달은 기대되기도 하고 불안하기도 하다.

07 けしき
景色
경치
≒ 眺ながめ 전망

登山とざんは大変たいへんだけど、頂上ちょうじょうから見みる景色けしきは最高さいこうだ。
등산은 힘들지만 정상에서 보는 경치는 최고이다.

- 景(볕 경)
  け　景色(けしき) 경치
  けい　景気(けいき) 경기

08 けんとう
見当
예상, 전망, 짐작
≒ 予測よそく 예측

どれだけ損そんしたかまったく見当けんとうもつきません。
얼마만큼 손해를 봤는지 전혀 짐작도 되지 않습니다.

09 さぎょう
作業
작업
동

危あぶない作業さぎょうなので、必かならずマニュアルを守まもってください。
위험한 작업이므로 반드시 매뉴얼을 지켜 주세요.

- 作(지을 작)
  さ　作業(さぎょう) 작업
  さく　作成(さくせい) 작성

10 けいじ
掲示
게시
＋ 示しめす 제시하다, 나타내다 동

合格者ごうかくしゃは明日あしたホームページに掲示けいじする予定よていです。
합격자는 내일 홈페이지에 게시할 예정입니다.

11 ごうどう
合同
합동

今学期こんがっきは他ほかの学校がっこうと合同ごうどうでゼミを行おこないます。
이번 학기는 다른 학교와 합동으로 세미나를 실시합니다.

- 合(합할 합)
  ごう　合格(ごうかく) 합격
  がつ　合併(がっぺい) 합병

12 にっちゅう
日中
낮, 낮 동안

僕ぼくは「夜型よるがた」で、日中にっちゅうはいつも眠ねむいです。
나는 '저녁형'이라서 낮에는 항상 졸립니다.

13 こうし
講師
강사

英会話(えいかいわ)を担当(たんとう)する講師(こうし)を募集(ぼしゅう)している。
영어 회화를 담당할 강사를 모집하고 있다.

14 かいやく
解約
해약
동

ご解約(かいやく)はWEBまたは書面(しょめん)にて承(うけたまわ)っております。
해약은 웹 또는 서면으로 받고 있습니다.

15 せつぞく
接続
접속
동

インターネットに接続(せつぞく)できないエラーが発生(はっせい)している。
인터넷에 접속이 안 되는 에러가 발생했다.

16 たよ
頼り
의지, 기댐

+ 頼(たよ)る 의지하다

私(わたし)にとって家族(かぞく)は一番(いちばん)頼(たよ)りになる存在(そんざい)です。
나에게 있어서 가족은 가장 의지가 되는 존재입니다.

17 がいけん
外見
외견, 겉모습, 외관

≒ 見(み)た目(め) 겉모습

外見(がいけん)だけで人(ひと)を判断(はんだん)するのはよくない。
겉모습만으로 사람을 판단하는 것은 좋지 않다.

• 外(바깥 외)
がい　外見(がいけん) 외견, 겉모습
げ　外科(げか) 외과

18 てつや
徹夜
철야
동

徹夜(てつや)までしてギリギリ締(し)め切(き)りに間(ま)に合(あ)った。
철야까지 해서 겨우겨우 마감에 맞췄다.

Chapter 01
Chapter 02
Chapter 03

19 えんちょう
延長
연장
동

社長(しゃちょう)は会食(かいしょく)も仕事(しごと)の延長(えんちょう)だと思(おも)っているらしい。
사장님은 회식도 일의 연장이라 생각하는 것 같다.

20 こうか
硬貨
경화, 동전

1957年(ねん)に百円硬貨(ひゃくえんこうか)が発行(はっこう)された。
1957년에 백 엔 동전이 발행되었다.

硬 : 굳을 경　硬貨(こうか) 경화, 동전
便 : 편할 편　便利(べんり) 편리

21 じたい
辞退
사퇴, 사양

+ 引退いんたい 은퇴
동

内定(ないてい)を辞退(じたい)する時(とき)のマナーについて説明(せつめい)します。
내정을 사퇴할 때의 매너에 대해서 설명하겠습니다.

22
エネルギー
에너지

太陽(たいよう)エネルギーはさまざまな分野(ぶんや)で使(つか)われている。
태양 에너지는 다양한 분야에서 사용되고 있다.

23
プライベート
사생활

プライベートに関(かん)しての質問(しつもん)はお断(ことわ)りします。
사생활에 관한 질문은 사양하겠습니다.

24 ひろ
拾う
줍다

落(お)ちているごみを見(み)つけたら拾(ひろ)いましょう。
떨어져 있는 쓰레기를 보면 주웁시다.

拾 : 주울 습　拾(ひろ)う 줍다
捨 : 버릴 사　捨(す)てる 버리다

25 果たす（はたす）
□□□ 달성하다, 이루다

優勝（ゆうしょう）は果（は）たせなかったが、素敵（すてき）な試合（しあい）だった。
우승은 달성하지 못했지만 멋진 경기였다.

26 面する（めんする）
□□□ 면하다

このホテルは海（うみ）に面（めん）していて景色（けしき）がすごくきれいだ。
이 호텔은 바다에 면하고 있어서 경치가 굉장히 예쁘다.

27 割り込む（わりこむ）
□□□ 끼어들다, 새치기하다

部長（ぶちょう）はいつも人（ひと）の話（はなし）に割（わ）り込（こ）んでくる。
부장님은 항상 남의 이야기에 끼어든다.

28 偏る（かたよる）
□□□ 기울다, 치우치다

+ 偏見へんけん 편견

生徒（せいと）に偏（かたよ）った世界観（せかいかん）を強要（きょうよう）するのは危（あぶ）ない。
학생에게 편향된 세계관을 강요하는 것은 위험하다.

偏 : 기울 편　偏(かたよ)る 기울다
編 : 엮을 편　編(あ)む 짜다

29 ついている
□□□ 운이 좋다

今日（きょう）何（なん）かついてないね。何（なに）をやっても全部（ぜんぶ）失敗（しっぱい）だった。
오늘 왠지 운이 없네. 뭐를 해도 다 실패였어.

30 仕舞う（しまう）
□□□ 치우다, 넣다, 끝내다

とりあえず、散（ち）らかっている物（もの）を適当（てきとう）な所（ところ）に仕舞（しま）おう。
우선 어질러져 있는 것을 적당한 곳에 치우자.

Day 11

31 え
得る
□□□ 얻다

+ あり得えない 있을 수 없다

なにかを得るためには失うものもある。

何かを得るためには失うものもある。
무언가를 얻기 위해서는 잃는 것도 있다.

32 ひ と
引き止める
□□□ 말리다, 만류하다

会社を辞めようとしたが、社長に引き止められた。
회사를 그만두려고 했는데 사장님이 만류했다.

33 はず
外す
□□□ 제외하다, 빼다, 풀다

練習試合でけがをして出場メンバーから外された。
연습 경기에서 부상을 당해서 출전 멤버에서 제외되었다.

34 あつか
扱う
□□□ 다루다, 취급하다

≒ 取とり扱あつかう 취급하다

火を扱う時は、十分な注意を払うこと。
불을 취급할 때는 충분한 주의를 기울일 것.

扱 : 다룰 급　扱(あつか)う 취급하다
及 : 미칠 급　及(およ)ぶ 미치다, 이르다

35 かこ
囲む
□□□ 둘러싸다, 에워싸다

+ 周囲しゅうい 주위

日本は海に囲まれている島国だ。
일본은 바다에 둘러싸여 있는 섬나라이다.

36 けず
削る
□□□ 깎다, 삭감하다

+ 削減さくげん 삭감

予算は限られているから、ここは削るしかない。
예산은 한정되어 있기 때문에 여기는 삭감할 수밖에 없다.

削 : 깎을 삭　削(けず)る 깎다
消 : 사라질 소　消(け)す 지우다, 끄다

하루 1분 체크

1 다음 단어의 읽기로 가장 알맞은 것을 a, b 중에서 고르세요.

1. 作業 (a. さくぎょう　b. さぎょう)

2. 景色 (a. けしき　b. けいしき)

3. 合同 (a. ごうどう　b. かつどう)

2 다음 단어의 한자 표기로 가장 알맞은 것을 a, b 중에서 고르세요.

4. 기울다(かたよる)　(a. 偏る　b. 編る)

5. 원조(えんじょ)　(a. 緩助　b. 援助)

6. 줍다(ひろう)　(a. 拾う　b. 捨う)

3 다음 괄호 안에 들어갈 말로 가장 알맞은 것을 a, b 중에서 고르세요.

7. どれだけ損(そん)したかまったく(a. 見分け　b. 見当)もつきません。

8. 予算(よさん)は限(かぎ)られているから、ここは(a. 消す　b. 削る)しかない。

9. 今日(きょう)何(なん)か(a. ついて　b. くっついて)ないね。何(なに)をやっても全部(ぜんぶ)失敗(しっぱい)だった。

정답 1ⓑ 2ⓐ 3ⓐ 4ⓐ 5ⓑ 6ⓐ 7ⓑ 8ⓑ 9ⓐ

MP3 01-12

Day 12

11 **12** 13

공부 순서 □ 미리 보기 → □ 따라 읽기 → □ 단어 암기 → □ 확인 학습

□ 支持(しじ)
□ 出世(しゅっせ)
□ 論争(ろんそう)
□ 提供(ていきょう)
□ 伝統(でんとう)
□ 解散(かいさん)
□ 開催(かいさい)
□ 運賃(うんちん)
□ 登録(とうろく)

□ 肌(はだ)
□ 範囲(はんい)
□ 昼間(ひるま)
□ 打(う)ち合(あ)わせ
□ 指摘(してき)
□ 批判(ひはん)
□ 寄付(きふ)
□ 強(つよ)み
□ 雑談(ざつだん)

□ 意図(いと)
□ 意欲(いよく)
□ マイペース
□ スペース
□ チャレンジ
□ 攻(せ)める
□ 導(みちび)く
□ 祝(いわ)う
□ つまずく

□ 至(いた)る
□ 属(ぞく)する
□ 焦(あせ)る
□ 腹(はら)を立(た)てる
□ 通(つう)じる
□ 折(お)り畳(たた)む
□ 仕上(しあ)げる
□ 支(ささ)える
□ 求(もと)める

Chapter 01
Chapter 02
Chapter 03

01 しじ
支持
지지

たくさんの国民(こくみん)から支持(しじ)されて選(えら)ばれた大統領(だいとうりょう)だ。
많은 국민들에게 지지받아서 선출된 대통령이다.

+ 支持率しじりつ 지지율
동

02 しゅっせ
出世
출세
동

出世(しゅっせ)したいならもっと専門性(せんもんせい)を高(たか)めなければならない。
출세하고 싶으면 더욱 전문성을 키워야만 한다.

03 ろんそう
論争
논쟁

この作品(さくひん)についてウェブ上(じょう)で論争(ろんそう)が続(つづ)いている。
이 작품에 대해서 웹상에서 논쟁이 이어지고 있다.

+ 争あらそう 다투다
동

04 ていきょう
提供
제공
동

在庫(ざいこ)切(ぎ)れのため、サービスの提供(ていきょう)ができない店(みせ)もある。
재고가 없어서 서비스 제공이 불가한 가게도 있다.

提 : 끌 제　　提供(ていきょう) 제공
掲 : 높이 들 게　掲示(けいじ) 게시

05 でんとう
伝統
전통

この地域(ちいき)は昔(むかし)からの伝統文化(でんとうぶんか)がよく守(まも)られています。
이 지역은 옛날의 전통 문화가 잘 보호되고 있습니다.

06 かいさん
解散
해산
동

このアイドルグループは今年(ことし)で解散(かいさん)することになった。
이 아이돌 그룹은 올해로 해산하게 되었다.

Day 12

07 かいさい
開催
□□□ 개최

2020年(ねん)のオリンピックは東京(とうきょう)で開催(かいさい)されます。
2020년 올림픽은 도쿄에서 개최됩니다.

+ 催もよおす 개최하다
+ 催促さいそく 재촉
[동]

08 うんちん
運賃
□□□ 운임

基本運賃(きほんうんちん)が10%引(ひ)き上(あ)げられるそうです。
기본 운임이 10% 인상된다고 합니다.

+ 賃金ちんぎん 임금, 보수

賃 : 품삯 임　運賃(うんちん) 운임
貨 : 재물 화　貨物(かもつ) 화물

09 とうろく
登録
□□□ 등록

登録内容(とうろくないよう)に変更(へんこう)がある場合(ばあい)は、ご連絡(れんらく)ください。
등록 내용에 변경이 있는 경우에는 연락 주세요.

+ 記録きろく 기록
[동]

録 : 기록할 록　登録(とうろく) 등록
緑 : 푸를 록　緑茶(りょくちゃ) 녹차

10 はだ
肌
□□□ 피부

アレルギー反応(はんのう)が出(で)ると、肌(はだ)が荒(あ)れてしまう。
알레르기 반응이 나타나면 피부가 거칠어진다.

≒ 皮膚ひふ 피부

11 はんい
範囲
□□□ 범위

できる範囲(はんい)でいいですから、ご協力(きょうりょく)お願(ねが)いします。
가능한 범위 안에서 괜찮으니 협력 부탁합니다.

範 : 법 범　範囲(はんい) 범위
節 : 마디 절　節約(せつやく) 절약

12 ひるま
昼間
□□□ 주간, 낮, 낮 동안

昼間(ひるま)はまだ35度(ど)を超(こ)える暑(あつ)さが続(つづ)いている。
낮 동안은 아직 35도를 넘는 더위가 계속되고 있다.

+ 合間あいま 사이, 틈

13 うあ
打ち合わせ
사전 협의, 회의

今日はお客さんと打ち合わせがあって、余裕がない。
(きょう, きゃく, う, あ, よゆう)
오늘은 손님과 사전 협의가 있어서 여유가 없다.

+ 打うち上あげ
종료 파티, 뒤풀이
동

14 してき
指摘
지적
동

先生からの指摘内容を直してみました。
(せんせい, してきないよう, なお)
선생님으로부터의 지적 내용을 고쳐 봤습니다.

摘 : 딸 적　指摘(してき) 지적
適 : 맞을 적　適用(てきよう) 적용

15 ひはん
批判
비판
동

この国では政府への批判なんてあり得ない。
(くに, せいふ, ひはん, え)
이 나라에서는 정부에 대한 비판 같은 건 있을 수 없다.

批 : 비평할 비　批判(ひはん) 비판
比 : 견줄 비　比例(ひれい) 비례

16 きふ
寄付
기부

現金だけじゃなくてスマホからも寄付できます。
(げんきん, きふ)
현금뿐만 아니라 스마트폰에서도 기부할 수 있습니다.

+ 寄よる 가까이 하다, 들르다
동

寄 : 부칠 기　寄付(きふ) 기부
奇 : 기특할 기　奇妙(きみょう) 기묘

17 つよ
強み
강점, 장점

自分の強みと弱みをしっかり知っておくべきだ。
(じぶん, つよ, よわ, し)
자신의 강점과 약점을 제대로 알아 두어야 한다.

↔ 弱よわみ 약점

18 ざつだん
雑談
잡담
동

仕事中の雑談からアイディアを得ることもある。
(しごとちゅう, ざつだん, え)
일하는 중에 하는 잡담에서 아이디어를 얻는 경우도 있다.

19 いと
意図
의도

+ 意図的いとてき 의도적
동

そのうわさを流(なが)した意図(いと)が分(わ)からない。
그 소문을 퍼뜨린 의도를 모르겠다.

20 いよく
意欲
의욕

我(わ)が社(しゃ)では意欲(いよく)あふれる人材(じんざい)を求(もと)めています。
우리 회사에서는 의욕 넘치는 인재를 찾고 있습니다.

21
マイペース
마이페이스(자기 방식대로 일을 진행함)
ナ

マイペースな人(ひと)っていいイメージも悪(わる)いイメージもある。
마이페이스인 사람은 좋은 이미지도 나쁜 이미지도 있다.

22
スペース
공간

≒ 空間くうかん 공간

うちは狭(せま)いけど、隠(かく)されたスペースがけっこうある。
우리 집은 좁지만 숨겨진 공간이 꽤 있다.

23
チャレンジ
도전

≒ 挑戦ちょうせん 도전
동

いろんなことにチャレンジするうちに夢(ゆめ)が見(み)つかるよ。
다양한 일에 도전하는 동안에 꿈이 발견될 거야.

24 せ
攻める
공격하다

ピンチだと思(おも)う時(とき)が本当(ほんとう)は攻(せ)めるチャンスだ。
위기라고 생각할 때가 사실은 공격할 찬스이다.

攻せめる는 전쟁, 경기 등에서 상대방을 공격할 때 사용하고 責せめる는 실수, 잘못된 행동 등을 비난할 때 사용한다.

Chapter 01
Chapter 02
Chapter 03

25 みちび
導く
이끌다, 안내하다

生徒(せいと)を正(ただ)しく導(みちび)くのが先生(せんせい)の役割(やくわり)だ。
학생을 올바르게 이끄는 것이 선생님의 역할이다.

26 いわ
祝う
축하하다

みんなに誕生日(たんじょうび)を祝(いわ)ってもらってうれしかった。
모두가 생일을 축하해 줘서 기뻤다.

祝 : 빌 축　祝(いわ)う 축하하다
祈 : 빌 기　祈(いの)る 바라다

27
つまずく
걸려 넘어지다, 좌절하다

立(た)ち直(なお)ればいいからちょっとつまずいたっていいじゃん！
다시 일어서면 되니까 잠깐 넘어져도 괜찮잖아!

28 いた
至る
이르다, 다다르다

≒ 達たっする 달하다

設立(せつりつ)から現在(げんざい)に至(いた)るまでの歴史(れきし)について話(はな)しました。
설립부터 현재에 이르기까지의 역사에 대해서 이야기했습니다.

29 ぞく
属する
속하다

＋ 付属ふぞく 부속

鈴木(すずき)さんはどの部署(ぶしょ)に属(ぞく)していますか。
스즈키 씨는 어느 부서에 속해 있습니까?

30 あせ
焦る
초조해하다, 안달하다

焦(あせ)ってもしょうがないから、じっくり待(ま)ちましょう。
안달해도 소용없으니까 차분히 기다립시다.

• 焦(탈 초)
あせる　焦(あせ)る 초조해하다
こげる　焦(こ)げる 타다

31 はら た
腹を立てる
화를 내다

≒ 怒おこる 화내다

ちい はら た まわ ひと きら
小さなことにも腹を立てるので、周りの人に嫌われる。
작은 일에도 화를 내니까 주변 사람들이 싫어한다.

32 つう
通じる
통하다

ふたり ことば つう した
あの二人は言葉が通じるから、すぐ親しくなれた。
저 두 사람은 말이 통해서 금방 친해질 수 있었다.

- 通(통할 통)
  つう 通(つう)じる (마음, 말이) 통하다
  とお 通(とお)る 통과하다, 지나가다

33 お たた
折り畳む
접다, (접어) 개다

かさ お たた べんり
この傘は折り畳めるから、すごく便利だ。
이 우산은 접을 수 있기 때문에 엄청 편리하다.

34 し あ
仕上げる
완성하다, 끝내다

+ 仕上しあがる 완성되다

きょう し き けさ し あ
今日が締め切りで、今朝ぎりぎりレポートを仕上げた。
오늘이 마감이라 오늘 아침에 겨우 리포트를 완성했다.

35 ささ
支える
지탱하다, 받치다

くに ささ こども ちが
これからこの国を支えていくのは子供たちに違いない。
앞으로 이 나라를 지탱해 가는 것은 분명 아이들일 것이다.

36 もと
求める
구하다, 찾다, 요청하다

きゃく ふぐあい せつめい もと
お客さんはこの不具合について説明を求めている。
고객은 이 불량에 대해서 설명을 요구하고 있다.

求 : 구할 구　求(もと)める 요구하다, 구하다
救 : 구원할 구　救(すく)う 구하다, 도와주다

하루 1분 체크

1 다음 단어의 읽기로 가장 알맞은 것을 a, b 중에서 고르세요.

1. 祝う (a. いわう b. いのる)

2. 昼間 (a. じゅうかん b. ひるま)

3. 通じる (a. つうじる b. とおじる)

2 다음 단어의 한자 표기로 가장 알맞은 것을 a, b 중에서 고르세요.

4. 등록(とうろく) (a. 登緑 b. 登録)

5. 제공(ていきょう) (a. 提供 b. 掲供)

6. 운임(うんちん) (a. 運賃 b. 運貨)

3 다음 괄호 안에 들어갈 말로 가장 알맞은 것을 a, b 중에서 고르세요.

7. ピンチだと思(おも)う時(とき)が本当(ほんとう)は(a. 攻める b. 責める)チャンスだ。

8. いろんなことに(a. チャレンジ b. チャンス)するうちに夢(ゆめ)が見(み)つかるよ。

9. 今日(きょう)はお客(きゃく)さんと(a. 見合わせ b. 打ち合わせ)があって、余裕(よゆう)がない。

정답 1ⓐ 2ⓑ 3ⓐ 4ⓑ 5ⓐ 6ⓐ 7ⓐ 8ⓐ 9ⓑ

MP3 01-13

Day
12 **13** 14

공부 순서 📗 미리 보기 ➡ 📗 따라 읽기 ➡ 📗 단어 암기 ➡ 📗 확인 학습

□ <ruby>専念<rt>せんねん</rt></ruby>	□ <ruby>体格<rt>たいかく</rt></ruby>	□ <ruby>感心<rt>かんしん</rt></ruby>	□ <ruby>見直<rt>みなお</rt></ruby>す
□ <ruby>中継<rt>ちゅうけい</rt></ruby>	□ <ruby>導入<rt>どうにゅう</rt></ruby>	□ ゆとり	□ <ruby>飽<rt>あ</rt></ruby>きる
□ <ruby>比例<rt>ひれい</rt></ruby>	□ <ruby>反映<rt>はんえい</rt></ruby>	□ <ruby>首相<rt>しゅしょう</rt></ruby>	□ <ruby>尽<rt>つ</rt></ruby>きる
□ <ruby>場面<rt>ばめん</rt></ruby>	□ <ruby>税金<rt>ぜいきん</rt></ruby>	□ ゼミ	□ <ruby>浮<rt>う</rt></ruby>く
□ <ruby>作成<rt>さくせい</rt></ruby>	□ <ruby>方針<rt>ほうしん</rt></ruby>	□ マスコミ	□ <ruby>逆<rt>さか</rt></ruby>らう
□ <ruby>講義<rt>こうぎ</rt></ruby>	□ <ruby>取材<rt>しゅざい</rt></ruby>	□ <ruby>呼<rt>よ</rt></ruby>び<ruby>止<rt>と</rt></ruby>める	□ <ruby>詰<rt>つ</rt></ruby>め<ruby>込<rt>こ</rt></ruby>む
□ <ruby>隣接<rt>りんせつ</rt></ruby>	□ <ruby>見解<rt>けんかい</rt></ruby>	□ <ruby>濁<rt>にご</rt></ruby>る	□ <ruby>逃<rt>に</rt></ruby>げる
□ <ruby>相違<rt>そうい</rt></ruby>	□ <ruby>国土<rt>こくど</rt></ruby>	□ <ruby>騙<rt>だま</rt></ruby>す	□ <ruby>眺<rt>なが</rt></ruby>める
□ <ruby>特色<rt>とくしょく</rt></ruby>	□ <ruby>至急<rt>しきゅう</rt></ruby>	□ <ruby>謝<rt>あやま</rt></ruby>る	□ <ruby>戦<rt>たたか</rt></ruby>う

01 せんねん
専念
전념
동

安心(あんしん)して治療(ちりょう)とリハビリに専念(せんねん)してください。
안심하고 치료와 재활에 전념해 주세요.

02 ちゅうけい
中継
중계
동

長岡花火大会(ながおかはなびたいかい)をインターネットで生中継(なまちゅうけい)します。
나가오카 불꽃놀이를 인터넷으로 생중계합니다.

03 ひれい
比例
비례
동

子供(こども)の体重(たいじゅう)に比例(ひれい)して薬(くすり)の量(りょう)を調節(ちょうせつ)しないといけない。
아이의 체중에 비례해서 약의 양을 조절해야만 한다.

例 : 법식 례　比例(ひれい) 비례
列 : 벌일 렬　行列(ぎょうれつ) 행렬

04 ばめん
場面
장면

あまりにも感動的(かんどうてき)な場面(ばめん)でした。
너무나도 감동적인 장면이었습니다.

• 場(마당 장)
ば　場面(ばめん) 장면
じょう　登場(とうじょう) 등장

05 さくせい
作成
작성
동

レポートを作成(さくせい)する際(さい)の注意点(ちゅういてん)をまとめてみました。
리포트를 작성할 때의 주의점을 정리해 보았습니다.

06 こうぎ
講義
강의
동

この講義(こうぎ)は試験(しけん)はないが、レポートや発表(はっぴょう)が多(おお)い。
이 강의는 시험은 없지만 리포트와 발표가 많다.

07 りんせつ
隣接
인접

≒ 隣となり 옆, 근처

동

このホテルは羽田空港(はねだくうこう)に隣接(りんせつ)しています。
이 호텔은 하네다 공항에 인접해 있습니다.

08 そうい
相違
차이, 틀림, 다름

≒ 違ちがい 다름, 차이

동

上記(じょうき)のとおり相違(そうい)ないことを証明(しょうめい)します。
상기와 같이 틀림없음을 증명합니다.

09 とくしょく
特色
특색

市民(しみん)と一緒(いっしょ)に特色(とくしょく)のある街(まち)づくりを進(すす)めています。
시민과 함께 특색 있는 거리 만들기를 진행하고 있습니다.

- 色(빛 색)
  しょく　特色(とくしょく) 특색
  しき　景色(けしき) 경치

10 たいかく
体格
체격

≒ 体からだつき 체격, 몸매

彼(かれ)はがっしりした体格(たいかく)のかっこいい男(おとこ)です。
그는 다부진 체격의 멋진 남자입니다.

11 どうにゅう
導入
도입

동

このスーパーは無人精算(むじんせいさん)システムを導入(どうにゅう)しています。
이 슈퍼는 무인 정산 시스템을 도입하고 있습니다.

12 はんえい
反映
반영

동

今(いま)の政策(せいさく)って国民(こくみん)の意見(いけん)が全然反映(ぜんぜんはんえい)されていない。
지금의 정책은 국민의 의견이 전혀 반영되어 있지 않다.

13 ぜいきん
税金
세금

＋ 消費税しょうひぜい 소비세

年収(ねんしゅう)の10％ぐらいを税金(ぜいきん)として払(はら)っている。
연 수입의 10%정도를 세금으로 내고 있다.

14 ほうしん
方針
방침

我(わ)が社(しゃ)の経営方針(けいえいほうしん)について紹介(しょうかい)します。
우리 회사의 경영 방침에 대해서 소개하겠습니다.

15 しゅざい
取材
취재
동

お忙(いそが)しい中(なか)、取材(しゅざい)に応(おう)じてくださいましてありがとうございます。
바쁘신 중에 취재에 응해 주셔서 감사합니다.

16 けんかい
見解
견해

≒ 考かんがえ方かた
견해, 사고방식

些細(ささい)な見解(けんかい)の違(ちが)いで言(い)い合(あ)いになる場合(ばあい)もある。
사소한 견해 차이로 말싸움이 되는 경우도 있다.

17 こくど
国土
국토

中国(ちゅうごく)は国土(こくど)が広(ひろ)くてまだ開発(かいはつ)できる所(ところ)が多(おお)い。
중국은 국토가 넓어서 아직 개발할 수 있는 곳이 많다.

- 土(흙 토)
  ど　国土(こくど) 국토
  と　土地(とち) 토지

18 しきゅう
至急
지급, 매우 급함

至急連絡(しきゅうれんらく)してほしいという伝言(でんごん)がありました。
급하게 연락해 달라는 전언이 있었습니다.

Day 13

19 かんしん
感心
감탄
동

<ruby>彼<rt>かれ</rt></ruby>の<ruby>優<rt>やさ</rt></ruby>しくて<ruby>思<rt>おも</rt></ruby>いやりのある<ruby>態度<rt>たいど</rt></ruby>に<ruby>感心<rt>かんしん</rt></ruby>した。
그의 다정하고 배려있는 태도에 감탄했다.

20
ゆとり
여유

≒ 余裕よゆう 여유

この<ruby>学校<rt>がっこう</rt></ruby>はゆとりのある<ruby>教育<rt>きょういく</rt></ruby>を<ruby>目標<rt>もくひょう</rt></ruby>にしている。
이 학교는 여유 있는 교육을 목표로 하고 있다.

21 しゅしょう
首相
수상

アメリカを<ruby>訪問<rt>ほうもん</rt></ruby>していた<ruby>首相<rt>しゅしょう</rt></ruby>が<ruby>日本<rt>にほん</rt></ruby>に<ruby>戻<rt>もど</rt></ruby>った。
미국을 방문했던 수상이 일본에 돌아왔다.

- 相(서로 상)
  しょう　首相(しゅしょう) 수상
  そう　相談(そうだん) 상담

22
ゼミ
세미나, 강습회, 스터디

<ruby>人気<rt>にんき</rt></ruby>のゼミは<ruby>希望通<rt>きぼうどお</rt></ruby>りに<ruby>入<rt>はい</rt></ruby>れない<ruby>場合<rt>ばあい</rt></ruby>もある。
인기 있는 세미나는 희망대로 들어갈 수 없는 경우도 있다.

23
マスコミ
매스컴, 대중 매체

ここはマスコミにも<ruby>取<rt>と</rt></ruby>り<ruby>上<rt>あ</rt></ruby>げられた<ruby>人気<rt>にんき</rt></ruby>の<ruby>店<rt>みせ</rt></ruby>です。
이곳은 매스컴에서도 다루어진 인기 가게입니다.

24 よ　と
呼び止める
불러 세우다

<ruby>悪<rt>わる</rt></ruby>いことしてないのに<ruby>警察<rt>けいさつ</rt></ruby>に<ruby>呼<rt>よ</rt></ruby>び<ruby>止<rt>と</rt></ruby>められて<ruby>嫌<rt>いや</rt></ruby>だった。
나쁜 짓 안 했는데 경찰이 불러 세워서 기분 나빴다.

25 にごる
濁る
□□□ 흐려지다, 탁해지다

+ にごり 탁음

部屋(へや)の空気(くうき)が濁(にご)っていて息苦(いきぐる)しいよ。
방 공기가 탁해서 숨쉬기 힘들어.

26 だます
騙す
□□□ 속이다

なんか彼(かれ)に騙(だま)された気(き)がする。
왠지 그에게 속은 것 같은 느낌이 든다.

27 あやまる
謝る
□□□ 사과하다

悪(わる)いことをした場合(ばあい)は、ちゃんと謝(あやま)りなさい。
나쁜 짓을 한 경우에는 제대로 사과해.

謝あやまる는 '사과하다'라는 의미이고 誤あやまる는 '실수하다, 틀리다'라는 의미이다.

28 みなおす
見直す
□□□ 다시 보다, 재검토하다

+ 見直みなおし 재검토

このプロジェクトは最初(さいしょ)から見直(みなお)すことになった。
이 프로젝트는 처음부터 재검토하게 되었다.

29 あきる
飽きる
□□□ 질리다, 물리다

+ 呆あきれる 질리다

ロングヘアに飽(あ)きちゃったけど、切(き)る勇気(ゆうき)はない。
긴 머리가 지겨운데 자를 용기는 없다.

飽あきる는 '너무 많이 하거나 정도가 지나쳐서 질린다'라는 의미이고 呆あきれる는 '너무 기가 막혀서 말문이 막힌다'라는 의미이다.

30 つきる
尽きる
□□□ 다하다, 끝나다

+ 尽つくす
끝까지 애쓰다, 진력하다

私(わたし)の財布(さいふ)は寿命(じゅみょう)が尽(つ)きた。
내 지갑은 수명이 다했다.

31 う
浮く
□□□ 들뜨다, 뜨다

+ 浮上ふじょう 부상

最近、何となく浮いてるけど、落ち着かないとね。
요즘 왠지 들떠 있는데 차분해져야 해.

32 さか
逆らう
□□□ 거스르다, 역행하다

+ さかのぼる
거슬러 올라가다

時代の流れに逆らうのが必ずしも悪いわけではない。
시대의 흐름에 역행하는 것이 반드시 나쁜 것만은 아니다.

33 つ こ
詰め込む
□□□ 채워 넣다,
무턱대고 외우다

単語を詰め込むだけでは会話の練習にならない。
단어를 무조건 외우기만 해서는 회화 연습이 되지 않는다.

34 に
逃げる
□□□ 도망가다

+ 逃のがす 놓치다

危ないと感じた時は、待たずに早く逃げましょう。
위험하다고 느꼈을 때는 기다리지 말고 빨리 도망갑시다.

35 なが
眺める
□□□ (멀리) 바라보다

+ 眺ながめ 전망

夜景を眺めながら食事ができる所を予約した。
야경을 바라보면서 식사할 수 있는 곳을 예약했다.

眺 : 바라볼 조　眺(なが)める 바라보다
挑 : 돋울 도　挑(いど)む 도전하다

36 たたか
戦う
□□□ 싸우다

+ 戦争せんそう 전쟁

大変だろうが、ポジティブな気持ちで戦っていきたい。
힘들겠지만 긍정적인 마음으로 싸워 나가고 싶다.

하루 1분 체크

1 다음 단어의 읽기로 가장 알맞은 것을 a, b 중에서 고르세요.

1. 税金 (a. ぜいきん　　b. せいきん)

2. 国土 (a. こくど　　b. こくと)

3. 首相 (a. しゅそう　　b. しゅしょう)

2 다음 단어의 한자 표기로 가장 알맞은 것을 a, b 중에서 고르세요.

4. 비례(ひれい)　(a. 比例　　b. 比列)

5. 사과하다(あやまる)　(a. 誤る　　b. 謝る)

6. 반영(はんえい)　(a. 返映　　b. 反映)

3 다음 괄호 안에 들어갈 말로 가장 알맞은 것을 a, b 중에서 고르세요.

7. ロングヘアに(a. 飽きちゃった　b. 呆れちゃった)けど、切(き)る勇気(ゆうき)はない。

8. 悪いことしてないのに警察(けいさつ)に(a. 呼びかけられて　b. 呼び止められて)嫌(いや)だった。

9. このプロジェクトは最初(さいしょ)から(a. 見直す　b. 見通す)ことになった。

정답 1ⓐ 2ⓐ 3ⓑ 4ⓐ 5ⓑ 6ⓑ 7ⓐ 8ⓑ 9ⓐ

MP3 01-14

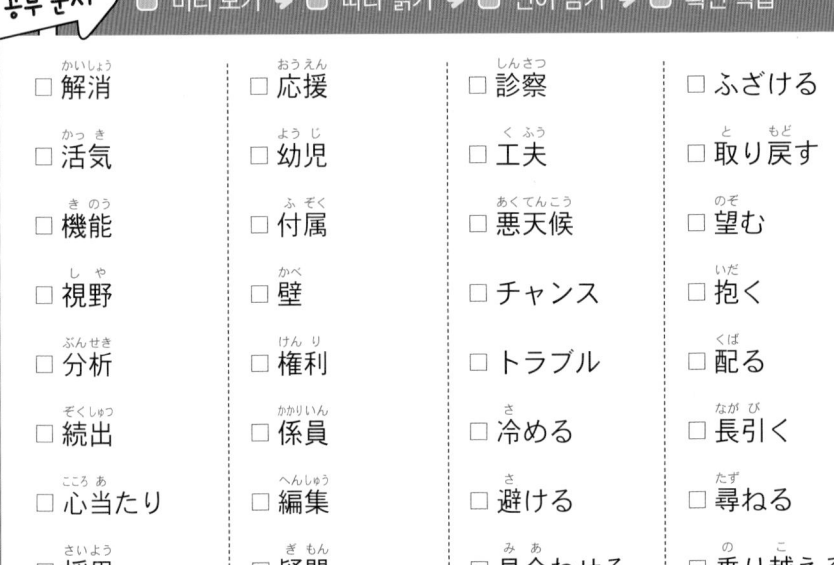

Day 14

13 14 15

공부 순서: □ 미리 보기 → □ 따라 읽기 → □ 단어 암기 → □ 확인 학습

- □ 解消(かいしょう)
- □ 活気(かっき)
- □ 機能(きのう)
- □ 視野(しや)
- □ 分析(ぶんせき)
- □ 続出(ぞくしゅつ)
- □ 心当たり(こころあ)
- □ 採用(さいよう)
- □ 足元(あしもと)
- □ 応援(おうえん)
- □ 幼児(ようじ)
- □ 付属(ふぞく)
- □ 壁(かべ)
- □ 権利(けんり)
- □ 係員(かかりいん)
- □ 編集(へんしゅう)
- □ 疑問(ぎもん)
- □ 就職(しゅうしょく)
- □ 診察(しんさつ)
- □ 工夫(くふう)
- □ 悪天候(あくてんこう)
- □ チャンス
- □ トラブル
- □ 冷(さ)める
- □ 避(さ)ける
- □ 見合(みあ)わせる
- □ 黙(だま)る
- □ ふざける
- □ 取(と)り戻(もど)す
- □ 望(のぞ)む
- □ 抱(いだ)く
- □ 配(くば)る
- □ 長引(ながび)く
- □ 尋(たず)ねる
- □ 乗(の)り越(こ)える
- □ 押(お)さえる

01 かいしょう
解消
해소

＋解とく 풀다

[동]

私にとって一番いいストレス解消法は旅行だ。
(わたし / いちばん / かいしょうほう / りょこう)

나에게 있어서 가장 좋은 스트레스 해소법은 여행이다.

---

02 かっき
活気
활기

撮影は大変だけど、活気のある現場で楽しいです。
(さつえい / たいへん / かっき / げんば / たの)

촬영은 힘들지만 활기 있는 현장이라 즐겁습니다.

- 気(기운 기)

き　活気(かっき) 활기

け　人気(ひとけ) 인기척

---

03 きのう
機能
기능

[동]

最近のスマホは機能が多すぎて、使いにくい。
(さいきん / きのう / おお / つか)

요즘 스마트폰은 기능이 너무 많아서 사용하기 어렵다.

---

04 しや
視野
시야

世界を視野に入れて自分の力を試したい。
(せかい / しや / い / じぶん / ちから / ため)

세계를 시야에 넣고 내 실력을 시험해 보고 싶다.

---

05 ぶんせき
分析
분석

[동]

事故の原因を詳しく分析してみなければならない。
(じこ / げんいん / くわ / ぶんせき)

사고의 원인을 자세하게 분석해 봐야 한다.

---

06 ぞくしゅつ
続出
속출

[동]

円高で留学をあきらめる人が続出している。
(えんだか / りゅうがく / ひと / ぞくしゅつ)

엔고 현상으로 유학을 포기하는 사람이 속출하고 있다.

07 こころ あ
心当たり
□□□ 짐작

≒ 見当けんとう 예측, 짐작

こころ あ　かた　かかりいん　れんらく
心当たりのある方は係員までご連絡ください。
짐작 가는 것이 있는 분은 담당 직원에게 연락 주세요.

08 さいよう
採用
□□□ 채용

+ 採とる 따다, 캐다
동

きぎょう　さいようしけん　がくれき　と
この企業の採用試験では学歴を問いません。
이 기업의 채용 시험에서는 학력을 묻지 않습니다.

採 : 캘 채　採用(さいよう) 채용
菜 : 나물 채　野菜(やさい) 야채

09 あしもと
足元
□□□ 발밑

+ 手元てもと 손이 닿는 곳

すべ　あしもと　ちゅうい
滑りやすいので、足元にご注意ください。
미끄러우니까 발밑을 조심하세요.

10 おうえん
応援
□□□ 응원
동

とお　おうえん　き
遠いところまで応援に来てくれてありがとう。
먼 곳까지 응원하러 와 줘서 고마워.

- 応(응할 응)
  おう　応援(おうえん) 응원
  のう　反応(はんのう) 반응

11 ようじ
幼児
□□□ 유아

+ 児童じどう 아동

ようじ　ひや　ど
幼児でもつけられる日焼け止めクリームです。
유아도 바를 수 있는 선크림입니다.

12 ふぞく
付属
□□□ 부속

+ 金属きんぞく 금속

だいがく　ふぞくびょういん　いしゃ　はたら
大学の付属病院で医者として働いている。
대학 부속 병원에서 의사로 일하고 있다.

13 かべ
壁
□□□
벽

絵が好きなので部屋の壁にたくさんかけてある。
그림을 좋아해서 방 벽에 많이 걸려 있다.

壁 : 벽 벽 壁(かべ) 벽
癖 : 버릇 벽 癖(くせ) 버릇

14 けん り
権利
□□□
권리

ストライキは法律で守られている権利である。
파업은 법률로 보호되고 있는 권리이다.

権 : 권세 권 権利(けんり) 권리
勧 : 권할 권 勧告(かんこく) 권고

15 かかりいん
係員
□□□
계원, 담당자

詳しくは売り場の係員までお尋ねください。
자세한 것은 매장 직원에게 물어보세요.

+ 係長かかりちょう 계장

16 へんしゅう
編集
□□□
편집
동

フォトアプリで、撮った写真を編集することができる。
사진 어플로, 찍은 사진을 편집할 수 있다.

編 : 엮을 편 編集(へんしゅう) 편집
偏 : 치우칠 편 偏見(へんけん) 편견

17 ぎ もん
疑問
□□□
의문

物事に対していろんな疑問を持つのは悪くない。
모든 일에 대해서 여러 의문을 가지는 것은 나쁘지 않다.

+ 疑うたがう 의심하다

18 しゅうしょく
就職
□□□
취직
동

日本では就職活動のことを略して「就活」と呼んでいる。
일본에서는 취직 활동을 줄여서 '취활'이라고 부르고 있다.

職 : 직분 직 就職(しゅうしょく) 취직
識 : 알 식 知識(ちしき) 지식

19 しんさつ
診察
진찰

+ 診みる 보다, 진찰하다 동

あの医者(いしゃ)に診察(しんさつ)を受(う)けるためには、予約(よやく)が要(い)る。
그 의사에게 진찰을 받으려면 예약이 필요하다.

察 : 살필 찰　診察(しんさつ) 진찰
擦 : 문지를 찰　摩擦(まさつ) 마찰

20 くふう
工夫
궁리, 아이디어, 생각을 짜냄
동

ちょっとした工夫(くふう)でごみを減(へ)らすことができた。
작은 아이디어로 쓰레기를 줄일 수 있었다.

- 工(장인 공)
  く　工夫(くふう) 궁리
  こう　工学(こうがく) 공학

21 あくてんこう
悪天候
악천후

+ 気候きこう 기후

悪天候(あくてんこう)のせいで飛行機(ひこうき)の欠航(けっこう)が決(き)まった。
악천후 탓으로 비행기의 결항이 결정되었다.

22
チャンス
찬스, 기회

≒ 機会きかい 기회

今(いま)のチャンスを逃(のが)すと一生後悔(いっしょうこうかい)するよ。
지금의 찬스를 놓치면 평생 후회할 거야.

23
トラブル
트러블, 문제

≒ 問題もんだい 문제

システムトラブルについては責任(せきにん)を持(も)って対応(たいおう)します。
시스템 트러블에 대해서는 책임을 지고 대응하겠습니다.

24 さ
冷める
식다

≒ 冷ひえる 식다, 차가워지다

お茶(ちゃ)が冷(さ)めないうちにどうぞお召(め)し上(あ)がりください。
차가 식기 전에 어서 드세요.

冷さめる는 뜨거웠던 것이 미지근해지거나 차가워지는 것을 말하며 冷ひえる는 실온 상태였던 것이 냉장고 등에 들어가서 차가워지는 것을 의미한다.

25 さ
避ける
피하다

「この人(ひと)だけは避(さ)けたい」と思(おも)った人(ひと)と同(おな)じチームになった。
'이 사람만큼은 피하고 싶다'고 생각한 사람과 같은 팀이 되었다.

26 みあ
見合わせる
보류하다, 마주 보다, 대조하다

台風(たいふう)の影響(えいきょう)で運行(うんこう)を見合(みあ)わせております。
태풍의 영향으로 운행을 보류하고 있습니다.

27 だま
黙る
잠자코 있다, 입을 다물다

君(きみ)も黙(だま)っていないで言(い)い訳(わけ)でもしなさいよ。
너도 잠자코 있지 말고 변명이라도 해.

+ 沈黙ちんもく 침묵

28
ふざける
장난치다

息子(むすこ)はいつもふざけてばかりでやる気(き)が全然(ぜんぜん)ない。
아들은 항상 장난만 치고, 하려는 의욕이 전혀 없다.

29 と もど
取り戻す
되찾다, 회복하다

一度(いちど)失(うしな)った信用(しんよう)はそう簡単(かんたん)には取(と)り戻(もど)せない。
한번 잃어버린 신용은 그렇게 간단히는 회복할 수 없다.

30 のぞ
望む
바라다, 원하다

学生(がくせい)の時(とき)から望(のぞ)んでいた会社(かいしゃ)に就職(しゅうしょく)できて嬉(うれ)しい。
학생 때부터 바라던 회사에 취직할 수 있어서 기쁘다.

+ 望のぞましい 바람직하다

Chapter 01
Chapter 02
Chapter 03

Day 14

31 いだ
抱く
품다

≒抱だく 안다

社員(しゃいん)は何年(なんねん)も給料(きゅうりょう)が上(あ)がらないことに不満(ふまん)を抱(いだ)いている。
사원은 몇 년이나 월급이 오르지 않는 것에 불만을 품고 있다.

抱いだく는 꿈, 희망, 불안, 불만 등을 품고 있다는 의미이며, 抱だく는 실제로 사람이나 인형 등을 안는다는 의미이다.

32 くば
配る
나누어 주다, 배부하다

+ 気配きくばり 배려

プリントを配(くば)るので、後(うし)ろの人(ひと)に回(まわ)してください。
프린트를 배부할 테니까 뒷사람에게 돌려 주세요.

33 ながび
長引く
지연되다, 오래 끌다

会議(かいぎ)が長引(ながび)いて、予約時間(よやくじかん)に着(つ)けそうにない。
회의가 길어져서 예약 시간에 도착하지 못할 것 같다.

34 たず
尋ねる
묻다, 질문하다(겸양어)

お尋(たず)ねしたいことがありますが、お時間(じかん)よろしいですか。
묻고 싶은 것이 있습니다만, 시간 괜찮으신가요?

尋たずねる는 '질문하다, 묻다'의 겸양 표현이며 訪たずねる는 '어떤 장소를 방문하다'라는 의미이다.

35 のこ
乗り越える
뛰어넘다, 극복하다

≒ 克服こくふくする 극복하다

どんなことでも自分(じぶん)の力(ちから)で乗(の)り越(こ)えなければならない。
어떤 일이든지 스스로의 힘으로 극복해야만 한다.

36 お
押さえる
꾹 누르다, 파악하다

ポイントを押(お)さえて効率(こうりつ)よく勉強(べんきょう)しましょう。
포인트를 파악해서 효율 좋게 공부합시다.

하루 1분 체크

1 다음 단어의 읽기로 가장 알맞은 것을 a, b 중에서 고르세요.

1. 活気 (a. かっき　　b. かっけ)

2. 応援 (a. おうえん　　b. のうえん)

3. 工夫 (a. こうふう　　b. くふう)

2 다음 단어의 한자 표기로 가장 알맞은 것을 a, b 중에서 고르세요.

4. 취직(しゅうしょく)　(a. 就職　　b. 就識)

5. 진찰(しんさつ)　(a. 診擦　　b. 診察)

6. 채용(さいよう)　(a. 採用　　b. 菜用)

3 다음 괄호 안에 들어갈 말로 가장 알맞은 것을 a, b 중에서 고르세요.

7. (a. 心当たり　b. 手当たり)のある方(かた)は係員(かかりいん)までご連絡(れんらく)ください。

8. お茶(ちゃ)が(a. 冷えない　b. 冷めない)うちにどうぞお召(め)し上(あ)がりください。

9. 社員(しゃいん)は何年(なんねん)も給料(きゅうりょう)が上(あ)がらないことに不満(ふまん)を(a. だいて　b. いだいて)いる。

정답 1ⓐ 2ⓐ 3ⓑ 4ⓐ 5ⓑ 6ⓐ 7ⓐ 8ⓑ 9ⓑ

MP3 01-15

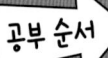

Day 15

14 15 16

공부 순서 ▢ 미리 보기 → ▢ 따라 읽기 → ▢ 단어 암기 → ▢ 확인 학습

- ☐ 開封(かいふう)
- ☐ 建築家(けんちくか)
- ☐ 姿(すがた)
- ☐ 異常(いじょう)
- ☐ 申し込み(もうしこ)
- ☐ 了解(りょうかい)
- ☐ 復興(ふっこう)
- ☐ 実施(じっし)
- ☐ 名字(みょうじ)
- ☐ 体操(たいそう)
- ☐ 勇気(ゆうき)
- ☐ 身元(みもと)
- ☐ 比較(ひかく)
- ☐ 少子化(しょうしか)
- ☐ 常識(じょうしき)
- ☐ 迷子(まいご)
- ☐ 災害(さいがい)
- ☐ 共通(きょうつう)
- ☐ 高学歴(こうがくれき)
- ☐ お互い(たが)
- ☐ 印刷(いんさつ)
- ☐ ユーモア
- ☐ パターン
- ☐ 落ち着く(お・つ)
- ☐ 固める(かた)
- ☐ 測る(はか)
- ☐ 離れる(はな)
- ☐ 呼びかける(よ)
- ☐ 揃える(そろ)
- ☐ 混ざる(ま)
- ☐ 取り上げる(と・あ)
- ☐ 詰まる(つ)
- ☐ さげる
- ☐ 立ち止まる(た・ど)
- ☐ 負う(お)
- ☐ 治める(おさ)

01 かいふう

☐☐☐ **開封**
개봉

✚ 封筒ふうとう 봉투
[동]

一度開封したものは早くお召し上がりください。

한번 개봉한 것은 빨리 드세요.
(いち ど かいふう / はや / め / あ)

02 けんちく か

☐☐ **建築家**
건축가

娘の将来の夢は建築家になることだそうだ。

딸의 장래 꿈은 건축가가 되는 것이라고 한다.
(むすめ / しょうらい / ゆめ / けんちく か)

建 : 세울 건　建築(けんちく) 건축
健 : 굳셀 건　健康(けんこう) 건강

03 すがた

☐☐ **姿**
모습, 몸매, 옷차림

✚ 姿勢しせい 자세

彼の頑張っている姿がすごくかっこいいと思う。

그가 노력하는 모습이 정말 멋지다고 생각해.
(かれ / がん ば / すがた / おも)

04 い じょう

☐☐ **異常**
이상

✚ 異ことなる 다르다

世界各地で異常気象が起きている。

세계 각지에서 이상 기상이 일어나고 있다.
(せ かいかく ち / い じょう き しょう / お)

05 もう こ

☐☐ **申し込み**
신청

≒ 申請しんせい 신청
[동]

申し込み書類は一階の受付に用意してあります。

신청 서류는 1층의 접수처에 준비되어 있습니다.
(もう こ / しょるい / いっかい / うけつけ / よう い)

06 りょうかい

☐☐ **了解**
양해, 이해, 승낙
[동]

本人の了解を得て写真を撮らせていただきました。

본인의 양해를 얻어서 사진을 찍었습니다.
(ほんにん / りょうかい / え / しゃしん / と)

Day 15

07 ふっこう
復興
부흥
동

被災地(ひさいち)への復興支援(ふっこうしえん)を呼(よ)びかけています。
피재지에의 부흥 지원을 호소하고 있습니다.

- 興(일 흥, 흥취 흥)
  こう　復興(ふっこう) 부흥
  きょう　興味(きょうみ) 흥미

08 じっし
実施
실시
동

現在(げんざい)、市(し)では夜間保育(やかんほいく)サービスを実施(じっし)している。
현재 시에서는 야간 보육 서비스를 실시하고 있다.

09 みょうじ
名字
성, 성씨

日本人(にほんじん)は名字(みょうじ)だけで呼(よ)ばれることが多(おお)い。
일본인은 성만으로 불리는 경우가 많다.

- 名(이름 명)
  みょう　名字(みょうじ) 성, 성씨
  めい　氏名(しめい) 성명

10 たいそう
体操
체조

毎朝(まいあさ)、体操(たいそう)するだけでも健康(けんこう)にいいそうだ。
매일 아침 체조하는 것만으로도 건강에 좋다고 한다.

11 ゆうき
勇気
용기

他(ほか)にやりたいことがあるが、会社(かいしゃ)をやめる勇気(ゆうき)がない。
다른 하고 싶은 것이 있지만 회사를 그만둘 용기가 없다.

12 みもと
身元
신원

≒身分みぶん 신분

パスワードを変更(へんこう)する場合(ばあい)は、身元(みもと)の確認(かくにん)が必要(ひつよう)だ。
비밀번호를 변경하는 경우에는 신원 확인이 필요하다.

13 ひかく
比較
비교
동

じぶん しあわ ほうほう たにん ひかく
自分を幸せにする方法は他人と比較しないことだ。
자신을 행복하게 하는 방법은 타인과 비교하지 않는 것이다.

較 : 견줄 교　比較(ひかく) 비교
転 : 구를 전　回転(かいてん) 회전

14 しょうしか
少子化
저출생, 소자화(자녀수가 감소하는 일)

+ 高齢化こうれいか 고령화

せかい きゅうそく しょうしか すす
世界は急速に少子化が進んでいる。
세계는 급속하게 저출생이 진행되고 있다.

15 じょうしき
常識
상식

じょうしき ひと りょこう
こんなに常識のない人とは旅行したくない。
이렇게 상식이 없는 사람과는 여행하고 싶지 않아.

16 まいご
迷子
미아

すいがい まいご おお
水害で迷子になったペットが多い。
수해로 미아가 된 반려동물이 많다.

• 迷(미혹할 미)
まい　迷子(まいご) 미아
めい　迷路(めいろ) 미로

17 さいがい
災害
재해

にほん しぜんさいがい おお くに
日本は自然災害の多い国だ。
일본은 자연 재해가 많은 나라이다.

18 きょうつう
共通
공통
동

きょうつう しゅみ も した
共通の趣味を持っていると、親しくなりやすい。
공통의 취미를 가지고 있으면 친해지기 쉽다.

共 : 한가지 공　共通(きょうつう) 공통
供 : 이바지할 공　供給(きょうきゅう) 공급

19 こうがくれき
高学歴
고학력

高学歴(こうがくれき)なのに、仕事(しごと)のできない若者(わかもの)が多(おお)いそうだ。
고학력인데도 일을 못하는 젊은 사람들이 많다고 한다.

20 たが
お互い
서로

≒相互そうご 상호

夫婦(ふうふ)なら困(こま)った時(とき)にお互(たが)い助(たす)け合(あ)うべきだ。
부부라면 곤란할 때 서로 도와주어야 한다.

21 いんさつ
印刷
인쇄

≒ プリント 프린트, 인쇄
동

USBメモリを使(つか)ってコンビニでも印刷(いんさつ)できます。
USB 메모리를 사용해서 편의점에서도 인쇄할 수 있습니다.

22
ユーモア
유머

ユーモアのある人(ひと)がいると何(なん)だか雰囲気(ふんいき)が良(よ)くなる。
유머가 있는 사람이 있으면 왠지 분위기가 좋아진다.

23
パターン
패턴, 유형

行動(こうどう)パターンを変(か)えるだけでやせることができる。
행동 패턴을 바꾸는 것만으로 살이 빠질 수 있다.

24 お つ
落ち着く
침착하다, 차분하다

落(お)ち着(つ)いた雰囲気(ふんいき)の優(やさ)しい人(ひと)です。
차분한 분위기의 다정한 사람입니다.

- 着(붙을 착)
  つく　着(つ)く 도착하다
  きる　着(き)る 입다

25 かた
固める
굳히다, 튼튼하게 하다

なん きそ かた いちばんだいじ
何でも基礎を固めるのが一番大事だ。
뭐든지 기초를 튼튼하게 하는 것이 가장 중요하다.

26 はか
測る
재다, 측정하다

くるま ないぶおんど はか ど
車の内部温度を測ってみたが、40度だった。
자동차 내부 온도를 측정해 봤는데 40도였다.

27 はな
離れる
떨어지다, 떠나다

+ 分離ぶんり 분리

にいがた とうきょう やく はな ところ
新潟は東京から約260キロ離れている所だ。
니가타는 도쿄에서 약 260km 떨어져 있는 곳이다.

28 よ
呼びかける
호소하다,
강하게 촉구하다

きしょうちょう ねっちゅうしょう ちゅうい よ
気象庁は熱中症への注意を呼びかけている。
기상청은 열사병에의 주의를 호소하고 있다.

29 そろ
揃える
갖추다, 가지런히 하다,
맞추다

+ 揃そろう 갖추어지다, 모이다

くち そろ はんたい
みんな口を揃えて反対しています。
모두 입을 맞춰 반대하고 있습니다.

30 ま
混ざる
섞이다

こめ いし ま き つ
米に石が混ざっているから、気を付けてね。
쌀에 돌이 섞여 있으니까 조심해.

Chapter 01
Chapter 02
Chapter 03

☐☐☐ **取り上げる**
と あ
거론하다

↔ 取とり下さげる
철회하다, 취소하다

あまり取り上げる価値もないくだらないうわさだ。
と あ かち

별로 거론할 가치도 없는 쓸데없는 소문이다.

32
☐☐☐ **詰まる**
つ
꽉 차다, 막히다

野球に行く人々で電車内がぎっしり詰まっている。
や きゅう い ひとびと でんしゃない つ

야구를 보러 가는 사람들로 전철 안이 꽉꽉 들어차 있다.

結 : 맺을 결　結(むす)ぶ 묶다
詰 : 물을 힐　詰(つ)まる 꽉 차다

33
☐☐☐ **さげる**
치우다, 물리다

お皿をおさげしてもよろしいでしょうか。
さら

접시를 치워도 괜찮을까요?

34
☐☐☐ **立ち止まる**
た ど
멈추어 서다

入口の前では立ち止まらないようにしてください。
いりぐち まえ た ど

입구 앞에서는 멈춰 서지 않도록 해 주세요.

35
☐☐☐ **負う**
お
지다, 힘입다, 해를 당하다

＋ 負担ふたん 부담

担当者である私が責任を負うしかない。
たんとうしゃ わたし せきにん お

담당자인 내가 책임을 질 수밖에 없다.

36
☐☐☐ **治める**
おさ
(혼란을) 수습하다,
통치하다

兄弟げんかを丸く治めるにはどうすればいいですか。
きょうだい まる おさ

형제 싸움을 잘 수습하려면 어떻게 하면 될까요?

治おさめる는 '소란, 감정, 통증 등을 수습하거나 가라앉히다'라는 의미이고 修おさめる
는 '학문, 행실, 심신을 수양하거나 닦다'라는 의미로 사용한다.

하루 1분 체크

1 다음 단어의 읽기로 가장 알맞은 것을 a, b 중에서 고르세요.

1. 名字 (a. めいじ　　b. みょうじ)

2. 復興 (a. ふっこう　　b. ふっきょう)

3. 迷子 (a. めいご　　b. まいご)

2 다음 단어의 한자 표기로 가장 알맞은 것을 a, b 중에서 고르세요.

4. 공통(きょうつう) (a. 共通　　b. 供通)

5. 건축(けんちく) (a. 健築　　b. 建築)

6. 꽉 차다(つまる) (a. 詰まる　　b. 結まる)

3 다음 괄호 안에 들어갈 말로 가장 알맞은 것을 a, b 중에서 고르세요.

7. 気象庁(きしょうちょう)は熱中症(ねっちゅうしょう)への注意(ちゅうい)を(a. 呼びかけて　b. 呼び止めて)いる。

8. 兄弟(きょうだい)げんかを丸(まる)く(a. 治める　b. 修める)にはどうすればいいですか。

9. みんな口(くち)を(a. そろえて　b. まとめて)反対(はんたい)しています。

정답 1ⓑ 2ⓐ 3ⓑ 4ⓐ 5ⓑ 6ⓐ 7ⓐ 8ⓐ 9ⓐ

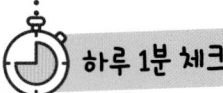

MP3 01-16

Day 16

15 **16** 17

공부 순서 ▢ 미리 보기 → ▢ 따라 읽기 → ▢ 단어 암기 → ▢ 확인 학습

- ☐ 担当(たんとう)
- ☐ 左右(さゆう)
- ☐ 需要(じゅよう)
- ☐ 返済(へんさい)
- ☐ 規制(きせい)
- ☐ 輸入(ゆにゅう)
- ☐ 景気(けいき)
- ☐ 児童(じどう)
- ☐ 環境(かんきょう)
- ☐ 承認(しょうにん)
- ☐ 手間(てま)
- ☐ 否定(ひてい)
- ☐ 指示(しじ)
- ☐ 地域(ちいき)
- ☐ めまい
- ☐ 適用(てきよう)
- ☐ 休暇(きゅうか)
- ☐ 注意(ちゅうい)
- ☐ 依頼(いらい)
- ☐ 影響(えいきょう)
- ☐ カロリー
- ☐ テーマ
- ☐ サイン
- ☐ 改(あらた)める
- ☐ 抱(だ)きしめる
- ☐ 捕(と)らえる
- ☐ くっつく
- ☐ 揺(ゆ)れる
- ☐ 足(た)りる
- ☐ 失(うしな)う
- ☐ 気(き)に入(い)る
- ☐ 巻(ま)く
- ☐ 取(と)り替(か)える
- ☐ 止(や)む
- ☐ お越(こ)しになる
- ☐ 限(かぎ)る

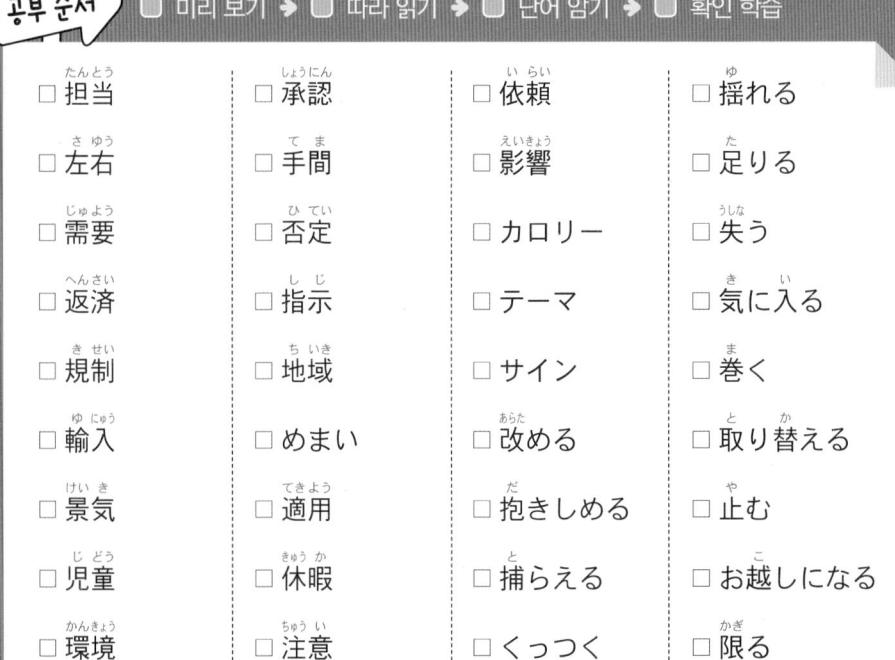

01 たんとう
担当
□□□ 담당
동

たんとう もの しょうしょう ま
担当の者におつなぎしますので、少々お待ちください。
담당자에게 연결해 드릴 테니 잠시만 기다려 주세요.

02 さゆう
左右
□□□ 좌우
동

かれ かんじょう さゆう ひと
彼は感情に左右されやすいタイプの人です。
그는 감정에 좌우되기 쉬운 타입의 사람입니다.

03 じゅよう
需要
□□□ 수요

↔ 供給きょうきゅう 공급

てんねん じゅよう かくだい
天然ガスの需要はだんだん拡大している。
천연가스의 수요는 점점 확대되고 있다.

04 へんさい
返済
□□□ 변제
동

こんげつ ねんかん じゅうたく ぜんぶ へんさい
今月で20年間の住宅ローンを全部返済した。
이번 달로 20년간의 주택 대출을 전부 변제했다.

05 きせい
規制
□□□ 규제
동

こうつう きせいじょうほう かくにん
交通の規制情報などはスマホでも確認できます。
교통 규제 정보 등은 스마트폰에서도 확인할 수 있습니다.

- 規(법 규)
  - き 規制(きせい) 규제
  - ぎ 定規(じょうぎ) 자

06 ゆにゅう
輸入
□□□ 수입

↔ 輸出ゆしゅつ 수출
동

ちゅうごく ゆにゅうりょう きゅうそく ふ
中国からの輸入量が急速に増えたそうだ。
중국으로부터의 수입량이 급속히 늘었다고 한다.

輸 : 보낼 수 輸入(ゆにゅう) 수입
輪 : 바퀴 륜 車輪(しゃりん) 차바퀴

07 けいき
景気
□□□ 경기

にほん けいき かいふく む おも
日本の景気は回復に向かっていると思います。
일본 경기는 회복을 향해 가고 있다고 생각합니다.

08 じどう
児童
□□□ 아동

＋童話どうわ 동화

かてい じどうてあて しきゅう
すべての家庭に児童手当が支給されるわけではない。
모든 가정에 아동 수당이 지급되는 것은 아니다.

- 児(아이 아)
  じ 児童(じどう) 아동
  に 小児(しょうに) 소아

09 かんきょう
環境
□□□ 환경

かんきょう まも きょうりょく
環境を守るため、ゴミのリサイクルにご協力ください。
환경을 보호하기 위해 쓰레기 재활용에 협력해 주세요.

10 しょうにん
承認
□□□ 승인

＋認みとめる 인정하다 동

しりょう がいぶ も じょうし しょうにん ひつよう
資料を外部に持っていくには、上司の承認が必要だ。
자료를 외부에 가져가기 위해서는 상사의 승인이 필요하다.

11 てま
手間
□□□ 품, 수고, 시간

くり た てま
栗はおいしいけど、食べるまで手間がかかる。
밤은 맛있지만 먹기까지 품이 든다.

12 ひてい
否定
□□□ 부정
동

ひてい こうてい たいど もんだい
否定も肯定もしないあいまいな態度が問題だ。
부정도 긍정도 하지 않는 애매한 태도가 문제이다.

否 : 아닐 부　否定(ひてい) 부정
不 : 아닐 부(불)　不便(ふべん) 불편

13 しじ
指示
지시
동

非常時(ひじょうじ)は、スタッフの指示(しじ)に従(したが)ってください。
비상시에는 스태프의 지시에 따라 주세요.

14 ちいき
地域
지역

≒ 区域くいき 구역

スターバックスは地域限定(ちいきげんてい)のタンブラーを売(う)っている。
스타벅스는 지역 한정 텀블러를 팔고 있다.

15
めまい
현기증

朝起(あさお)きた時(とき)、時々(ときどき)めまいがします。
아침에 일어났을 때 때때로 현기증이 납니다.

16 てきよう
適用
적용
동

この掃除機(そうじき)にはAI技術(ぎじゅつ)が適用(てきよう)されています。
이 청소기에는 AI 기술이 적용되어 있습니다.

適 : 맞을 적　適用(てきよう) 적용
敵 : 대적할 적　敵軍(てきぐん) 적군

17 きゅうか
休暇
휴가

≒ 休やすみ 휴가, 휴식

今週休暇(こんしゅうきゅうか)を取(と)ったけど、暑(あつ)くてどこにも行(い)けないよ。
이번 주에 휴가를 냈는데 더워서 아무 데도 못 가.

18 ちゅうい
注意
주의
동

危(あぶ)ないですので、十分注意(じゅうぶんちゅうい)を払(はら)ってください。
위험하기 때문에 충분히 주의를 기울여 주세요.

注 : 부을 주　注意(ちゅうい) 주의
主 : 주인 주　主要(しゅよう) 주요

Day 16

19 いらい
依頼
의뢰
[동]

発注(はっちゅう)の依頼(いらい)をする際(さい)は必(かなら)ず書面(しょめん)にて行(おこな)ってください。
발주 의뢰를 할 때에는 반드시 서면으로 해 주세요.

依 : 의지할 의　依然(いぜん)として 여전히
衣 : 옷 의　衣類(いるい) 의류

20 えいきょう
影響
영향
[동]

台風(たいふう)の影響(えいきょう)で、マラソン大会(たいかい)は中止(ちゅうし)になった。
태풍의 영향으로 마라톤 대회는 중지되었다.

21
カロリー
칼로리, 열량

最近(さいきん)はカロリーをカットしてくれるという薬(くすり)もある。
요즘에는 칼로리를 줄여 준다고 하는 약도 있다.

22
テーマ
테마, 주제

宇宙(うちゅう)をテーマにしたアニメを作(つく)っているそうだ。
우주를 테마로 한 애니메이션을 만들고 있다고 한다.

23
サイン
사인, 서명

≒署名しょめい 서명
[동]

野球場(やきゅうじょう)でサイン入(い)りのボールをもらった。
야구장에서 사인이 들어간 볼을 받았다.

24 あらた
改める
고치다, 바꾸다

+改正かいせい 개정

今(いま)の教育(きょういく)をどう改(あらた)めるべきか考(かんが)えてみよう。
지금의 교육을 어떻게 바꿔야 할지 생각해 보자.

25 □□□ **抱(だ)きしめる**
끌어안다, 껴안다

人形(にんぎょう)を抱(だ)きしめて寝(ね)るのが、子供(こども)の時(とき)からのくせだ。
인형을 껴안고 자는 게 어렸을 때부터의 버릇이다.

---

26 □□□ **捕(と)らえる**
잡다, 파악하다, 체포하다

作家(さっか)が書(か)いた文章(ぶんしょう)の意味(いみ)を正(ただ)しく捕(と)らえてみよう。
작가가 쓴 문장의 의미를 정확하게 파악해 보자.

捕: 잡을 포　捕(と)らえる 잡다
補: 도울 보　補(おぎな)う 보충하다

---

27 □□□ **くっつく**
붙다, 달라붙다

うちのワンちゃんは一日中私(いちにちじゅうわたし)にくっついている。
우리 집 강아지는 하루 종일 나에게 달라붙어 있다.

---

28 □□□ **揺(ゆ)れる**
흔들리다

地震(じしん)の際(さい)、まだ揺(ゆ)れている時(とき)は動(うご)かないでください。
지진 시, 아직 흔들리고 있을 때는 움직이지 마세요.

---

29 □□□ **足(た)りる**
충분하다, 족하다

≒足たる 충분하다

人数(にんずう)が多(おお)くて、この量(りょう)では足(た)りないかもしれない。
인원수가 많아서 이 양으로는 부족할지도 모른다.

---

30 □□□ **失(うしな)う**
잃다, 잃어버리다

激(はげ)しい暑(あつ)さのせいか気力(きりょく)を失(うしな)った。
심한 더위 때문인지 기력을 잃었다.

Day 16

31 **気(き)に入(い)る**

□□□ 마음에 들다

私(わたし)の気(き)に入(い)っている店(みせ)だけど、今度(こんど)一緒(いっしょ)に行(い)こう。

내 마음에 드는 가게인데 다음에 같이 가자.

32 **巻(ま)く**

□□□ 말다, 감다

首(くび)にスカーフを巻(ま)いている人(ひと)が僕(ぼく)の母(はは)です。

목에 스카프를 두르고 있는 사람이 나의 엄마입니다.

33 **取(と)り替(か)える**

□□□ 교환하다, 교체하다

+ 交替(こうたい) 교체

故障(こしょう)で動(うご)かないので部品(ぶひん)を取(と)り替(か)えることにした。

고장으로 움직이지 않아서 부품을 교체하기로 했다.

34 **止(や)む**

□□□ 그치다, 멎다

雨(あめ)も止(や)んで風(かぜ)も穏(おだ)やかになる見込(みこ)みです。

비도 그치고 바람도 잔잔해질 전망입니다.

35 **お越(こ)しになる**

□□□ 오시다(존경어)

会場(かいじょう)にお越(こ)しになる際(さい)は、電車(でんしゃ)をご利用(りよう)ください。

회장에 오실 때에는 전철을 이용해 주세요.

36 **限(かぎ)る**

□□□ 한정하다

+ 限定(げんてい) 한정

スピーチ大会(たいかい)の参加者(さんかしゃ)は外国人(がいこくじん)に限(かぎ)ります。

스피치 대회의 참가자는 외국인으로 한정합니다.

하루 1분 체크

1 다음 단어의 읽기로 가장 알맞은 것을 a, b 중에서 고르세요.

1. 規制 (a. きせい b. ぎせい)

2. 注意 (a. しゅい b. ちゅうい)

3. 地域 (a. ちえき b. ちいき)

2 다음 단어의 한자 표기로 가장 알맞은 것을 a, b 중에서 고르세요.

4. 의뢰(いらい) (a. 衣頼 b. 依頼)

5. 부정(ひてい) (a. 否定 b. 不定)

6. 수입(ゆにゅう) (a. 輪入 b. 輸入)

3 다음 괄호 안에 들어갈 말로 가장 알맞은 것을 a, b 중에서 고르세요.

7. 栗(くり)はおいしいけど、食(た)べるまで(a. 手入れ b. 手間)がかかる。

8. 今月(こんげつ)で20年間(ねんかん)の住宅(じゅうたく)ローンを全部(ぜんぶ)(a. 返却 b. 返済)した。

9. 雨(あめ)も(a. 止んで b. 止めて)風(かぜ)も穏(おだ)やかになる見(み)込(こ)みです。

정답 1ⓐ 2ⓑ 3ⓑ 4ⓑ 5ⓐ 6ⓑ 7ⓑ 8ⓑ 9ⓐ

MP3 01-17

Day

16 **17** 18

☐ 미리 보기 ➡ ☐ 따라 읽기 ➡ ☐ 단어 암기 ➡ ☐ 확인 학습

☐ 依存 (いぞん)	☐ 義務 (ぎむ)	☐ 信頼 (しんらい)	☐ 返す (かえ)
☐ 逮捕 (たいほ)	☐ 歴史 (れきし)	☐ 救助 (きゅうじょ)	☐ 流行る (はや)
☐ 国境 (こっきょう)	☐ 委員会 (いいんかい)	☐ 育児 (いくじ)	☐ 参る (まい)
☐ 傾向 (けいこう)	☐ 種類 (しゅるい)	☐ アイディア	☐ 責める (せ)
☐ 販売 (はんばい)	☐ 従業員 (じゅうぎょういん)	☐ ポスト	☐ 酔う (よ)
☐ 国際 (こくさい)	☐ 遠慮 (えんりょ)	☐ 注ぐ (そそ)	☐ 構う (かま)
☐ 供給 (きょうきゅう)	☐ 借金 (しゃっきん)	☐ 植える (う)	☐ 閉じる (と)
☐ 機会 (きかい)	☐ 緊張 (きんちょう)	☐ 編む (あ)	☐ 拝見する (はいけん)
☐ 人込み (ひとご)	☐ 許可 (きょか)	☐ 転がる (ころ)	☐ 取り消す (とけ)

01 いぞん
依存
의존
[동]

スマホ依存症(いぞんしょう)にならないよう、程(ほど)よく使(つか)うことが大事(だいじ)だ。
스마트폰 의존증이 되지 않도록 적당히 사용하는 것이 중요하다.

- 存(있을 존)
  ぞん　依存(いぞん) 의존 (※ いぞん, いそん 모두 가능하다)
  そん　存在(そんざい) 존재

02 たいほ
逮捕
체포
[동]

10年間(ねんかん)逃(に)げていた犯人(はんにん)が今度(こんど)逮捕(たいほ)された。
10년간 도망 다녔던 범인이 이번에 체포되었다.

逮 : 잡을 체　逮捕(たいほ) 체포
康 : 편안 강　健康(けんこう) 건강

03 こっきょう
国境
국경

国境(こっきょう)ではパスポートを提示(ていじ)しなければならない。
국경에서는 여권을 제시해야 한다.

04 けいこう
傾向
경향

社長(しゃちょう)は人(ひと)の話(はなし)に耳(みみ)を貸(か)さない傾向(けいこう)がある。
사장님은 남의 이야기에 귀를 기울이지 않는 경향이 있다.

05 はんばい
販売
판매
[동]

前売(まえう)り券(けん)もチケット売(う)り場(ば)で販売(はんばい)している。
예매권도 매표소에서 판매하고 있다.

06 こくさい
国際
국제

大学(だいがく)の国際交流(こくさいこうりゅう)サークルに入(はい)っている。
대학의 국제 교류 동아리에 가입되어 있다.

際 : 즈음 제　国際(こくさい) 국제
祭 : 제사 제　祭典(さいてん) 제전

Day 17

07 きょうきゅう
供給
공급
동

商品(しょうひん)が大(だい)ヒットして供給(きょうきゅう)が間(ま)に合(あ)わない。
상품이 크게 히트해서 공급을 맞출 수가 없다.

給 : 줄 급　供給(きょうきゅう) 공급
拾 : 주울 습　拾得(しゅうとく) 습득

08 きかい
機会
기회

≒ チャンス 찬스, 기회

私(わたし)の人生(じんせい)に二度(にど)とない機会(きかい)だと思(おも)う。
내 인생에 두 번 다시 없을 기회라고 생각한다.

09 ひとご
人込み
혼잡, 사람이 붐빔

≒ 人波ひとなみ
인파, 사람의 물결

連休(れんきゅう)になると人込(ひとご)みがすごくて歩(ある)けないほどだ。
연휴가 되면 너무 사람들이 붐벼서 걸을 수 없을 정도이다.

10 ぎむ
義務
의무

納税(のうぜい)は国民(こくみん)としての義務(ぎむ)だ。
납세는 국민으로서의 의무이다.

11 れきし
歴史
역사

この町(まち)は小(ち)さいけど、歴史(れきし)の深(ふか)い所(ところ)です。
이 동네는 작지만 역사가 깊은 곳입니다.

12 いいんかい
委員会
위원회

いじめ問題(もんだい)は教育(きょういく)委員会(いいんかい)に相談(そうだん)してください。
집단 괴롭힘 문제는 교육 위원회에 상담해 주세요.

委 : 맡길 위　委員(いいん) 위원
季 : 계절 계　季節(きせつ) 계절

13 しゅるい
種類
종류

+ 種たね 씨앗

めん　しゅるい
パスタの麺はいろいろな種類がある。
파스타 면은 여러 가지 종류가 있다.

類 : 무리 류　種類(しゅるい) 종류
数 : 셈 수　数学(すうがく) 수학

14 じゅうぎょういん
従業員
종업원

+ 従したがう 따르다

しゃちょう　じゅうぎょういん　こえ　き
社長は従業員の声をよく聞こうとするリーダーだ。
사장님은 종업원의 목소리를 잘 들으려고 하는 리더이다.

15 えんりょ
遠慮
사양, 사절, 삼감

+ 配慮はいりょ 배려
동

しつもん　えんりょ　れんらく
質問がありましたら、遠慮なくご連絡ください。
질문이 있으시면 사양하지 말고 연락 주세요.

16 しゃっきん
借金
빚, 채무

+ 借かりる 빌리다
동

かれ　て　だ　しゃっきん
彼はギャンブルに手を出して借金だらけになった。
그는 도박에 손을 대서 빚투성이가 되었다.

17 きんちょう
緊張
긴장
동

まえ　きんちょう　なに　い
カメラの前で緊張しちゃって何も言えなかった。
카메라 앞에서 긴장해서 아무 말도 못했다.

張 : 베풀 장　緊張(きんちょう) 긴장
帳 : 장막 장　手帳(てちょう) 수첩

18 きょか
許可
허가

+ 許ゆるす 허락하다, 용서하다
동

こうじちゅう　きょか　はい
工事中につき、許可なしには入れません。
공사 중이기 때문에 허가 없이는 들어갈 수 없습니다.

19 しんらい
信頼
신뢰
동

失(うしな)った信頼(しんらい)を取(と)り戻(もど)すのは難(むずか)しい。
잃어버린 신뢰를 회복하는 것은 어렵다.

20 きゅうじょ
救助
구조

\+ 補助ほじょ 보조
동

山(やま)で道(みち)に迷(まよ)ったが、救助(きゅうじょ)された。
산에서 길을 헤맸지만 구조되었다.

救 : 구원할 구　救助(きゅうじょ) 구조
球 : 공 구　地球(ちきゅう) 지구

21 いくじ
育児
육아
동

仕事(しごと)と育児(いくじ)に追(お)われる毎日(まいにち)でとても疲(つか)れている。
일과 육아에 쫓기는 매일이라 매우 피곤하다.

22
アイディア
아이디어

彼女(かのじょ)は頭(あたま)も良(よ)くてアイディアも豊富(ほうふ)です。
그녀는 머리도 좋고 아이디어도 풍부합니다.

23
ポスト
포스트, 우편함

≒ 郵便箱ゆうびんばこ 우편함

今度(こんど)、ポストのデザインが変(か)わるそうです。
이번에 우편함의 디자인이 바뀐다고 합니다.

24 そそ
注ぐ
쏟다, 붓다

≒ 注つぐ 붓다, 따르다

最近(さいきん)、体力(たいりょく)づくりに力(ちから)を注(そそ)いでいる。
요즘에 체력 만들기에 힘을 쏟고 있다.

注そそぐ는 '힘, 노력, 열정 등을 쏟다', '술 등의 액체를 따르다'라는 의미로 모두 사용 가능하고 注つぐ는 '술 등의 액체를 따르다'라는 의미로만 사용한다.

25 う
植える
심다

+ 植物しょくぶつ 식물

こうえん　すぎ　き　う
この公園には杉の木が植えてある。
이 공원에는 삼나무가 심어져 있다.

植 : 심을 식　植(う)える 심다
値 : 값 치　値(あたい)する 가치가 있다

26 あ
編む
짜다, 뜨개질하다

+ 編あみ物もの 뜨개질, 편물

けいと　あ　ともだち
毛糸でセーターを編んで、友達にプレゼントした。
털실로 스웨터를 떠서 친구에게 선물했다.

27 ころ
転がる
구르다, 넘어지다

お　ころ
落としたボールがころころ転がっていった。
떨어트린 공이 데굴데굴 굴러갔다.

28 かえ
返す
돌려주다, 반납하다

き　ひ　かね　かえ
決められた日までお金を返さないといけない。
정해진 날까지 돈을 갚아야만 한다.

29 はや
流行る
유행하다

さいきん　はや　おんがく
最近、流行っている音楽はヒップホップです。
최근에 유행하고 있는 음악은 힙합입니다.

30 まい
参る
오다(겸양어)

たんとうしゃ　まい　しょうしょう　ま
担当者がすぐ参りますので、少々お待ちください。
담당자가 올 테니까 잠시 기다려 주세요.

Day 17

31 せ
責める
□□□ 나무라다, 책망하다

+ 責任せきにん 책임

かれ　はんせい　せ
彼も反省してるから、そんなに責めないでよ。
그도 반성하고 있으니까 그렇게 나무라지 마.

32 よ
酔う
□□□ 취하다

≒ 酔よっ払ばらう 몹시 취하다

かれ　さけ　よ　おな　はなし　く　かえ
彼はお酒に酔うと同じ話を繰り返します。
그는 술에 취하면 같은 이야기를 반복합니다.

33 かま
構う
□□□ 마음을 쓰다, 상관하다

わたし　ひとり　だいじょうぶ　かま
私は一人でも大丈夫だから、構わないでね。
나는 혼자서도 괜찮으니까 신경 쓰지 마.

34 と
閉じる
□□□ 감다, 닫다

め　と　つか　と
目を閉じるだけでもちょっと疲れが取れる。
눈을 감는 것만으로도 조금 피곤이 풀린다.

35 はいけん
拝見する
□□□ 보다(겸양어)

+ 拝啓はいけい
배계(편지 첫머리 인사말)

せんせい　さくひん　ぜんぶ　はいけん
先生の作品は全部拝見しています。
선생님 작품은 전부 보고 있습니다.

36 と　け
取り消す
□□□ 취소하다

≒ キャンセル 캔슬, 취소

しゅっぱついっしゅうかんまえ　と　け
出発一週間前だと取り消すことができる。
출발 일주일 전이라면 취소할 수 있다.

하루 1분 체크

1 다음 단어의 읽기로 가장 알맞은 것을 a, b 중에서 고르세요.

1. 歴史 (a. れきし b. りょくし)

2. 傾向 (a. きょうこう b. けいこう)

3. 供給 (a. こうきゅう b. きょうきゅう)

2 다음 단어의 한자 표기로 가장 알맞은 것을 a, b 중에서 고르세요.

4. 국제(こくさい) (a. 国祭 b. 国際)

5. 긴장(きんちょう) (a. 緊帳 b. 緊張)

6. 심다(うえる) (a. 植える b. 値える)

3 다음 괄호 안에 들어갈 말로 가장 알맞은 것을 a, b 중에서 고르세요.

7. 最近(さいきん)、体力(たいりょく)づくりに力(ちから)を(a. そそいで b. ついで)いる。

8. 連休(れんきゅう)になると(a. 人込み b. 人並み)がすごくて歩(ある)けないほどだ。

9. 目(め)を(a. 閉める b. 閉じる)だけでもちょっと疲(つか)れが取(と)れる。

정답 1ⓐ 2ⓑ 3ⓑ 4ⓑ 5ⓑ 6ⓐ 7ⓐ 8ⓐ 9ⓑ

MP3 01-18

Day 18

17 **18** 19

공부 순서 ▢ 미리 보기 ➔ ▢ 따라 읽기 ➔ ▢ 단어 암기 ➔ ▢ 확인 학습

□ 優秀(ゆうしゅう)だ	□ 平気(へいき)だ	□ 余計(よけい)だ	□ 目覚(めざま)しい
□ 好調(こうちょう)だ	□ 慎重(しんちょう)だ	□ 不自由(ふじゆう)だ	□ 辛(つら)い
□ 幼稚(ようち)だ	□ 意外(いがい)だ	□ 見事(みごと)だ	□ 騒々(そうぞう)しい
□ 妙(みょう)だ	□ 確(たし)かだ	□ 下品(げひん)だ	□ 申(もう)し訳(わけ)ない
□ 無口(むくち)だ	□ 強引(ごういん)だ	□ リアルだ	□ ずうずうしい
□ くたくただ	□ 複雑(ふくざつ)だ	□ 薄(うす)い	□ ものすごい
□ 有利(ゆうり)だ	□ 派手(はで)だ	□ 浅(あさ)い	□ 力強(ちからづよ)い
□ 愉快(ゆかい)だ	□ 手頃(てごろ)だ	□ 細(こま)かい	□ 眠(ねむ)たい
□ 極端(きょくたん)だ	□ ささやかだ	□ くだらない	□ 面倒(めんどう)くさい

Chapter 01
Chapter 02
Chapter 03

01 ゆうしゅう
優秀だ
우수하다
명

仕事(しごと)をしながらも優秀(ゆうしゅう)な成績(せいせき)で大学(だいがく)を卒業(そつぎょう)した。
일을 하면서도 우수한 성적으로 대학을 졸업했다.

秀 : 빼어날 수　優秀(ゆうしゅう) 우수
透 : 사무칠 투　透明(とうめい) 투명

02 こうちょう
好調だ
호조다, 순조롭다
≒ スムーズだ 순조롭다
명

売(う)れ行(ゆ)きも好調(こうちょう)で、これからの成長(せいちょう)を期待(きたい)している。
매출도 순조롭고 앞으로의 성장을 기대하고 있다.

03 ようち
幼稚だ
유치하다
≒ 幼おさない 어리다
명

いい年(とし)して幼稚(ようち)な大人(おとな)ってけっこういるんですよ。
나이 먹고 유치한 어른들도 꽤 있거든요.

幼 : 어릴 유　幼稚(ようち) 유치
幻 : 헛보일 환　幻想(げんそう) 환상

04 みょう
妙だ
묘하다, 이상하다
명

二人(ふたり)の間(あいだ)に妙(みょう)な雰囲気(ふんいき)が感(かん)じられた。
두 사람 사이에 묘한 분위기가 느껴졌다.

05 むくち
無口だ
무뚝뚝하다, 말이 없다
명

彼(かれ)は無口(むくち)な人(ひと)で、何(なに)を考(かんが)えているか分(わ)からない。
그는 무뚝뚝한 사람이라 무슨 생각을 하는지 모르겠다.

• 無(없을 무)
む　無口(むくち) 무뚝뚝함
ぶ　無事(ぶじ) 무사함

06
くたくただ
느른하다, 녹초가 되다
≒ へとへと
몹시 피곤함, 기진맥진함

ずっと残業続(ざんぎょうつづ)きでもうくたくたになっている。
잔업이 계속 이어져서 이미 녹초가 되어 있다.

07 ゆうり
有利だ
유리하다

↔ 不利ふりだ 불리하다

今度(こんど)はAチームが有利(ゆうり)な立場(たちば)にある。
이번에는 A팀이 유리한 입장에 있다.

08 ゆかい
愉快だ
유쾌하다

↔ 不愉快ふゆかいだ 불쾌하다
명

彼(かれ)はいつも愉快(ゆかい)に笑(わら)う、とても優(やさ)しい人(ひと)だ。
그는 항상 유쾌하게 웃는 매우 상냥한 사람이다.

09 きょくたん
極端だ
극단적이다
명

極端(きょくたん)に言(い)うと、彼(かれ)には才能(さいのう)がありません。
극단적으로 말하면 그에게는 재능이 없습니다.

10 へいき
平気だ
태연하다,
아무렇지도 않다
명

子供(こども)の側(そば)で平気(へいき)でたばこを吸(す)っている人(ひと)もいる。
아이 옆에서 태연하게 담배를 피우고 있는 사람도 있다.

11 しんちょう
慎重だ
신중하다

≒ まじめだ 진지하다
명

時間(じかん)がかかっても、慎重(しんちょう)に考(かんが)えて決(き)めましょう。
시간이 걸리더라도 신중하게 생각해서 결정합시다.

慎 : 삼갈 신　慎重(しんちょう) 신중
真 : 참 진　真実(しんじつ) 진실

12 いがい
意外だ
의외이다, 뜻밖이다
명

知(し)ったらびっくりする意外(いがい)な話(はなし)を集(あつ)めた本(ほん)です。
알면 깜짝 놀라는 뜻밖의 이야기를 모은 책입니다.

13 たし
확인하다

確かだ

□□□ 확실하다

確(たし)かな証拠(しょうこ)がない限(かぎ)り、信(しん)じません。

확실한 증거가 없는 한 믿지 않습니다.

14 ごういん

強引だ

□□□ 억지로 하다

+ むりやり 억지로

子供(こども)に何(なん)でも強引(ごういん)にやらせるのはよくない。

아이에게 뭐든지 억지로 시키는 것은 좋지 않다.

- 強(굳셀 강)

  ごう　強引(ごういん) 억지로 함

  きょう　強力(きょうりょく) 강력

15 ふくざつ

複雑だ

□□□ 복잡하다

명

複雑(ふくざつ)な問題(もんだい)だからこそ、シンプルに考(かんが)えることだ。

복잡한 문제일수록 심플하게 생각하는 것이 좋다.

複 : 겹칠 복　複雑(ふくざつ) 복잡

復 : 회복할 복　復元(ふくげん) 복원

16 はで

派手だ

□□□ 화려하다

↔ 地味じみだ 수수하다

명

派手(はで)な服(ふく)を着(き)ているから目立(めだ)つ。

화려한 옷을 입고 있으니까 눈에 띈다.

- 手(손 수)

  で　派手(はで) 화려함

  て　手足(てあし) 손발

17 てごろ

手頃だ

□□□ 적당하다, 알맞다

명

手頃(てごろ)な値段(ねだん)で気軽(きがる)に利用(りよう)できる店(みせ)です。

적당한 가격으로 편하게 이용할 수 있는 가게입니다.

18

ささやかだ

□□□ 자그마하다, 조촐하다

ささやかですが、お礼(れい)の品(しな)を送(おく)らせていただきます。

조촐하지만 답례품을 보내 드리겠습니다.

19 よけい
余計だ
쓸데없다, 부질없다

「余計(よけい)なこと言(い)うな」と母(はは)に怒(おこ)られた。
'쓸데없는 소리 하지 마'라고 엄마에게 혼났다.

20 ふじゆう
不自由だ
부자유하다, 불편하다
명 동

体(からだ)の不自由(ふじゆう)な方(かた)もご入場(にゅうじょう)いただけます。
몸이 불편하신 분도 입장하실 수 있습니다.

21 みごと
見事だ
훌륭하다

一回目(いっかいめ)の試験(しけん)で合格(ごうかく)するなんてお見事(みごと)ですね。
첫 번째 시험에서 합격하다니 훌륭하시네요.

22 げひん
下品だ
천하다, 품위가 없다

↔ 上品じょうひんだ
고상하다, 품위가 있다
명

言(い)い方(かた)もファッションも下品(げひん)に見(み)える人(ひと)だ。
말투도 패션도 품위가 없어 보이는 사람이다.

- 下(아래 하)
  げ　下品(げひん) 천함
  か　地下(ちか) 지하

23
リアルだ
리얼하다, 사실적이다

あまりにもリアルな夢(ゆめ)を見(み)て泣(な)いてしまいました。
너무나도 사실적인 꿈을 꿔서 울고 말았습니다.

24 うす
薄い
얇다, 옅다, 연하다

↔ 濃こい 짙다, 진하다

薄(うす)いブラックコーヒーは麦茶(むぎちゃ)みたいで嫌(いや)だ。
연한 블랙 커피는 보리차 같아서 싫어.

25 あさ
浅い
얕다

まじめだけど、経験(けいけん)が浅(あさ)いのが少(すこ)し気(き)になります。
성실하지만 경험이 얕은 것이 조금 걱정됩니다.

26 こま
細かい
자세하다, 꼼꼼하다

この件(けん)については内容(ないよう)を細(こま)かく調(しら)べてみます。
이 건에 대해서는 내용을 자세히 조사해 보겠습니다.

＋詳細しょうさい 상세

27
くだらない
하찮다, 쓸데없다

こんなくだらないことにいちいち拘(こだわ)るな。
이런 쓸데없는 일에 일일이 얽매이지 마.

28 めざま
目覚しい
눈부시다

ユウト君(くん)は最近(さいきん)目覚(めざ)ましい成長(せいちょう)を見(み)せている。
유토 군은 요즘에 눈부신 성장을 보이고 있다.

≒ まぶしい 눈부시다

29 つら
辛い
괴롭다

彼(かれ)がどれだけ辛(つら)い思(おも)いをしたか想像(そうぞう)できない。
그가 얼마나 괴로운 기분이 들었을지 상상할 수 없다.

30 そうぞう
騒々しい
소란스럽다, 부산하다

何(なに)か起(お)きたのか周(まわ)りが急(きゅう)に騒々(そうぞう)しくなった。
무슨 일이 일어난 건지 주변이 갑자기 소란스러워졌다.

≒ 騒さわがしい 소란스럽다
≒ うるさい 시끄럽다

31 もう わけ
申し訳ない
죄송스럽다, 미안하다

≒ すまない 미안하다

めいわく もう わけ
ご迷惑をおかけして、申し訳ないです。
민폐를 끼쳐서 죄송합니다.

32
ずうずうしい
뻔뻔스럽다

≒ 厚あつかましい 뻔뻔스럽다

なら わ こ
みんな並んでいるのに割り込むなんてずうずうしいね。
모두 줄을 서 있는데 새치기하다니 뻔뻔하네.

33
ものすごい
굉장하다, 대단하다

かぜ ともな おおあめ ふ
ものすごい風を伴った大雨が降っている。
굉장한 바람을 동반한 큰 비가 내리고 있다.

34 ちからづよ
力強い
마음이 든든하다

かぞく そば ちからづよ
家族が側にいてくれるだけで力強いです。
가족이 곁에 있어 주는 것만으로도 든든합니다.

35 ねむ
眠たい
졸리다

わたし よるがた あさ ねむ なに
私は夜型で、朝は眠たくて何もできない。
나는 밤에 강한 스타일이라서 아침에는 졸려서 아무것도 할 수 없다.

36 めんどう
面倒くさい
귀찮다

≒ 面倒めんどうだ 귀찮다

なに めんどう い かれ くちぐせ
何もかも面倒くさいと言うのが彼の口癖である。
뭐든지 귀찮다고 하는 게 그의 입버릇이다.

하루 1분 체크

1 다음 단어의 읽기로 가장 알맞은 것을 a, b 중에서 고르세요.

1. 派手だ (**a.** はてだ　　**b.** はでだ)

2. 強引だ (**a.** ごういんだ　　**b.** きょういんだ)

3. 下品だ (**a.** げひんだ　　**b.** かひんだ)

2 다음 단어의 한자 표기로 가장 알맞은 것을 a, b 중에서 고르세요.

4. 우수하다(ゆうしゅうだ)　(**a.** 優秀だ　　**b.** 優透だ)

5. 자세하다(こまかい)　(**a.** 詳かい　　**b.** 細かい)

6. 신중하다(しんちょうだ)　(**a.** 真重だ　　**b.** 慎重だ)

3 다음 괄호 안에 들어갈 말로 가장 알맞은 것을 a, b 중에서 고르세요.

7. (**a.** ささやか　**b.** さわやか)ですが、お礼(れい)の品(しな)を送(おく)らせていただきます。

8. 何(なに)か起(お)きたのか周(まわ)りが急(きゅう)に(**a.** ずうずうしく　**b.** そうぞうしく)なった。

9. 子供(こども)の側(そば)で(**a.** 平安　**b.** 平気)でたばこを吸(す)っている人(ひと)もいる。

정답 1ⓑ 2ⓐ 3ⓐ 4ⓐ 5ⓑ 6ⓑ 7ⓐ 8ⓑ 9ⓑ

MP3 01-19

Day 19

18 19 20

공부 순서 ▢ 미리 보기 → ▢ 따라 읽기 → ▢ 단어 암기 → ▢ 확인 학습

□ 必死(ひっし)だ	□ いい加減(かげん)だ	□ 素直(すなお)だ	□ 重(おも)たい
□ 奇妙(きみょう)だ	□ 迷惑(めいわく)だ	□ 身近(みぢか)だ	□ 憎(にく)い
□ 頑丈(がんじょう)だ	□ 地味(じみ)だ	□ 単純(たんじゅん)だ	□ 物足(ものた)りない
□ 盛(さか)んだ	□ 平凡(へいぼん)だ	□ 丁寧(ていねい)だ	□ きつい
□ 適度(てきど)だ	□ 無駄(むだ)だ	□ おしゃれだ	□ とんでもない
□ 不平(ふへい)だ	□ 細(こま)やかだ	□ 汚(きたな)い	□ 尊(とうと)い
□ 華(はな)やかだ	□ そっくりだ	□ もったいない	□ ありがたい
□ 画期的(かっきてき)だ	□ 不審(ふしん)だ	□ 貧(まず)しい	□ ぬるい
□ 気軽(きがる)だ	□ さわやかだ	□ 懐(なつ)かしい	□ 注意深(ちゅういぶか)い

必死だ ひっし
필사적이다
명

必死に頑張っているから、大目に見てください。 ひっし がんば おおめ み
필사적으로 노력하고 있으니까 너그럽게 봐 주세요.

02
奇妙だ き みょう
기묘하다, 이상하다

奇妙に聞こえるだろうが、その話は本当だ。 き みょう き はなし ほんとう
이상하게 들리겠지만 그 이야기는 사실이다.

03
頑丈だ がんじょう
튼튼하다, 견고하다

このスマホは頑丈で、バッテリーも長持ちする。 がんじょう なが も
이 스마트폰은 튼튼하고 배터리도 오래간다.

+ 頑固がんこだ 완고하다
명

04
盛んだ さか
왕성하다, 활발하다

秋になって食欲が盛んになった。 あき しょくよく さか
가을이 되어 식욕이 왕성해졌다.

+ 盛大せいだいだ 성대하다

05
適度だ てき ど
적당하다
명

適度な運動は、健康への近道だ。 てき ど うんどう けんこう ちかみち
적당한 운동은 건강에의 지름길이다.

06
不平だ ふ へい
불평하다,
불만스럽게 생각하다

彼はいつも心の中に何か不平なことがあるようだ。 かれ こころ なか なに ふ へい
그는 항상 마음속에 무언가 불만스러운 것이 있는 것 같다.

+ 不平不満ふへいふまん
불평불만
명

Day 19

07 はな
華やかだ
화려하다, 호화롭다

華(はな)やかなドレス姿(すがた)がとてもきれいでした。
화려한 드레스 차림이 정말 예뻤습니다.

08 かっきてき
画期的だ
획기적이다

世界(せかい)を驚(おどろ)かせる画期的(かっきてき)な商品(しょうひん)を開発(かいはつ)した。
세계를 놀라게 할 획기적인 상품을 개발했다.

- 画(그림 화)
  かく　画期的(かっきてき) 획기적
  が　画面(がめん) 화면

09 きがる
気軽だ
편하다, 부담 없다

質問(しつもん)のある方(かた)は、気軽(きがる)に声(こえ)をかけてください。
질문이 있는 분은 편하게 말해 주세요.

10 かげん
いい加減だ
적당하다, 알맞다

+ 加減かげん 조절, 가감, 정도

ふざけるのもいい加減(かげん)にしなさい。
장난치는 것도 적당히 해.

11 めいわく
迷惑だ
민폐이다, 성가시다
명

人(ひと)の迷惑(めいわく)になるようなことはやめましょう。
남에게 민폐가 될 것 같은 일은 그만둡시다.

12 じみ
地味だ
수수하다

↔ 派手はでだ 화려하다
명

ここ、見(み)た目(め)は地味(じみ)だけど、パンは本当(ほんとう)においしい。
여기 외관은 수수하지만 빵은 정말로 맛있어.

13 へいぼん
平凡だ
평범하다

+ 凡人ぼんじん 평범한 사람
명

しあわ へいぼん にちじょう おも
幸せは平凡な日常にあると思う。
행복은 평범한 일상에 있다고 생각한다.

14 むだ
無駄だ
쓸데없다, 소용없다
명

むだ もの か
ストレスがたまると無駄な物を買ってしまう。
스트레스가 쌓이면 쓸데없는 것을 사 버린다.

15 こま
細やかだ
자세하다, 세심하다

こま たいおう
細やかに対応していただき、ありがとうございます。
세심하게 대응해 주셔서 감사합니다.

16
そっくりだ
꼭 닮다

≒ 瓜うり二ふたつ 꼭 닮음

げいのうじん ひと さが
芸能人にそっくりな人を探しています。
연예인을 꼭 닮은 사람을 찾고 있습니다.

17 ふしん
不審だ
의심스럽다
명

ふしん じんぶつ はっけん ひゃくとおばん
不審な人物を発見したら、110番してください。
의심스러운 인물을 발견하면 경찰서에 신고해 주세요.

審 : 살필 심 不審(ふしん) 의심스러움
番 : 차례 번 当番(とうばん) 당번

18
さわやかだ
산뜻하다, 상쾌하다

かぜ ふ きせつ
さわやかな風が吹く季節になりました。
상쾌한 바람이 부는 계절이 되었습니다.

19 すなお
素直だ
□□□ 순수하다, 순순하다

自分(じぶん)の失敗(しっぱい)を素直(すなお)に認(みと)めた方(ほう)がいい。
자신의 실수를 순순히 인정하는 편이 좋다.

直 : 곧을 직　素直(すなお) 순수함
値 : 값 치　値段(ねだん) 가격

20 みぢか
身近だ
□□□ 가깝다, 친숙하다

幸(しあわ)せはいつも身近(みぢか)なところにある。
행복은 항상 가까운 곳에 있다.

21 たんじゅん
単純だ
□□□ 단순하다
명

物事(ものごと)を単純(たんじゅん)に考(かんが)える方(ほう)が答(こた)えを見(み)つけやすい。
매사를 단순하게 생각하는 편이 답을 찾기 쉽다.

純 : 순수할 순　単純(たんじゅん) 단순
鈍 : 둔할 둔　鈍感(どんかん) 둔감

22 ていねい
丁寧だ
□□□ 정중하다, 정성스럽다
명

親切(しんせつ)で丁寧(ていねい)な説明(せつめい)が印象的(いんしょうてき)だった。
친절하고 정성스러운 설명이 인상적이었다.

- 丁(장정 정)
  てい　丁寧(ていねい) 정중함, 정성스러움
  ちょう　丁度(ちょうど) 꼭, 정확히, 마침

23
おしゃれだ
□□□ 멋지다, 멋을 내다
명

たまにはおしゃれな服(ふく)を着(き)て出(で)かけたい。
가끔은 멋진 옷을 입고 외출하고 싶다.

24 きたな
汚い
□□□ 더럽다

汚(きたな)いやり方(かた)で成功(せいこう)しても意味(いみ)がないと思(おも)う。
더러운 방법으로 성공해도 의미가 없다고 생각한다.

25
もったいない
□□□ 아깝다

_{みず} _{なが}
水がもったいないから、流しっぱなしにしないで。
물이 아까우니까 계속 틀어 두지 마.

26
_{まず}貧しい
□□□ 가난하다, 빈약하다

_{じ ぎょう} _{しっぱい} _{まず} _{せいかつ}
事業に失敗して貧しい生活をしている。
사업에 실패해서 가난한 생활을 하고 있다.

≒ 乏とぼしい
가난하다, 모자라다

27
_{なつ}懐かしい
□□□ 그립다

_{うた} _き _{むかしなつ}
この歌を聞いたら昔懐かしくなった。
이 노래를 들었더니 옛날이 그리워졌다.

28
_{おも}重たい
□□□ 무겁다

_{に もつ} _{おも} _{ひとり} _{はこ}
荷物が重たくて、一人では運べません。
짐이 무거워서 혼자서는 옮길 수 없습니다.

29
_{にく}憎い
□□□ 밉다

_{じ ぶん} _{おも} _{かれ} _{にく}
自分のことだけを思う彼が憎くてしょうがない。
자신만 생각하는 그가 너무 밉다.

憎 : 미워할 증　憎(にく)い 밉다
贈 : 줄 증　　 贈(おく)る 보내다

30
_{もの た}物足りない
□□□ 약간 부족하다, 어딘지 아쉽다

_{いま} _{せつめい} _{もの た} _{おも}
今の説明だけじゃ物足りないと思います。
지금 설명만으로는 약간 부족하다고 생각합니다.

31 **きつい**
심하다, 호되다, 꼭 끼다

≒ 厳きびしい 심하다, 엄하다

あの先生(せんせい)はきつすぎて質問(しつもん)すら気楽(きらく)にできない。
저 선생님은 너무 엄해서 질문조차 마음 편하게 못 한다.

32 **とんでもない**
당치도 않다

とんでもない噂(うわさ)にだまされてはいけない。
당치도 않은 소문에 속아서는 안 된다.

33 **尊(とうと)い**
귀하다, 소중하다

若(わか)い時(とき)の失敗(しっぱい)というのは尊(とうと)い経験(けいけん)である。
젊을 때의 실패라고 하는 것은 귀한 경험이다.

34 **ありがたい**
고맙다, 감사하다

優(やさ)しく言(い)ってくれるだけで、とてもありがたいです。
친절하게 말해 주시는 것만으로도 매우 감사합니다.

35 **ぬるい**
미지근하다

お風呂(ふろ)がぬるくなって、もう一度(いちど)沸(わ)かした。
목욕물이 미지근해져서 한번 더 데웠다.

36 **注意深(ちゅういぶか)い**
주의 깊다

彼(かれ)は注意深(ちゅういぶか)い性格(せいかく)なのでこんなミスをするはずがない。
그는 주의 깊은 성격이라 이런 실수를 할 리가 없어.

深 : 깊을 심　深(ふか)い 깊다
探 : 찾을 탐　探(さが)す 찾다

하루 1분 체크

1 다음 단어의 읽기로 가장 알맞은 것을 a, b 중에서 고르세요.

1. 迷惑だ (a. まいわくだ b. めいわくだ)

2. 貧しい (a. とぼしい b. まずしい)

3. 画期的だ (a. かっきてきだ b. がきてきだ)

2 다음 단어의 한자 표기로 가장 알맞은 것을 a, b 중에서 고르세요.

4. 단순하다(たんじゅんだ) (a. 単純だ b. 単鈍だ)

5. 순수하다(すなおだ) (a. 素直だ b. 素値だ)

6. 의심스럽다(ふしんだ) (a. 不番だ b. 不審だ)

3 다음 괄호 안에 들어갈 말로 가장 알맞은 것을 a, b 중에서 고르세요.

7. 親切(しんせつ)で (a. 丁寧な b. 迷惑な) 説明(せつめい)が印象的(いんしょうてき)だった。

8. 秋(あき)になって食欲(しょくよく)が (a. 華やかに b. 盛んに) なった。

9. 今(いま)の説明(せつめい)だけじゃ (a. 物足りない b. もったいない) と思(おも)います。

정답 1ⓑ 2ⓑ 3ⓐ 4ⓐ 5ⓐ 6ⓑ 7ⓐ 8ⓑ 9ⓐ

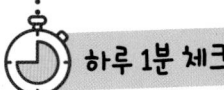

MP3 01-20

Day 20

19 **20** 21

공부 순서 ▢ 미리 보기 → ▢ 따라 읽기 → ▢ 단어 암기 → ▢ 확인 학습

- ☐ たまたま
- ☐ 一旦(いったん)
- ☐ びっしょり
- ☐ 徐々に(じょじょ)
- ☐ こつこつ
- ☐ 依然として(いぜん)
- ☐ 即座に(そくざ)
- ☐ ひそひそ
- ☐ あいにく
- ☐ すっきり
- ☐ わりと
- ☐ いらいら
- ☐ さっぱり
- ☐ 自ら(みずか)
- ☐ たちまち
- ☐ やや
- ☐ かさかさ
- ☐ じっと
- ☐ ほぼ
- ☐ 一応(いちおう)
- ☐ すっかり
- ☐ 一気に(いっき)
- ☐ たっぷり
- ☐ うとうと
- ☐ ぼんやり
- ☐ 一斉に(いっせい)
- ☐ ぶらぶら
- ☐ さっさと
- ☐ 再び(ふたた)
- ☐ いずれ
- ☐ 一層(いっそう)
- ☐ せっかく
- ☐ いわゆる
- ☐ さて
- ☐ そういえば
- ☐ その上(うえ)

01
□□□ たまたま
우연히, 때마침

≒ 偶然ぐうぜん 우연, 우연히

たまたま用(よう)があって寄(よ)っただけです。
때마침 볼일이 있어서 들른 것뿐입니다.

02 いったん
□□□ 一旦
일단, 한번

一旦(いったん)決(き)めたことは後(あと)で変(か)えられません。
일단 결정한 것은 나중에 바꿀 수 없습니다.

03
□□□ びっしょり
흠뻑, 몹시 젖은 모양

＋ びしょぬれ 흠뻑 젖음

段(だん)ボールにびっしょり濡(ぬ)れた子猫(こねこ)が入(はい)っていた。
종이 박스에 흠뻑 젖은 새끼 고양이가 들어 있었다.

04 じょじょ
□□□ 徐々に
천천히, 서서히, 점점

≒ ゆっくり 천천히

季節(きせつ)によって色(いろ)が徐々(じょじょ)に変(か)わっていきます。
계절에 따라서 색이 점점 변해 갑니다.

徐 : 천천히 할 서　徐々(じょじょ)に 천천히
途 : 길 도　途中(とちゅう) 도중

05
□□□ こつこつ
꾸준히, 똑똑, 뚜벅뚜벅

成功(せいこう)するために、毎日(まいにち)こつこつ努力(どりょく)している。
성공하기 위해서 매일 꾸준히 노력하고 있다.

06 いぜん
□□□ 依然として
여전히

彼女(かのじょ)は依然(いぜん)としてきれいで優(やさ)しいですね。
그녀는 여전히 예쁘고 친절하네요.

Day 20

07 そくざ
即座に
당장, 즉석에서

≒直ただちに 곧, 즉각

部長の指示を受けて即座に行動に移した。
부장님의 지시를 받고 당장 행동에 옮겼다.

08
ひそひそ
소곤소곤

+ こっそり 몰래, 살짝

あの二人は小声でひそひそと話している。
저 두 사람은 작은 목소리로 소곤소곤 이야기하고 있다.

09
あいにく
마침, 공교롭게도, 하필이면

せっかく挨拶に行ったのに、あいにく彼は留守だった。
일부러 인사하러 갔는데 공교롭게도 그는 부재중이었다.

10
すっきり
산뜻한, 깔끔한, 상쾌한

シンプルですっきりしたデザインの部屋に変えたい。
심플하고 깔끔한 디자인의 방으로 바꾸고 싶다.

11
わりと
비교적, 의외로

≒ わりに 비교적, 의외로

勉強しないにしては成績はわりといい方だ。
공부하지 않는 것치고는 성적은 비교적 좋은 편이다.

12
いらいら
초조해함, 안달함

私はおなかが空くとすぐいらいらしてしまう。
나는 배가 고프면 금방 초조해진다.

13 **さっぱり**
담백한, 상쾌한, 산뜻한

彼女はさっぱりとした性格で誰にでも人気がある。
그녀는 깔끔한 성격이라 누구에게나 인기가 있다.

---

14 みずか
自ら
스스로

≒ 自分じぶんで 스스로

子供が自ら考えて行動するように待ってあげた方がいい。
아이가 스스로 생각해서 행동하도록 기다려 주는 편이 좋다.

---

15 **たちまち**
금방, 갑자기, 순식간에

この店のケーキはオープンするとたちまち売り切れてしまうほど有名だ。
이 가게의 케이크는 오픈하면 순식간에 매진되어 버릴 정도로 유명하다.

---

16 **やや**
잠시, 조금

地方のバイト時給としてはやや高い感じです。
지방의 아르바이트 시급으로서는 조금 높은 느낌입니다.

---

17 **かさかさ**
바삭바삭, 까칠까칠 (건조한 상태)

唇がかさかさしていていつもリップクリームを塗る。
입술이 건조해서 항상 립크림을 바른다.

---

18 **じっと**
가만히, 꾹

彼はじっとしていられない性格のようです。
그는 가만히 있지 못하는 성격인 것 같습니다.

19
ほぼ
거의, 대략
≒ だいたい 대체로

仕事(しごと)ってほぼ毎日(まいにち)同(おな)じことの繰(く)り返(かえ)しです。
일이라는 게 거의 매일 같은 일의 반복입니다.

20 いちおう
一応
일단, 우선
≒ 取とりあえず 일단, 우선

たぶん要(い)らないと思(おも)いますが、一応用意(いちおうようい)しておきます。
아마 필요 없을 것 같지만 일단 준비해 두겠습니다.

一応いちおう는 '충분하지는 않지만 어느 정도 만족된 상태'나 '혹시 모르니까 대비로'라는 뉘앙스이고, 取とりあえず는 본격적으로 더 해야 할 것이 있지만 '급한 대로 우선 그렇게 하겠다'는 의미의 표현이다.

21
すっかり
완전히, 모두

久(ひさ)しぶりに国(くに)へ帰(かえ)ったが、町(まち)はすっかり変(か)わっていた。
오랜만에 고국에 돌아갔는데 동네는 완전히 변해 있었다.

22 いっき
一気に
단번에, 단숨에, 한꺼번에

急(きゅう)に暖(あたた)かくなって、桜(さくら)が一気(いっき)に開花(かいか)した。
갑자기 따뜻해져서 벚꽃이 단숨에 개화했다.

23
たっぷり
듬뿍, 충분히, 많이
+ 自信じしんたっぷり
자신만만함

梨(なし)は水分(すいぶん)をたっぷり含(ふく)んでいるため喉(のど)にいい。
배는 수분을 듬뿍 포함하고 있기 때문에 목에 좋다.

24
うとうと
꾸벅꾸벅
+ 居眠いねむり 깜박 졺

うとうとしながら勉強(べんきょう)したって、時間(じかん)の無駄(むだ)だ。
꾸벅꾸벅 졸면서 공부해 봤자 시간 낭비다.

25 **ぼんやり**
어렴풋이, 멍한 모양

≒ ぼうっと 멍한 모양

記憶(きおく)がぼんやりしていて、詳(くわ)しくは思(おも)い出(だ)せない。
기억이 어렴풋해서 자세히는 기억나지 않아.

26 **一斉(いっせい)に**
일제히, 동시에

ベルが鳴(な)るとみんな一斉(いっせい)に立(た)ち上(あ)がった。
벨이 울리자마자 모두 동시에 일어섰다.

斉 : 가지런할 제　一斉(いっせい)に 일제히
済 : 끝낼 제　決済(けっさい) 결제

27 **ぶらぶら**
어슬렁어슬렁, 빈둥빈둥, 흔들흔들

平日(へいじつ)なのに街(まち)をぶらぶらしている生徒(せいと)がいる。
평일인데 거리를 어슬렁거리는 학생이 있다.

28 **さっさと**
재빨리, 지체 없이

6時(じ)になったらさっさと仕事(しごと)を片付(かたづ)けて家(いえ)に帰(かえ)った。
6시가 되자 지체 없이 일을 정리하고 집에 돌아갔다.

29 **再(ふたた)び**
다시, 재차

一度(いちど)やめたブログを再(ふたた)び始(はじ)めることにした。
한번 그만둔 블로그를 다시 시작하기로 했다.

30 **いずれ**
어차피, 머지않아, 조만간

≒ どうせ 어차피, 결국

いずれ会社(かいしゃ)をやめて起業(きぎょう)したいと思(おも)っている。
머지않아 회사를 그만두고 회사를 차리고 싶다고 생각하고 있다.

Chapter 01 Chapter 02 Chapter 03

31 いっそう
一層
한층 더, 더욱

≒ さらに 게다가, 더욱

このもちは焼(や)いて食(た)べると一層(いっそう)おいしくなる。
이 떡은 구워서 먹으면 더욱 맛있어진다.

32
せっかく
모처럼, 일부러

せっかくここまで来(き)たんだから、思(おも)い切(き)り遊(あそ)ぼう。
모처럼 여기까지 왔으니까 마음껏 놀자.

33
いわゆる
소위, 이른바

いわゆる世間(せけん)で言(い)う典型的(てんけいてき)な天才(てんさい)だ。
소위 세간에서 말하는 전형적인 천재이다.

34
さて
그러면, 그래서, 그런데 (화제 전환)

さて、次(つぎ)の議題(ぎだい)に移(うつ)りましょう。
그러면 다음 의제로 넘어갑시다.

35
そういえば
그러고 보니

そういえば今日(きょう)友達(ともだち)がうちに来(く)ることになっている。
그러고 보니 오늘 친구가 우리 집에 오기로 되어 있다.

---

36 うえ
その上
게다가, 더구나

≒ しかも 게다가

厳(きび)しい暑(あつ)さが続(つづ)いている。その上(うえ)湿度(しつど)も高(たか)い。
심한 더위가 계속되고 있다. 게다가 습도도 높다.

하루 1분 체크

1 다음 단어의 일본어 표현으로 가장 알맞은 것을 a, b 중에서 고르세요.

1. 초조해함 (**a.** いらいら **b.** ふらふら)

2. 공교롭게도 (**a.** あらゆる **b.** あいにく)

3. 거의, 대략 (**a.** やや **b.** ほぼ)

4. 모처럼 (**a.** せっかく **b.** いずれ)

5. 일제히 (**a.** 一斉に **b.** 再び)

2 다음 빈칸에 들어갈 가장 알맞은 단어를 보기에서 고르세요.

보기	**a.** 一気に	**b.** 一応	**c.** うとうと

6. たぶん要(い)らないと思(おも)いますが、(　　　　)用意(ようい)しておきます。

7. (　　　　)しながら勉強(べんきょう)したって、時間(じかん)の無駄(むだ)だ。

8. 急(きゅう)に暖(あたた)かくなって、桜(さくら)が(　　　　)開花(かいか)した。

3 다음 괄호 안에 들어갈 말로 가장 알맞은 것을 a, b 중에서 고르세요.

9. 今日(きょう)は憲法記念日(けんぽうきねんび)で4連休(れんきゅう)に入(はい)る。(**a.** その上 **b.** そこで)昨日(きのう)まで降(ふ)っていた雨(あめ)も止(や)んで青空(あおぞら)が続(つづ)くそうだ。そのため空港(くうこう)や高速道路(こうそくどうろ)は大変混雑(たいへんこんざつ)すると思(おも)う。こんな時期(じき)にはどこかに行(い)くより家(いえ)でゆっくりした方(ほう)がいい。

정답 1ⓐ 2ⓑ 3ⓑ 4ⓐ 5ⓐ 6ⓑ 7ⓒ 8ⓐ 9ⓐ

해석 오늘은 헌법기념일이라 나흘 연휴가 시작된다. 게다가 어제까지 내리던 비도 그쳐서 파란 하늘이 계속된다고 한다. 그렇기 때문에 공항이나 고속도로는 매우 혼잡할 것이다. 이런 시기에는 어딘가 가기보다 집에서 푹 쉬는 편이 좋다.

실전 유형 테스트

문제 1　밑줄 친 단어의 읽기 방법으로 가장 알맞은 것을 고르세요. (한자 읽기)

1　平和を求める人たちが集まって作った団体です。

1 みとめる　2 すくめる　3 もとめる　4 さだめる

2　きれいな字を書くにはまず丁寧に書いてみよう。

1 ていちょう　2 ていれい　3 ていちょ　4 ていねい

3　この製品は社員のいろんな工夫が入っている。

1 くうふう　2 くふう　3 くうふ　4 くふ

문제 2　밑줄 친 단어의 한자 표기로 가장 알맞은 것을 고르세요. (한자 표기)

4　ホテルの宿泊客には無料で自転車貸し出しサービスをていきょうします。

1 掲供　2 提供　3 掲共　4 提共

5　ピョンチャンオリンピックの記念こうかが発行された。

1 便化　2 便貨　3 硬化　4 硬貨

6　店員に急にやめられて新しい人をさいようしなければならない。

1 採用　2 菜用　3 採容　4 菜容

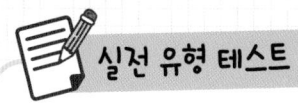

문제 3 빈칸에 들어갈 단어로 가장 알맞은 것을 고르세요. (문맥 규정)

7 本日は台風のため、一部の業務を(　　　　　)いただきます。

1 見合わせて　2 取り替えて　3 取り扱って　4 呼びかけて

8 外国人が家を借りる時は(　　　　　)保証人が必要となります。

1 手元　2 身の上　3 手分け　4 身元

9 最近はテレビを見ていると(　　　　　)番組ばかりで情(なさ)けない。

1 ふさわしい　2 ありがたい　3 くだらない　4 くやしい

문제 4 밑줄 친 단어와 의미가 가장 가까운 것을 고르세요. (유의어)

10 残業代(ざんぎょうだい)も払わないで、<u>強引に</u>残業させるのは法律に違反する。

1 むりやり　2 うやむや　3 あいまい　4 しだいに

11 店の前で<u>たまたま</u>会っただけで、約束なんかしてないよ。

1 直ちに　2 偶然　3 一斉に　4 即座に

12 いちいち<u>腹を立てずに</u>冷静に考えましょう。

1 そろえないで　2 おこらないで　3 うえないで　4 くばらないで

➜ 정답과 해석은 다음 페이지에서 확인하세요.

실전 유형 테스트 정답과 해석

정답 1 ③ 2 ④ 3 ② 4 ② 5 ④ 6 ① 7 ① 8 ④ 9 ③ 10 ① 11 ② 12 ②

	문제 해석	복습하기
1	평화를 요구하는 사람들이 모여서 만든 단체입니다.	→ p.110
2	예쁜 글씨를 쓰려면 우선 정성스럽게 써 보자.	→ p.164
3	이 제품은 사원의 다양한 아이디어가 들어 있다.	→ p.124
4	호텔 숙박객에게는 무료로 자전거 대여 서비스를 제공합니다.	→ p.105
5	평창 올림픽 기념 동전이 발행되었다.	→ p.100
6	점원이 갑자기 그만둬서 새로운 사람을 채용해야만 한다.	→ p.122
7	오늘은 태풍 때문에 일부 업무를 (보류)하겠습니다.	→ p.125
8	외국인이 집을 빌릴 때는 (신원) 보증인이 필요합니다.	→ p.130
9	요즘은 TV를 보고 있으면 (쓸데없는) 프로그램뿐이어서 한심하다.	→ p.157
10	잔업 수당도 지불하지 않고 억지로 잔업을 시키는 것은 법률에 위반된다. 1 억지로 2 흐지부지 3 애매모호 4 점차적으로	→ p.155
11	가게 앞에서 우연히 만났을 뿐 약속 같은 건 하지 않았어. 1 바로 2 우연히 3 일제히 4 당장	→ p.169
12	일일이 화내지 말고 냉정하게 생각합시다. 1 모으지 말고 2 화내지 말고 3 심지 말고 4 나누어 주지 말고	→ p.110

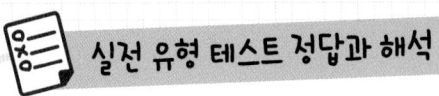

Chapter 03

★☆☆

3순위 단어

Day 21~30

MP3 01-21

Day 21

20 **21** 22

공부 순서: □ 미리 보기 → □ 따라 읽기 → □ 단어 암기 → □ 확인 학습

□ 成長(せいちょう)	□ 締め切り(し き)	□ 観測(かんそく)	□ 余る(あま)
□ 競争(きょうそう)	□ 売り上げ(う あ)	□ 職場(しょくば)	□ 困る(こま)
□ 会見(かいけん)	□ 手入れ(て い)	□ 損得(そんとく)	□ 迷う(まよ)
□ 犯罪(はんざい)	□ 登山(とざん)	□ パス	□ 就く(つ)
□ 希望(きぼう)	□ 不備(ふび)	□ サンプル	□ 燃える(も)
□ 辺り(あた)	□ 天然(てんねん)	□ 犯す(おか)	□ 近付ける(ちかづ)
□ 分野(ぶんや)	□ 請求(せいきゅう)	□ 任せる(まか)	□ 気付く(きづ)
□ 感謝(かんしゃ)	□ 横断(おうだん)	□ 認める(みと)	□ 伸びる(の)
□ 増加(ぞうか)	□ 骨(ほね)	□ 背負う(せお)	□ 疑う(うたが)

01 せいちょう
成長
성장
동

いろんな失敗(しっぱい)を重(かさ)ねながら人(ひと)は成長(せいちょう)していく。
여러 가지 실패를 거듭하면서 사람은 성장해 간다.

成 : 이룰 성　成長(せいちょう) 성장
誠 : 정성 성　誠実(せいじつ) 성실

02 きょうそう
競争
경쟁
동

小学校(しょうがっこう)の時(とき)から激(はげ)しい競争(きょうそう)に追(お)われている。
초등학교 때부터 심한 경쟁에 내몰리고 있다.

- 競(다툴 경)
  きょう　競争(きょうそう) 경쟁
  けい　競馬(けいば) 경마

03 かいけん
会見
회견
동

二人(ふたり)は記者会見(きしゃかいけん)を開(ひら)いて入籍(にゅうせき)を発表(はっぴょう)した。
두 사람은 기자 회견을 열어서 입적을 발표했다.

04 はんざい
犯罪
범죄

≒罪つみ 죄

人(ひと)の体(からだ)を盗(ぬす)み撮(ど)りするのは明(あき)らかな犯罪(はんざい)だ。
타인의 신체를 도촬하는 것은 명백한 범죄이다.

05 きぼう
希望
희망
동

昔(むかし)から希望(きぼう)していた世界一周(せかいいっしゅう)にチャレンジした。
예전부터 희망하던 세계 일주에 도전했다.

06 あた
辺り
주변

≒ 周まわり 주변

この辺(あた)りは工事(こうじ)のため、通行止(つうこうど)めになっている。
이 주변은 공사 때문에 통행금지이다.

07 ぶんや
分野
□□□ 분야

さまざま ぶんや せんもんか まね こうえんかい ひら
様々な分野の専門家を招いて講演会を開きます。
다양한 분야의 전문가를 초대해서 강연회를 엽니다.

08 かんしゃ
感謝
□□□ 감사
동

かんしゃ きもち こ てがみ か
感謝の気持ちを込めて、手紙を書いた。
감사의 마음을 담아서 편지를 썼다.

謝 : 사례할 사　感謝(かんしゃ) 감사
射 : 쏠 사　発射(はっしゃ) 발사

09 ぞうか
増加
□□□ 증가

↔ 減少げんしょう 감소
동

さいきん ひとり ぐ としよ ぞうか
最近、一人暮らしのお年寄りが増加している。
요즘 혼자 사는 노인이 증가하고 있다.

増 : 더할 증　増加(ぞうか) 증가
贈 : 줄 증　贈与(ぞうよ) 증여

10 し き
締め切り
□□□ 마감

き し き ていしゅつ むこう
決められた締め切りまで提出しないと無効となる。
정해진 마감까지 제출하지 않으면 무효가 된다.

11 う あ
売り上げ
□□□ 매상, 매출

こんど きょういく う あ おそ
今度の教育では売り上げアップのノウハウを教わった。
이번 교육에서는 매출 증가 노하우를 배웠다.

12 て い
手入れ
□□□ 손질
동

にわ ていねい て い
この庭は丁寧に手入れされている。
이 정원은 정성스럽게 손질되고 있다.

13 とざん
登山
☐☐☐
등산
동

かれ　ひま　　　　　　とざん　い
彼は暇さえあれば登山に行く。

그는 틈만 나면 등산하러 간다.

• 登(오를 등)
　と　　登山(とざん) 등산
　とう　登校(とうこう) 등교

14 ふび
不備
☐☐☐
미비
ナ

しょるい　　ふび　　　　　　　　　　いちど かくにん
書類に不備がないかもう一度確認してください。

서류에 미비함이 없는지 다시 한번 확인해 주세요.

15 てんねん
天然
☐☐☐
천연

てんねん そざい　つく　　　　はだ
このせっけんは天然素材で作ったから肌にやさしい。

이 비누는 천연 소재로 만들었기 때문에 피부에 순하다

16 せいきゅう
請求
☐☐☐
청구
동

でん き りょうきん　せいきゅうないよう　　　　　かくにん
電気料金の請求内容はWEBでも確認できます。

전기 요금의 청구 내용은 웹에서도 확인할 수 있습니다.

　請 : 청할 청　請求(せいきゅう) 청구
　晴 : 갤 청　　快晴(かいせい) 쾌청

17 おうだん
横断
☐☐☐
횡단

しんごう　　　　どうろ　　おうだん
信号がない道路を横断してはいけない。

신호가 없는 도로를 횡단하면 안 된다.

✚ 横断歩道おうだんほどう
횡단보도
동

18 ほね
骨
☐☐☐
뼈

かいだん　　ころ　　　　　ほね　お
階段から転んじゃって骨を折ってしまった。

계단에서 넘어져서 뼈가 부러져 버렸다.

19 かんそく
観測
☐
☐ 관측
☐
동

きょう　かんそく し じょうさいこう　　ど　きろく
今日は観測史上最高の41.1度を記録した。

오늘은 관측 사상 최고인 41.1도를 기록했다.

測：헤아릴 측　観測(かんそく) 관측
側：곁 측　　側面(そくめん) 측면

20 しょく ば
職場
☐
☐ 직장
☐

しょく ば　　けいたい　しよう　きんし
職場での携帯の使用は禁止されている。

직장에서의 휴대폰 사용은 금지되어 있다.

21 そんとく
損得
☐
☐ 손득(손실과 이득)
☐

そんとく　　かんが　　　　　　　　　そん
損得ばかり考えるとかえって損するかもしれない。

손득만 생각하면 오히려 손해를 볼 수도 있다.

22
パス
☐
☐ 패스, 통과
☐

≒ 通過つうか 통과
동

むずか　　しけん　いちねん
こんな難しい試験を一年でパスするなんてすばらしい。

이런 어려운 시험을 1년 만에 패스하다니 훌륭하다.

23
サンプル
☐
☐ 샘플, 견본품
☐

≒ 見本みほん 견본

ゆうびん　おく
できあがったサンプルは郵便でお送りします。

완성된 샘플은 우편으로 보내겠습니다.

24 おか
犯す
☐
☐ 범하다, 저지르다, 어기다
☐

かれ　あやま　おか　　　　　ぜったいあやま
彼は過ちを犯しても絶対謝らない。

그는 실수를 범해도 절대 사과하지 않는다.

25 まか
任せる
맡기다, 위임하다

≒ 任まかす 맡기다

にほんご ほんやく ぼく まか

日本語の翻訳は僕に任せてください。
일본어 번역은 나에게 맡겨 주세요.

26 みと
認める
인정하다

おや かれ こうさい みと

親が彼との交際を認めてくれません。
부모님이 남자 친구와의 교제를 인정해 주지 않습니다.

27 せお
背負う
짊어지다, 안다, 업다

ひと だれ くる せ お い

人は誰でも苦しみを背負って生きていく。
사람은 누구나 고통을 짊어지고 살아간다.

28 あま
余る
남다

+ 余裕よゆう 여유

しゅっぱつ じ かん あま かる しょくじ と

出発まで時間が余ったから、軽く食事を取った。
출발까지 시간이 남았기 때문에 가볍게 식사를 했다.

29 こま
困る
곤란하다

+ 困難こんなん 곤란

こま とき ひと たす もと

困った時は、人に助けを求めましょう。
곤란한 상황일 때는 다른 사람에게 도움을 구합시다.

30 まよ
迷う
망설이다, 길을 잃다

みち まよ めんせつ じ かん おく

道に迷って、面接の時間に遅れてしまった。
길을 잃어서 면접 시간에 늦어 버렸다.

Day 21

31 つ
就く
(자리에) 오르다, 취임하다

+ 就任しゅうにん 취임

どんな仕事(しごと)に就(つ)きたいか正直(しょうじき)言(い)って私(わたし)もまだ分(わ)からない。
어떤 일을 하고 싶은지 솔직히 말해서 나도 아직 모르겠어.

32 も
燃える
(불) 타다

+ 燃もやす 불태우다

燃(も)えるゴミは火(か)、木(もく)、金(きん)に出(だ)してください。
타는 쓰레기는 화, 목, 금에 버려 주세요.

33 ちかづ
近付ける
가깝게 하다, 가까이 대다

≒ 近寄ちかよる 접근하다, 다가가다

QRコードに近付(ちかづ)けるだけで、内容(ないよう)の確認(かくにん)ができる。
QR 코드에 가까이 대는 것만으로 내용 확인이 가능하다.

34 きづ
気付く
깨닫다, 눈치채다, 알아차리다

私(わたし)に対(たい)する彼(かれ)の感情(かんじょう)に全然(ぜんぜん)気付(きづ)かなかった。
나에 대한 그의 감정을 전혀 깨닫지 못했다.

35 の
伸びる
늘어나다, 자라다

頑張(がんば)っているのに実力(じつりょく)が伸(の)びていない気(き)がする。
열심히 하고 있는데 실력이 늘지 않은 것 같은 느낌이야.

伸 : 펼 신　伸(の)びる 늘어나다
申 : 거듭 신　申(もう)す 말하다(겸양어)

36 うたが
疑う
의심하다

+ 容疑者ようぎしゃ 용의자

誰(だれ)もこのチームの勝利(しょうり)を疑(うたが)わなかった。
누구도 이 팀의 승리를 의심하지 않았다.

하루 1분 체크

1 다음 단어의 읽기로 가장 알맞은 것을 a, b 중에서 고르세요.

1. 余る (a. のこる b. あまる)

2. 登山 (a. とざん b. とうさん)

3. 競争 (a. きょうそう b. けいそう)

2 다음 단어의 한자 표기로 가장 알맞은 것을 a, b 중에서 고르세요.

4. 늘다(のびる) (a. 伸びる b. 申びる)

5. 청구(せいきゅう) (a. 晴求 b. 請求)

6. 증가(ぞうか) (a. 増加 b. 贈加)

3 다음 괄호 안에 들어갈 말로 가장 알맞은 것을 a, b 중에서 고르세요.

7. (a. 燃える b. 焼ける)ゴミは火(か)、木(もく)、金(きん)に出(だ)してください。

8. 書類(しょるい)に(a. 不順 b. 不備)がないかもう一度(いちど)確認(かくにん)してください。

9. どんな仕事(しごと)に(a. 就きたい b. 付きたい)か正直(しょうじき)に私(わたし)もまだ分(わ)からない。

정답 1ⓑ 2ⓐ 3ⓐ 4ⓐ 5ⓑ 6ⓐ 7ⓐ 8ⓑ 9ⓐ

MP3 01-22

Day 22

21 **22** 23

공부 순서 ▢ 미리 보기 → ▢ 따라 읽기 → ▢ 단어 암기 → ▢ 확인 학습

- □ 渋滞（じゅうたい）
- □ 家賃（やちん）
- □ 物語（ものがたり）
- □ 流行（りゅうこう）
- □ 高層（こうそう）
- □ 正面（しょうめん）
- □ 吐き気（はけ）
- □ 充実（じゅうじつ）
- □ 投票（とうひょう）
- □ 責任（せきにん）
- □ 共感（きょうかん）
- □ 集中（しゅうちゅう）
- □ 歯（は）
- □ 健康（けんこう）
- □ 超過（ちょうか）
- □ 移転（いてん）
- □ 見本（みほん）
- □ 屋根（やね）
- □ 盗難（とうなん）
- □ 持参（じさん）
- □ 経済（けいざい）
- □ コミュニケーション
- □ レベル
- □ 諦める（あきら）
- □ 浮かぶ（う）
- □ 覚める（さ）
- □ 比べる（くら）
- □ 努める（つと）
- □ 越える（こ）
- □ 組み立てる（くた）
- □ 負ける（ま）
- □ 去る（さ）
- □ もてる
- □ 示す（しめ）
- □ 加わる（くわ）
- □ 滑る（すべ）

01 じゅうたい
渋滞
☐☐☐ 정체, 지체

+ 混こむ 막히다, 붐비다
동

きんようび ごご じゅうたい はげ おも
金曜日なので、午後から渋滞が激しくなると思う。
금요일이기 때문에 오후부터 정체가 심해질 거라 생각해.

滞 : 막힐 체　渋滞(じゅうたい) 정체
帯 : 띠 대　　世帯(せたい) 세대

02 や ちん
家賃
☐☐☐ 집세, 월세

+ 大家おおやさん 집주인

かいしゃ や ちん はら じょうきょう
会社からリストラされて家賃も払えない状況だ。
회사로부터 정리 해고 당해서 집세도 낼 수 없는 상황이다.

• 家(집 가)
や　家賃(やちん) 집세
か　家族(かぞく) 가족

03 ものがたり
物語
☐☐☐ 이야기

+ 語かたる 이야기하다

げん じ ものがたり さくひん に ほん ゆうめい しょうせつ
源氏物語という作品は日本の有名な小説だ。
'겐지 이야기'라고 하는 작품은 일본의 유명한 소설이다.

04 りゅうこう
流行
☐☐☐ 유행

+ 流行はやる 유행하다
동

りゅうこう じ だい へん か
流行というのは時代によって変化する。
유행이라고 하는 것은 시대에 따라 변화한다.

05 こうそう
高層
☐☐☐ 고층

かれ えきまえ こうそう す
彼は駅前にある高層マンションに住んでいる。
그는 역 앞에 있는 고층 맨션에 살고 있다.

06 しょうめん
正面
☐☐☐ 정면

いま じ かん しょうめんげんかん り よう
今の時間は正面玄関のみご利用になれます。
지금 시간은 정면 현관만 이용하실 수 있습니다.

07 はけ
吐き気
메스꺼움, 구역질

+吐はく 토하다

エアコンをかけすぎて、吐(は)き気(け)を感(かん)じる時(とき)もある。
에어컨을 너무 오래 켜서 메스꺼운 느낌이 들 때도 있다.

08 じゅうじつ
充実
충실
동 ナ

この本(ほん)は内容(ないよう)も充実(じゅうじつ)しているし、薄(うす)くて読(よ)みやすい。
이 책은 내용도 충실하고 얇아서 읽기 쉽다.

09 とうひょう
投票
투표
동

日本(にほん)は満(まん)18歳(さい)以上(いじょう)の人(ひと)なら投票(とうひょう)できます。
일본은 만 18세 이상인 사람이면 투표할 수 있습니다.

票 : 표 표　投票(とうひょう) 투표
標 : 표할 표　目標(もくひょう) 목표

10 せきにん
責任
책임

仕事(しごと)の責任(せきにん)が重(おも)たすぎてストレスがたまる。
일에 대한 책임이 너무 무거워서 스트레스가 쌓인다.

責 : 꾸짖을 책　責任(せきにん) 책임
債 : 빚 채　負債(ふさい) 부채

11 きょうかん
共感
공감
동

最近(さいきん)、他人(たにん)との共感力(きょうかんりょく)の低(ひく)い人(ひと)が増(ふ)えている。
요즘 타인과의 공감(능)력이 낮은 사람이 늘고 있다.

12 しゅうちゅう
集中
집중
동

授業中(じゅぎょうちゅう)はしゃべらないで集中(しゅうちゅう)しなさい。
수업 중에는 떠들지 말고 집중하세요.

- 中(가운데 중)
  ちゅう　授業中(じゅぎょうちゅう) 수업 중
  じゅう　世界中(せかいじゅう) 전 세계

13 は
歯
이, 이빨

+ 歯科しか 치과

コーヒーを飲(の)んだ直後(ちょくご)に歯(は)を磨(みが)くのはよくない。
커피를 마신 직후에 이를 닦는 것은 좋지 않다.

14 けんこう
健康
건강
ナ

健康(けんこう)になるためには太(ふと)ももに筋肉(きんにく)をつけた方(ほう)がいい。
건강해지기 위해서는 허벅지에 근육을 키우는 게 좋다.

15 ちょうか
超過
초과
동

飛行機(ひこうき)に乗(の)る時(とき)、重量(じゅうりょう)オーバーで超過料金(ちょうかりょうきん)を払(はら)った。
비행기를 탈 때 중량 초과로 초과 요금을 지불했다.

超 : 뛰어넘을 초　超過(ちょうか) 초과
越 : 넘을 월　超越(ちょうえつ) 초월

16 いてん
移転
이전
동

本社(ほんしゃ)の移転(いてん)が決(き)まったので、お知(し)らせします。
본사 이전이 결정되었기 때문에 알려 드립니다.

17 みほん
見本
견본

≒ サンプル 샘플, 견본

見本(みほん)は無料(むりょう)でお送(おく)りしますので、お申(もう)し込(こ)みください。
견본은 무료로 보내 드리므로 신청해 주세요.

18 やね
屋根
지붕

屋根(やね)をおしゃれな屋上(おくじょう)テラスにリフォームしたいです。
지붕을 멋진 옥상 테라스로 리폼하고 싶습니다.

Day 22

19 とうなん
盗難
□□□ 도난

自転車を盗まれて警察に盗難届を出した。
자전거를 도난당해서 경찰에 도난 신고를 했다.

---

20 じさん
持参
□□□ 지참
동

筆記用具とお弁当は各自ご持参ください。
필기 용구와 도시락은 각자 지참해 주세요.

---

21 けいざい
経済
□□□ 경제

政府は経済安定政策を発表した。
정부는 경제 안정 정책을 발표했다.

- 済(건널 제, 끝낼 제)
  ざい 経済(けいざい) 경제
  さい 返済(へんさい) 변제

22
コミュニケーション
□□□ 커뮤니케이션, 소통

社会人にコミュニケーション能力は必須だ。
사회인에게 커뮤니케이션 능력은 필수이다.

23
レベル
□□□ 레벨, 등급

≒ 等級とうきゅう 등급

彼とはレベルの差があって同じクラスに入れない。
그와는 레벨 차이가 있어서 같은 클래스에 들어갈 수 없다.

---

24 あきら
諦める
□□□ 포기하다, 체념하다

使ったお金がもったいないから諦められない。
쓴 돈이 아까워서 포기할 수 없다.

諦 : 체념할 체　諦(あきら)める 포기하다
締 : 맺을 체　締(し)める 조이다, 줄이다

25 浮(う)かぶ

☐☐☐ 뜨다, 떠오르다

この音楽(おんがく)を聞(き)いて頭(あたま)に浮(う)かぶイメージは何(なん)ですか。

이 음악을 듣고 머리에 떠오르는 이미지는 무엇입니까?

26 覚(さ)める

☐☐☐ 깨다, 제정신이 들다

最近(さいきん)、夜中(よなか)に目(め)が覚(さ)めて眠(ねむ)れません。

요즘 한밤중에 눈이 뜨여서 잠이 오지 않아요.

覚(さ)める는 '잠이나 술에서 깨다, 제정신이 들다'라는 의미로 사용하고 冷(さ)める는 '따뜻했던 것이 식거나, 차가워지다'라는 의미로 사용한다.

27 比(くら)べる

☐☐☐ 비교하다

他(ほか)の店(みせ)と比(くら)べると店員(てんいん)も優(やさ)しく値段(ねだん)も安(やす)い。

다른 가게와 비교하면 점원도 친절하고 가격도 싸다.

28 努(つと)める

☐☐☐ 힘쓰다

大学(だいがく)で後輩(こうはい)と一緒(いっしょ)に研究(けんきゅう)に努(つと)めています。

대학에서 후배와 함께 연구에 힘쓰고 있습니다.

29 越(こ)える

☐☐☐ 넘다

≒ 超(こ)える 넘다

この山(やま)を越(こ)えると海(うみ)が見(み)えます。

이 산을 넘으면 바다가 보입니다.

越(こ)える는 '산, 언덕, 강 등을 넘는다'는 뜻으로 사용하고, 超(こ)える는 일정한 분량을 넘는다는 의미로 '한도를 초과하다, 만 명을 넘다'와 같은 표현으로 사용한다.

30 組(く)み立(た)てる

☐☐☐ 조립하다

5歳以上(さいいじょう)なら子供一人(こどもひとり)で組(く)み立(た)てられるおもちゃだ。

5세 이상이라면 아이 혼자서 조립할 수 있는 장난감이다.

31 ま
☐
☐ **負ける**
☐ 지다

しあい ま さいご がんば
試合に負けてもいいから、最後まで頑張ろう。
경기에 져도 괜찮으니까 마지막까지 힘내자.

32 さ
☐
☐ **去る**
☐ 떠나다, 가다

ふゆ さ はる
冬が去って春がやってきました。
겨울이 가고 봄이 찾아왔습니다.

+ 過去かこ 과거

33
☐
☐ **もてる**
☐ 인기 있다

おんな おとこ じょうけん へんか
女にもてる男の条件は変化してきた。
여자에게 인기 있는 남자의 조건은 변화해 왔다.

34 しめ
☐
☐ **示す**
☐ 나타내다, 제시하다,
표시하다

こども きょうみ しめ ほう
子供が興味を示すことはやらせてあげた方がいい。
아이가 흥미를 보이는 것은 하게 해 주는 게 좋다.

35 くわ
☐
☐ **加わる**
☐ 더해지다, 참여하다,
첨가되다

じき あら きのう くわ
次期バージョンからは新たな機能が加わります。
차기 버전부터는 새로운 기능이 더해집니다.

+ 加くわえる 더하다, 추가하다

36 すべ
☐
☐ **滑る**
☐ 미끄러지다

じめん こお すべ き つ
地面が凍って滑るから、気を付けてください。
지면이 얼어서 미끄러우니까 조심하세요.

+ 滑走路かっそうろ 활주로

하루 1분 체크

1 다음 단어의 읽기로 가장 알맞은 것을 a, b 중에서 고르세요.

1. 高層 (a. こうぞう　　b. こうそう)

2. 屋根 (a. やね　　b. おくね)

3. 家賃 (a. やちん　　b. けちん)

2 다음 단어의 한자 표기로 가장 알맞은 것을 a, b 중에서 고르세요.

4. 투표(とうひょう)　(a. 投票　　b. 投標)

5. 책임(せきにん)　(a. 債任　　b. 責任)

6. 초과(ちょうか)　(a. 越加　　b. 超過)

3 다음 괄호 안에 들어갈 말로 가장 알맞은 것을 a, b 중에서 고르세요.

7. 最近(さいきん)、夜中(よなか)に目(め)が(a. 冷めて　b. 覚めて)眠(ねむ)れません。

8. 使(つか)ったお金(かね)がもったいないから(a. あきらめられない　b. あらわれない)。

9. 5歳以上(さいいじょう)なら子供(こども)が一人(ひとり)で(a. 組み立てられる　b. 取り立てられる)
おもちゃだ。

정답 1ⓑ 2ⓐ 3ⓐ 4ⓐ 5ⓑ 6ⓑ 7ⓑ 8ⓐ 9ⓐ

MP3 01-23

Day

22 **23** 24

공부 순서 ▢ 미리 보기 ➜ ▢ 따라 읽기 ➜ ▢ 단어 암기 ➜ ▢ 확인 학습

□ 割引 わりびき
□ 舞台 ぶたい
□ 判断 はんだん
□ 汗 あせ
□ 頂点 ちょうてん
□ 製品 せいひん
□ 腰 こし
□ 共同 きょうどう
□ 記憶 きおく

□ 警察 けいさつ
□ 方言 ほうげん
□ 条件 じょうけん
□ 対策 たいさく
□ 詳細 しょうさい
□ 目印 めじるし
□ 補充 ほじゅう
□ 元日 がんじつ
□ 引き分け ひわ

□ 減少 げんしょう
□ 賛成 さんせい
□ 余裕 よゆう
□ ライバル
□ ラッシュアワー
□ 兼ねる か
□ まとめる
□ 塗る ぬ
□ 盗む ぬす

□ 叫ぶ さけ
□ 焼ける や
□ 結ぶ むす
□ 上る のぼ
□ 取り寄せる とよ
□ 召し上がる めあ
□ 甘える あま
□ 引き返す ひかえ
□ 及ぶ およ

01 わりびき
割引
할인

+ 割わる 나누다, 깨다
[동]

タイムセールに入(はい)るとさらに30%割引(わりびき)になります。
타임 세일에 들어가면 30% 더 할인이 됩니다.

02 ぶたい
舞台
무대

+ 舞踊ぶよう 무용

舞台(ぶたい)に上(あ)がると意外(いがい)と緊張(きんちょう)が解(と)けます。
무대에 오르면 의외로 긴장이 풀립니다.

舞 : 춤출 무　舞台(ぶたい) 무대
無 : 없을 무　無事(ぶじ) 무사함

03 はんだん
判断
판단
[동]

僕(ぼく)としては判断(はんだん)しかねますので、責任者(せきにんしゃ)を呼(よ)びます。
저로서는 판단하기 어렵기 때문에 책임자를 부르겠습니다.

判 : 판단할 판　判断(はんだん) 판단
伴 : 짝 반　同伴(どうはん) 동반

04 あせ
汗
땀

息子(むすこ)は汗(あせ)まみれになって遊(あそ)んでいる。
아들은 땀투성이가 되어서 놀고 있다.

05 ちょうてん
頂点
정점

彼(かれ)は現在(げんざい)、俳優(はいゆう)として頂点(ちょうてん)に立(た)っていると思(おも)う。
그는 현재 배우로서 정점에 서 있다고 생각한다.

点 : 점 점　頂点(ちょうてん) 정점
占 : 점령할 점　占有(せんゆう) 점유

06 せいひん
製品
제품

研究(けんきゅう)チームは新(あたら)しい製品(せいひん)の開発(かいはつ)に取(と)り組(く)んでいる。
연구팀은 새로운 제품 개발에 몰두하고 있다.

• 品(물건 품)
ひん　製品(せいひん) 제품
しな　品物(しなもの) 물품, 물건

07 こし
腰
허리

+ 腰痛ようつう 요통

腰(こし)が痛(いた)くてリハビリ治療(ちりょう)を受(う)けている。
허리가 아파서 재활 치료를 받고 있다.

08 きょうどう
共同
공동

大学(だいがく)と企業(きぎょう)が共同開発(きょうどうかいはつ)した技術(ぎじゅつ)です。
대학과 기업이 공동 개발한 기술입니다.

09 きおく
記憶
기억
동

昔(むかし)のことだが、顔(かお)だけは記憶(きおく)に残(のこ)っている。
옛날 일이지만 얼굴만은 기억에 남아 있다.

憶 : 생각할 억　記憶(きおく) 기억
億 : 억 억　一億(いちおく) 1억

10 けいさつ
警察
경찰

犯人(はんにん)は警察(けいさつ)に捕(つか)まったが、すぐ逃(に)げ出(だ)したそうだ。
범인은 경찰에 잡혔지만 바로 도망갔다고 한다.

警 : 경계할 경　警察(けいさつ) 경찰
驚 : 놀랄 경　驚異(きょうい) 경이(놀랄 정도로 이상함)

11 ほうげん
方言
방언, 사투리

≒ なまり 사투리, 사투리 억양의 말투

沖縄(おきなわ)の方言(ほうげん)は理解(りかい)できない言葉(ことば)も多(おお)いそうだ。
오키나와 사투리는 이해할 수 없는 말도 많다고 한다.

12 じょうけん
条件
조건

労働条件(ろうどうじょうけん)についてはちゃんと確認(かくにん)しないといけない。
노동 조건에 대해서는 제대로 확인해야 한다.

13 たいさく
対策
대책

日本の地球温暖化対策について説明します。
にほん　ちきゅうおんだんか たいさく　せつめい

일본의 지구 온난화 대책에 대해서 설명하겠습니다.

14 しょうさい
詳細
상세, 자세한 내용
ナ

詳細は後ほど、メールでお知らせいたします。
상세한 내용은 추후에 메일로 알려 드리겠습니다.

詳 : 자세할 상　詳細(しょうさい) 상세
洋 : 큰 바다 양　洋食(ようしょく) 양식

15 めじるし
目印
표시, 표지

＋ 矢印やじるし 화살표

地図に目印をつけてもらって迷わずに着いた。
ち ず　め じるし　　　　　　　　　まよ　　　つ

지도에 표시를 해 줘서 헤매지 않고 도착했다.

16 ほじゅう
補充
보충
동

ビタミンを補充したら体の調子がよくなった。
비타민을 보충했더니 몸 상태가 좋아졌다.

補 : 도울 보　補充(ほじゅう) 보충
捕 : 잡을 포　逮捕(たいほ) 체포

17 がんじつ
元日
설날

≒ 正月しょうがつ 정월, 설날

毎年の1月１日のことを「元日」と呼びます。
まいとし　がつついたち　　　　　がんじつ　よ

매년 1월 1일을 '설날(원일)'이라고 부릅니다.

18 ひわ
引き分け
무승부

注目を集めた試合だったが、引き分けに終わってしまった。
ちゅうもく あつ　　し あい　　　　　　　ひ わ　　　お
주목을 모은 경기였는데 무승부로 끝나 버렸다.

19 げんしょう
減少
감소
동

子供(こども)の数(かず)が急速(きゅうそく)に減少(げんしょう)して社会問題(しゃかいもんだい)になっている。
아이의 수가 급속하게 감소해서 사회 문제가 되고 있다.

減 : 덜 감　減少(げんしょう) 감소
感 : 느낄 감　感動(かんどう) 감동

20 さんせい
賛成
찬성
동

この案(あん)に賛成(さんせい)する人(ひと)は手(て)を挙(あ)げてください。
이 안에 찬성하는 사람은 손을 들어 주세요.

21 よゆう
余裕
여유

道(みち)が混(こ)むので時間(じかん)に余裕(よゆう)を持(も)ってお出(で)かけください。
길이 막히니까 시간에 여유를 가지고 나와 주세요.

裕 : 넉넉할 유　余裕(よゆう) 여유
浴 : 목욕할 욕　入浴(にゅうよく) 입욕

22
ライバル
라이벌, 경쟁 상대

A社(しゃ)はライバル会社(がいしゃ)に技術(ぎじゅつ)を盗(ぬす)まれたそうだ。
A사는 라이벌 회사에 기술을 빼앗겼다고 한다.

23
ラッシュアワー
러시아워, 교통 혼잡

朝(あさ)のラッシュアワーを避(さ)けたくて、早(はや)めに家(いえ)を出(で)る。
아침 러시아워를 피하고 싶어서 일찌감치 집을 나온다.

24 か
兼ねる
겸하다

出張(しゅっちょう)を兼(か)ねて大阪(おおさか)の友達(ともだち)に会(あ)ってきた。
출장을 겸해서 오사카에 있는 친구를 만나고 왔다.

兼 : 겸할 겸　兼(か)ねる 겸하다
嫌 : 싫어할 혐　嫌(きら)いだ 싫어하다

25 まとめる
정리하다, 모으다

お客(きゃく)さんからいただいたいろんな意見(いけん)をまとめてみた。
손님에게서 받은 여러 가지 의견을 정리해 봤다.

26 塗(ぬ)る
바르다

このクリームを塗(ぬ)るとつるつる肌(はだ)になります。
이 크림을 바르면 탱탱한 피부가 됩니다.

+ 塗布とふ 도포

27 盗(ぬす)む
훔치다

車(くるま)を盗(ぬす)んだ疑(うたが)いで警察(けいさつ)に逮捕(たいほ)された。
차를 훔친 혐의로 경찰에 체포되었다.

+ 盗難とうなん 도난

28 叫(さけ)ぶ
외치다

『世界(せかい)の中心(ちゅうしん)で愛(あい)を叫(さけ)ぶ』という映画(えいが)見(み)たの？
'세상의 중심에서 사랑을 외치다'라는 영화 봤어?

叫 : 부르짖을 규　叫(さけ)ぶ 외치다
呼 : 부를 호　呼(よ)ぶ 부르다

29 焼(や)ける
타다, 구워지다

日(ひ)に焼(や)けるとかゆくなるので、日傘(ひがさ)が必要(ひつよう)だ。
햇볕에 타면 가려워지기 때문에 양산이 필요하다.

+ 燃焼ねんしょう 연소

30 結(むす)ぶ
맺다, 묶다

髪(かみ)を後(うし)ろに結(むす)んで立(た)っている人(ひと)が妹(いもうと)です。
머리를 뒤로 묶고 서 있는 사람이 여동생입니다.

Chapter 01 Chapter 02 Chapter 03

Day 23

31 のぼる
上る
오르다, 뜨다

≒ 上あがる 오르다

ここは景色(けしき)はいいけど、坂(さか)を上(のぼ)るから大変(たいへん)だ。
여기는 경치는 좋지만 언덕을 오르기 때문에 힘들다.

上のぼる는 계속적인 동작을 의미하며 코스를 경유하여 서서히 이동하는 과정에 중점을 둔다. 반면 上あがる는 순간적인 이동을 의미하고 이동의 결과나 목표점에 중점을 둔다.
예) 坂さかを上る(언덕을 오르다) / 舞台ぶたいに上がる(무대에 오르다)

32 とよ
取り寄せる
주문해 받다

現在(げんざい)、在庫(ざいこ)切(ぎ)れのためお取(と)り寄(よ)せになります。
현재 재고가 없어서 주문하셔야 합니다.

33 めあ
召し上がる
드시다(존경어)

ラーメンが伸(の)びないうちに、お召(め)し上(あ)がりください。
라면이 붇기 전에 드세요.

34 あま
甘える
응석부리다, (상대의 호의나 친절을) 받다

お言葉(ことば)に甘(あま)えてお先(さき)に失礼(しつれい)させていただきます。
말씀을 고맙게 받아들여 먼저 실례하겠습니다.

35 ひかえ
引き返す
되돌아가다, 되돌리다

乗(の)っていた飛行機(ひこうき)が強風(きょうふう)で着陸(ちゃくりく)できず引(ひ)き返(かえ)した。
타고 있던 비행기가 강풍으로 착륙하지 못하고 되돌아갔다.

36 およ
及ぶ
이르다, 미치다

パワハラ事件(じけん)は社長(しゃちょう)の辞任(じにん)にまで及(およ)んだ。
'갑질' 사건으로 사장이 사임하기에 이르렀다.
(※ パワハラ : パワーハラスメント의 준말, 권력을 이용한 직장 내 괴롭힘)

하루 1분 체크

1 다음 단어의 읽기로 가장 알맞은 것을 a, b 중에서 고르세요.

1. 頂点 (a. ちょうてん b. ちょうせん)

2. 元日 (a. げんじつ b. がんじつ)

3. 減少 (a. げんしょう b. かんしょう)

2 다음 단어의 한자 표기로 가장 알맞은 것을 a, b 중에서 고르세요.

4. 기억(きおく) (a. 記憶 b. 記億)

5. 외치다(さけぶ) (a. 叫ぶ b. 呼ぶ)

6. 상세(しょうさい) (a. 洋細 b. 詳細)

3 다음 괄호 안에 들어갈 말로 가장 알맞은 것을 a, b 중에서 고르세요.

7. ここは景色(けしき)はいいけど、坂(さか)を(a. のぼる b. いたる)から大変(たいへん)だ。

8. ラーメンが伸(の)びないうちに、(a. お召し上がり b. いただいて)ください。

9. タイムセールに入(はい)るとさらに30%(a. 割合 b. 割引)になります。

정답 1ⓐ 2ⓑ 3ⓐ 4ⓐ 5ⓐ 6ⓑ 7ⓐ 8ⓐ 9ⓑ

MP3 01-24

Day 24

23 **24** 25

공부 순서 ▢ 미리 보기 ➔ ▢ 따라 읽기 ➔ ▢ 단어 암기 ➔ ▢ 확인 학습

- ☐ 医療(いりょう)
- ☐ 配布(はいふ)
- ☐ 翌日(よくじつ)
- ☐ 平均(へいきん)
- ☐ 編(あ)み物(もの)
- ☐ 台詞(せりふ)
- ☐ 和風(わふう)
- ☐ 呼吸(こきゅう)
- ☐ 苦労(くろう)
- ☐ 交換(こうかん)
- ☐ 煙(けむり)
- ☐ 訓練(くんれん)
- ☐ 拡大(かくだい)
- ☐ 拍手(はくしゅ)
- ☐ 防犯(ぼうはん)
- ☐ 目安(めやす)
- ☐ 割合(わりあい)
- ☐ 確認(かくにん)
- ☐ 感情(かんじょう)
- ☐ 提案(ていあん)
- ☐ 手前(てまえ)
- ☐ エンジニア
- ☐ リズム
- ☐ 写(うつ)す
- ☐ 沸(わ)く
- ☐ 育(そだ)つ
- ☐ いじめる
- ☐ 混(ま)ぜる
- ☐ たまる
- ☐ 当(あ)てはまる
- ☐ ご覧(らん)になる
- ☐ 成(な)り立(た)つ
- ☐ 鳴(な)る
- ☐ 巡(めぐ)る
- ☐ 降(お)ろす
- ☐ 試(ため)す

01 医療(いりょう)
☐☐☐ 의료

安全(あんぜん)で質(しつ)の高(たか)い医療(いりょう)サービスを提供(ていきょう)しています。
안전하고 질이 높은 의료 서비스를 제공하고 있습니다.

02 配布(はいふ)
☐☐☐ 배포
동

横浜市(よこはまし)では公演(こうえん)のチケットを無料(むりょう)で配布(はいふ)している。
요코하마 시에서는 공연 티켓을 무료로 배포하고 있다.

03 翌日(よくじつ)
☐☐☐ 익일, 다음날

+ 翌年よくとし
익년, 다음 해

このサイトでは翌日配達(よくじつはいたつ)サービスを実施(じっし)しております。
이 사이트에서는 익일 배달 서비스를 실시하고 있습니다.

- 日(날 일)
  じつ　翌日(よくじつ) 익일, 다음날
  にち　日時(にちじ) 일시

04 平均(へいきん)
☐☐☐ 평균

平均身長(へいきんしんちょう)が一番高(いちばんたか)い国(くに)はデンマークらしい。
평균 신장이 가장 큰 나라는 덴마크라는 것 같다.

05 編(あ)み物(もの)
☐☐☐ 뜨개질, 편물

私(わたし)の趣味(しゅみ)は編(あ)み物(もの)で、主(おも)に服(ふく)を編(あ)んでいる。
내 취미는 뜨개질로 주로 옷을 뜨고 있다.

06 台詞(せりふ)
☐☐☐ 대사

このドラマの台詞(せりふ)は人(ひと)を感動(かんどう)させる。
이 드라마의 대사는 사람을 감동시킨다.

07 わふう
和風
일본풍

\+ 和室わしつ 화실, 다다미방

この店で一番人気のメニューは和風パスタです。
이 가게에서 가장 인기 있는 메뉴는 일본풍 파스타입니다.

08 こきゅう
呼吸
호흡
동

マラソンは呼吸を調節することが大事だ。
마라톤은 호흡을 조절하는 것이 중요하다.

吸 : 마실 흡　呼吸(こきゅう) 호흡
級 : 등급 급　高級(こうきゅう) 고급

09 くろう
苦労
고생
동

「若い時の苦労は買ってでもせよ」という格言がある。
'젊어서 고생은 사서도 한다'라는 격언이 있다.

苦 : 쓸 고　苦労(くろう) 고생
古 : 옛 고　古典(こてん) 고전

10 こうかん
交換
교환
동

返品、交換は15日以内にお願いします。
반품, 교환은 15일 이내에 부탁합니다.

11 けむり
煙
연기

\+ 煙草たばこ 담배

部屋からすごい煙が出て非常ベルが鳴った。
방에서 엄청난 연기가 나서 비상벨이 울렸다.

12 くんれん
訓練
훈련
동

夏休み中は平日のみ訓練を行います。
여름 방학 중에는 평일에만 훈련을 실시합니다.

練 : 익힐 련　訓練(くんれん) 훈련
連 : 잇닿을 련　関連(かんれん) 관련

13 かくだい
拡大
확대

≒ 拡張かくちょう 확장

동

ここをタッチすると画面(がめん)を拡大(かくだい)することができる。
여기를 터치하면 화면을 확대할 수 있다.

14 はくしゅ
拍手
박수

동

選手(せんしゅ)たちを拍手(はくしゅ)で迎(むか)えました。
선수들을 박수로 맞이했습니다.

拍 : 칠 박　拍手(はくしゅ) 박수
泊 : 머무를 박　宿泊(しゅくはく) 숙박

15 ぼうはん
防犯
방범

犯罪予防(はんざいよぼう)のため、防犯(ぼうはん)カメラが設置(せっち)されている。
범죄 예방을 위해 방범 카메라가 설치되어 있다.

防 : 막을 방　防犯(ぼうはん) 방범
妨 : 방해할 방　妨害(ぼうがい) 방해

16 めやす
目安
목표, 기준

ピアノは週(しゅう) 3 回(かい)のレッスンを目安(めやす)にしている。
피아노는 주 3회 레슨을 기준으로 삼고 있다.

17 わりあい
割合
비율, 제법,
생각보다(부사적 용법)

参加者(さんかしゃ)のうち、女性(じょせい)の割合(わりあい)は30%ぐらいです。
참가자 중 여성의 비율은 30% 정도입니다.

18 かくにん
確認
확인

동

出発(しゅっぱつ)する前(まえ)に予約(よやく)を確認(かくにん)した方(ほう)がいい。
출발하기 전에 예약을 확인하는 편이 좋다.

19 かんじょう
感情
감정

じぶん　かんじょう　すなお　しあわ
自分の感情に素直になったら幸せになる。
자신의 감정에 솔직해지면 행복해진다.

情 : 뜻 정　感情(かんじょう) 감정
清 : 맑을 청　清音(せいおん) 청음

---

20 ていあん
提案
제안
동

しゃいん　ていあん　せっきょくてき　はんえい
社員からの提案は積極的に反映する。
사원들의 제안은 적극적으로 반영한다.

案 : 생각 안　提案(ていあん) 제안
委 : 맡길 위　委任(いにん) 위임

---

21 てまえ
手前
바로 앞, 체면

てまえ　こうさてん　うせつ　えき
手前の交差点を右折すると駅があります。
바로 앞 교차로를 우회전하면 역이 있습니다.

22
エンジニア
엔지니어, 기술자

かれ　めざ
彼はＩＴエンジニアを目指しているそうだ。
그는 IT 엔지니어를 목표로 하고 있다고 한다.

23
リズム
리듬

たんご　ぶんしょう　の　たの　おぼ
単語や文章をリズムに乗せて楽しく覚えてみよう。
단어나 문장을 리듬에 실어서 즐겁게 외워 보자.

---

24 うつ
写す
베끼다, (사진을) 찍다

じゅぎょう　ないよう　うつ　べんきょう　おも
授業の内容をノートに写すだけでも勉強になると思う。
수업 내용을 노트에 베끼는 것만으로도 공부가 될 거라 생각한다.

25 わ
沸く
끓다

+ 沸わかす 끓이다

でんき ゆ わ じどうてき でんげん き
電気ケトルはお湯が沸くと、自動的に電源が切れる。
전기 주전자는 물이 끓으면 자동적으로 전원이 꺼진다.

26 そだ
育つ
자라다, 성장하다

ひと そだ かいしゃ つく わたし もくひょう
「人が育つ会社」を作るのが私の目標です。
'사람이 성장하는 회사'를 만드는 것이 나의 목표입니다.

27
いじめる
괴롭히다

ともだち きおく いっしょう きえ おも
友達からいじめられた記憶は一生消えないと思う。
친구에게 괴롭힘당한 기억은 평생 지워지지 않을 것 같아.

28 ま
混ぜる
섞다

+ 混合こんごう 혼합

さいご こむぎこ い ま
最後に小麦粉を入れてよく混ぜてください。
마지막으로 밀가루를 넣고 잘 섞어 주세요.

29
たまる
쌓이다

こうにゅうきんがく えん
購入金額100円につき5ポイントがたまります。
구입 금액 100엔당 5포인트가 쌓입니다.

30 あ
当てはまる
적용되다, 꼭 들어맞다

+ 当あてはめる
적용시키다, 꼭 들어맞추다

いか じょうけん あ ひと にゅうがくきん めんじょ
以下の条件に当てはまる人は入学金が免除されます。
아래의 조건에 맞는 사람은 입학금이 면제됩니다.

Day 24

31 ご覧(らん)になる

□□□ 보다(존경어)

ご覧(らん)になっているのは今年(ことし)新(あたら)しく作成(さくせい)した資料(しりょう)です。

보고 계시는 것은 올해 새롭게 작성한 자료입니다.

+ 拝見はいけんする
보다(겸양어)

---

32 成(な)り立(た)つ

□□□ 성립되다

ここにサインすると最終的(さいしゅうてき)に契約(けいやく)が成(な)り立(た)つ。

여기에 서명하면 최종적으로 계약이 성립된다.

+ 成立せいりつ 성립

---

33 鳴(な)る

□□□ 울리다, 소리가 나다

非常(ひじょう)ベルが鳴(な)ったらスタッフの指示(しじ)に従(したが)ってください。

비상벨이 울리면 직원의 지시에 따라 주세요.

+ 悲鳴ひめい 비명
+ 鳴なく (새, 짐승이) 울다

---

34 巡(めぐ)る

□□□ 돌다, 둘러싸다

ヨーロッパは難民(なんみん)を巡(めぐ)る問題(もんだい)でうるさい。

유럽은 난민을 둘러싼 문제로 시끄럽다.

+ お巡まわりさん 순경

---

35 降(お)ろす

□□□ 내리다

荷物(にもつ)を降(お)ろす時(とき)は危(あぶ)ないから注意(ちゅうい)しましょう。

짐을 내릴 때는 위험하니까 조심합시다.

---

36 試(ため)す

□□□ 시험하다

自分(じぶん)の実力(じつりょく)を試(ため)すいいチャンスだと思(おも)います。

자신의 실력을 시험할 좋은 기회라고 생각합니다.

≒試こころみる
시험(시도)해 보다

하루 1분 체크

1 다음 단어의 읽기로 가장 알맞은 것을 a, b 중에서 고르세요.

1. 拍手 (**a.** ひょうしゅ　**b.** はくしゅ)

2. 目安 (**a.** めやす　**b.** もくあん)

3. 拡大 (**a.** こうだい　**b.** かくだい)

2 다음 단어의 한자 표기로 가장 알맞은 것을 a, b 중에서 고르세요.

4. 훈련(くんれん)　(**a.** 訓練　**b.** 訓連)

5. 감정(かんじょう)　(**a.** 感情　**b.** 感清)

6. 방범(ぼうはん)　(**a.** 妨犯　**b.** 防犯)

3 다음 괄호 안에 들어갈 말로 가장 알맞은 것을 a, b 중에서 고르세요.

7. ヨーロッパは難民(なんみん)を(**a.** まわる　**b.** めぐる)問題(もんだい)でうるさい。

8. 授業(じゅぎょう)の内容(ないよう)をノートに(**a.** 写す　**b.** 移す)だけでも勉強(べんきょう)になると思(おも)う。

9. 部屋(へや)からすごい(**a.** かおり　**b.** けむり)が出(で)て非常(ひじょう)ベルが鳴(な)った。

정답 1ⓑ 2ⓐ 3ⓑ 4ⓐ 5ⓐ 6ⓑ 7ⓑ 8ⓐ 9ⓑ

MP3 01-25

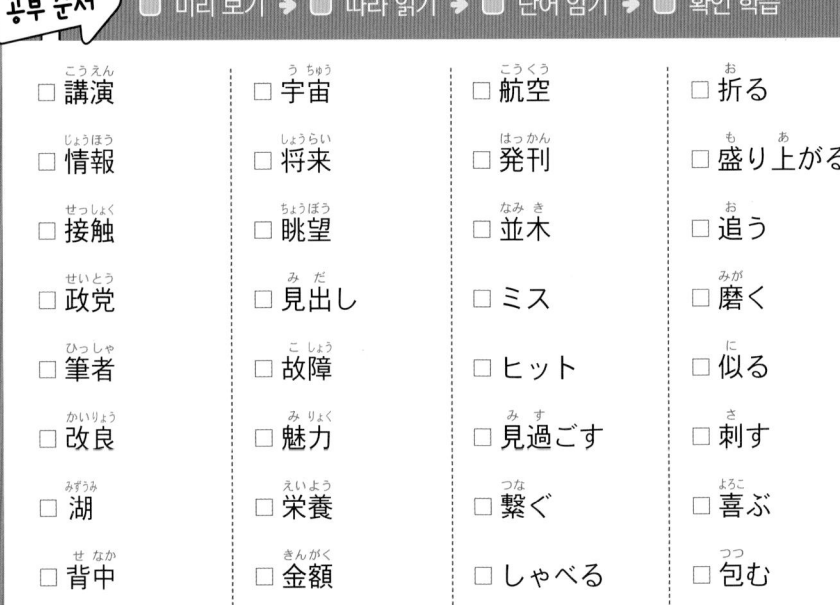

Day

24 **25** 26

공부 순서

□ 미리 보기 ➜ □ 따라 읽기 ➜ □ 단어 암기 ➜ □ 확인 학습

□ 講演 こうえん	□ 宇宙 うちゅう	□ 航空 こうくう	□ 折る お
□ 情報 じょうほう	□ 将来 しょうらい	□ 発刊 はっかん	□ 盛り上がる も　あ
□ 接触 せっしょく	□ 眺望 ちょうぼう	□ 並木 なみき	□ 追う お
□ 政党 せいとう	□ 見出し み　だ	□ ミス	□ 磨く みが
□ 筆者 ひっしゃ	□ 故障 こしょう	□ ヒット	□ 似る に
□ 改良 かいりょう	□ 魅力 みりょく	□ 見過ごす み　す	□ 刺す さ
□ 湖 みずうみ	□ 栄養 えいよう	□ 繋ぐ つな	□ 喜ぶ よろこ
□ 背中 せ　なか	□ 金額 きんがく	□ しゃべる	□ 包む つつ
□ 才能 さいのう	□ 研修 けんしゅう	□ 潤う うるお	□ ずれる

01 こうえん
講演
강연

こんかい　こうえん　むりょう　にゅうじょう
今回の講演は無料でご入場いただけます。
이번 강연은 무료로 입장하실 수 있습니다.

+ 公演こうえん 공연

[동]

02 じょうほう
情報
정보

こんご　じしんじょうほう　ちゅうい　はら
今後の地震情報に注意を払ってください。
앞으로의 지진 정보에 주의를 기울여 주세요.

情 : 뜻 정　情報(じょうほう) 정보
精 : 정할 정　精神(せいしん) 정신

03 せっしょく
接触
접촉

[동]

みず　ぬ　て　せっしょく　あぶ
水に濡れた手で接触すると危ないです。
물에 젖은 손으로 접촉하면 위험합니다.

04 せいとう
政党
정당

こうむいん　のぞ　だれ　せいとう　かにゅう
公務員を除いては誰でも政党に加入できます。
공무원을 제외하고는 누구라도 정당에 가입할 수 있습니다.

05 ひっしゃ
筆者
필자

ぶんしょう　なか　ひっしゃ　しゅちょう　よ　と　だいじ
文章の中から筆者の主張を読み取ることが大事だ。
문장 안에서 필자의 주장을 파악하는 것이 중요하다.

+ 筆記ひっき 필기

06 かいりょう
改良
개량

[동]

えき　あんぜんせいこうじょう　かいりょうこうじ　すす
この駅は安全性向上のため改良工事を進めている。
이 역은 안전성 향상을 위해 개량 공사를 진행하고 있다.

良 : 어질 량　改良(かいりょう) 개량
浪 : 물결 랑　浪費(ろうひ) 낭비

07 みずうみ
湖
호수

きれいな湖(みずうみ)が見(み)える所(ところ)に家(いえ)を建(た)てたい。
예쁜 호수가 보이는 곳에 집을 짓고 싶다.

08 せなか
背中
등, 뒤쪽, 배후

+ 背後はいご 배후

落(お)ち込(こ)んでいる時(とき)に背中(せなか)を押(お)してくれる曲(きょく)です。
기분이 가라앉아 있을 때에 힘을 북돋아 주는 노래입니다.
(※ 背中を押す : '등을 밀다', '힘을 북돋다'라는 뜻의 관용 표현)

09 さいのう
才能
재능

あの子(こ)は音楽(おんがく)の才能(さいのう)に恵(めぐ)まれたと思(おも)う。
저 아이는 음악 재능이 풍부하다고 생각해.

能 : 능할 능　才能(さいのう) 재능
態 : 태도 태　状態(じょうたい) 상태

10 うちゅう
宇宙
우주

NASAはアメリカ航空宇宙局(こうくううちゅうきょく)の略語(りゃくご)だ。
NASA는 미국항공우주국의 약어이다.

11 しょうらい
将来
장래

子供(こども)の将来(しょうらい)の夢(ゆめ)はしょっちゅう変(か)わるものだ。
어린이의 장래 꿈은 자주 변하는 법이다.

将 : 장수 장　将来(しょうらい) 장래
奨 : 장려할 장　奨学金(しょうがくきん) 장학금

12 ちょうぼう
眺望
조망, 전망
동

眺望(ちょうぼう)のいいレストランで食事(しょくじ)をした。
조망이 좋은 레스토랑에서 식사를 했다.

13 みだ
見出し
□ □ □ 표제어

ブログやWEBサイトでは見出し(みだ)が必須(ひっす)だ。
블로그나 WEB사이트에서는 표제어가 필수이다.

14 こしょう
故障
□ □ □ 고장

エレベーターが故障(こしょう)して15階(かい)まで歩(ある)いて上(のぼ)った。
엘리베이터가 고장 나서 15층까지 걸어 올라갔다.

+ 壊(こわ)れる 고장 나다
동

15 みりょく
魅力
□ □ □ 매력

この俳優(はいゆう)の魅力(みりょく)は役割(やくわり)によって完全(かんぜん)に変(か)わる雰囲気(ふんいき)だ。
이 배우의 매력은 역할에 따라서 완전히 바뀌는 분위기이다.

• 力(힘 력)
りょく　魅力(みりょく) 매력
りき　自力(じりき) 자력

16 えいよう
栄養
□ □ □ 영양

栄養(えいよう)のバランスを考(かんが)えたレシピで元気(げんき)になった。
영양의 균형을 고려한 요리법으로 건강해졌다.

17 きんがく
金額
□ □ □ 금액

お支払(しはら)い金額(きんがく)はスマホでも簡単(かんたん)に確認(かくにん)できる。
지불 금액은 스마트폰에서도 간단히 확인할 수 있다.

• 金(쇠 금)
きん　金額(きんがく) 금액
ごん　黄金(おうごん) 황금

18 けんしゅう
研修
□ □ □ 연수
동

担当者(たんとうしゃ)が海外研修中(かいがいけんしゅうちゅう)で返事(へんじ)が遅(おく)れるかもしれない。
담당자가 해외 연수 중이라서 답이 늦어질 수도 있다.

19 こうくう
航空
항공

こうくうせいびし　はたら
だんなは航空整備士として働いている。
남편은 항공 정비사로서 일하고 있다.

20 はっかん
発刊
발간
동

こんしゅう　かれ　しゃしんしゅう　はっかん
今週、彼の写真集が発刊されるそうです。
이번 주에 그의 사진집이 발간된다고 합니다.

刊 : 책 펴낼 간　発刊(はっかん) 발간
肝 : 간 간　肝心(かんじん) 가장 중요함

21 なみき
並木
가로수

ほっかいどうだいがく　ゆうめい　なみきみち
北海道大学には有名なポプラ並木道がある。
홋카이도대학에는 유명한 포플러 가로수길이 있다.

22
ミス
미스, 실수

≒ 間違まちがい 실수, 잘못
동

ちい　おお
小さなミスが大きなミスにつながる。
작은 실수가 큰 실수로 이어진다.

23
ヒット
히트, 큰 성공
동

ねんかん　きょく　じだいじゅん　しょうかい
２０年間のヒット曲を時代順に紹介します。
20년간의 히트곡을 시대순으로 소개하겠습니다.

24 みす
見過ごす
간과하다, 놓치다

≒ 見逃みのがす
못 보고 지나치다

ちい　みす　たいへん
小さなミスを見過ごして大変なことになった。
작은 실수를 간과해서 큰일이 되었다.

25 つな
繋ぐ
연결하다

たんとうしゃ つな
すぐ担当者にお繋ぎします。
바로 담당자에게 연결해 드리겠습니다.

26
しゃべる
이야기하다, 말하다

なに こころ なか わ
何もしゃべらないから、心の中が分からない。
아무 말도 하지 않으니까 마음속을 알 수가 없다.

27 うるお
潤う
촉촉해지다, 윤기가 있다, 여유가 생기다

のど うるお かぜ ひ
喉が潤っていると風邪を引きにくい。
목이 촉촉하면 감기에 잘 걸리지 않는다.

28 お
折る
접다, 꺾다

+ 左折させつ 좌회전

き えだ はな お
木の枝や花を折ってはいけない。
나뭇가지나 꽃을 꺾으면 안 된다.

29 も あ
盛り上がる
고조되다, 부풀어오르다

+ 盛もる 담다
≒ 高たかまる 고조되다, 높아지다

ぜんぜんふんいき も あ
オリンピックなのに全然雰囲気が盛り上がらない。
올림픽인데도 전혀 분위기가 고조되지 않는다.

30 お
追う
쫓다, 추구하다

+ 追求ついきゅう 추구

じかん お き
いつも時間に追われている気がします。
항상 시간에 쫓기고 있는 것 같은 느낌이 듭니다.

Chapter 01 Chapter 02 Chapter 03

^{みが}
磨く
☐☐☐
닦다, 연마하다

^{に ほん ご} ^{じつりょく} ^{みが} ^{けんしゅう}
日本語の実力を磨くことができる研修コースです。
일본어 실력을 닦을 수 있는 연수 코스입니다.

32
^に
似る
☐☐☐
닮다

^{かお} ^{ちち} ^に ^{せいかく} ^{はは} ^に
顔は父に似ているけど、性格は母に似ている。
얼굴은 아빠를 닮았지만 성격은 엄마를 닮았다.

+ 真似まね 흉내

33
^さ
刺す
☐☐☐
찌르다

^か ^さ ^は
蚊に刺されたところがすごく腫れている。
모기에 물린 곳이 엄청 부어 있다.

34
^{よろこ}
喜ぶ
☐☐☐
기뻐하다

^{おや} ^{よろこ} ^{かお} ^み ^{いっしょうけんめいべんきょう}
親の喜ぶ顔が見たくて一生懸命勉強した。
부모님이 기뻐하는 얼굴을 보고 싶어서 열심히 공부했다.

35
^{つつ}
包む
☐☐☐
싸다, 숨기다

^{つつ} ^{だいにん き}
チョコで包んだいちごのデザートが大人気だ。
초콜릿으로 감싼 딸기 디저트가 대인기이다.

+ 包装ほうそう 포장

包 : 쌀 포 包(つつ)む 싸다
抱 : 안을 포 抱(かか)える 껴안다

36
ずれる
☐☐☐
어긋나다, 빗나가다

^{なお}
マウスポインターがずれていたので、直しました。
마우스 포인터가 어긋나 있어서 고쳤습니다.

+ ずらす 비켜 놓다, 미루다

하루 1분 체크

1 다음 단어의 읽기로 가장 알맞은 것을 a, b 중에서 고르세요.

1. 魅力 (a. みりょく　　b. みりき)

2. 金額 (a. きんがく　　b. ごんがく)

3. 宇宙 (a. うじゅう　　b. うちゅう)

2 다음 단어의 한자 표기로 가장 알맞은 것을 a, b 중에서 고르세요.

4. 개량(かいりょう)　(a. 改良　　b. 改浪)

5. 장래(しょうらい)　(a. 奨来　　b. 将来)

6. 항공(こうくう)　(a. 港空　　b. 航空)

3 다음 괄호 안에 들어갈 말로 가장 알맞은 것을 a, b 중에서 고르세요.

7. ブログやWEBサイトでは(a. 見取り　b. 見出し)が必須(ひっす)だ。

8. オリンピックなのに全然雰囲気(ぜんぜんふんいき)が(a. 盛り上がら　b. 立ち上がら)ない。

9. 蚊(か)に(a. さされた　b. かまれた)ところがすごく腫(は)れている。

정답 1ⓐ 2ⓐ 3ⓑ 4ⓐ 5ⓑ 6ⓑ 7ⓑ 8ⓐ 9ⓐ

MP3 01-26

Day 26

25 26 27

공부 순서 ▢ 미리 보기 → ▢ 따라 읽기 → ▢ 단어 암기 → ▢ 확인 학습

- ☐ 資料(しりょう)
- ☐ 鉄道(てつどう)
- ☐ 訪問(ほうもん)
- ☐ 状況(じょうきょう)
- ☐ 年齢(ねんれい)
- ☐ 坂(さか)
- ☐ 貯金(ちょきん)
- ☐ 免許(めんきょ)
- ☐ 政府(せいふ)
- ☐ 総理大臣(そうりだいじん)
- ☐ 習慣(しゅうかん)
- ☐ 正方形(せいほうけい)
- ☐ 歓迎(かんげい)
- ☐ 犯人(はんにん)
- ☐ 差別(さべつ)
- ☐ 費用(ひよう)
- ☐ 港(みなと)
- ☐ 記録(きろく)
- ☐ 成績(せいせき)
- ☐ 事務所(じむしょ)
- ☐ 報告書(ほうこくしょ)
- ☐ スタッフ
- ☐ ポイント
- ☐ 追(お)いつく
- ☐ 渡(わた)す
- ☐ 名付(なづ)ける
- ☐ 伺(うかが)う
- ☐ 預(あず)ける
- ☐ 破(やぶ)る
- ☐ 届(とど)く
- ☐ 捜(さが)す
- ☐ 冷(ひ)え込(こ)む
- ☐ 訪(たず)ねる
- ☐ 引(ひ)っ張(ぱ)る
- ☐ 汚(よご)れる
- ☐ 取(と)り締(し)まる

01 資料(しりょう)
자료

手元(てもと)に置(お)いてある資料(しりょう)をご覧(らん)ください。
앞에 놓여 있는 자료를 봐 주세요.

料 : 헤아릴 료　資料(しりょう) 자료
科 : 과목 과　科学(かがく) 과학

02 鉄道(てつどう)
철도

日本(にほん)には鉄道(てつどう)オタクもたくさんいる。
일본에는 '철도 오타쿠'도 많이 있다.

03 訪問(ほうもん)
방문
동

来月(らいげつ)フランスの大統領(だいとうりょう)が日本(にほん)を訪問(ほうもん)する。
다음 달에 프랑스 대통령이 일본을 방문한다.

問 : 물을 문　訪問(ほうもん) 방문
門 : 문 문　正門(せいもん) 정문

04 状況(じょうきょう)
상황

目(め)の前(まえ)の状況(じょうきょう)は信(しん)じられないくらいひどい。
눈앞에 있는 상황은 믿을 수 없을 정도로 심각하다.

05 年齢(ねんれい)
연령

当社(とうしゃ)の採用(さいよう)は年齢(ねんれい)、国籍(こくせき)、性別(せいべつ)を問(と)いません。
당사의 채용은 연령, 국적, 성별을 불문합니다.

06 坂(さか)
언덕

+ 坂道さかみち 언덕길

この坂(さか)を上(のぼ)った所(ところ)に私(わたし)の学校(がっこう)がある。
이 언덕을 올라간 곳에 나의 학교가 있다.

坂 : 언덕 판　坂(さか) 언덕
板 : 널빤지 판　板(いた) 판자, 널빤지

07 ちょきん
貯金
저금
동

ちょきん しゅうにゅう わり め やす
貯金は収入の３割を目安にしている。
저금은 수입의 30%를 기준으로 하고 있다.

08 めんきょ
免許
면허

うんてんめんきょ と
運転免許は取ったけど、まだペーパードライバーです。
운전 면허는 취득했지만 아직 '장롱면허'입니다.

09 せいふ
政府
정부

+ 行政ぎょうせい 행정

いま せいふ たい はんかん たか
今の政府に対する反感が高まっている。
현 정부에 대한 반감이 고조되고 있다.

10 そうりだいじん
総理大臣
총리대신

にほん そうりだいじん こくみん ちょくせつえら
日本の総理大臣は国民が直接選ぶわけではない。
일본의 총리대신은 국민이 직접 선출하는 것이 아니다.

11 しゅうかん
習慣
습관

しゅうかん か どりょく ひつよう
習慣を変えるにはかなりの努力が必要だ。
습관을 바꾸려면 상당한 노력이 필요하다.

慣 : 익숙할 관　習慣(しゅうかん) 습관
貫 : 꿸 관　貫通(かんつう) 관통

12 せいほうけい
正方形
정방형, 정사각형

+ 長方形ちょうほうけい 직사각형

せいほうけい めんせき もと こうしき おぼ
正方形の面積を求める公式を覚えた。
정사각형의 면적을 구하는 공식을 외웠다.

形 : 형상 형　正方形(せいほうけい) 정방형
型 : 거푸집 형　類型(るいけい) 유형

13 かんげい
歓迎
환영
동

あした　きむらくん　かんげい　ひら　よてい
明日、木村君の歓迎パーティーを開く予定です。
내일 기무라 군의 환영 파티를 열 예정입니다.

14 はんにん
犯人
범인

+ 犯おかす 범하다, 저지르다

に　はんにん　つか
逃げた犯人はまだ捕まっていない。
도망간 범인은 아직 잡히지 않았다.

15 さべつ
差別
차별
동

よ　なか　さべつ　そんざい
世の中にはいろいろな差別が存在する。
세상에는 다양한 차별이 존재한다.

16 ひよう
費用
비용

+ 費ついやす 소비하다, 쓰다

けっこんしき　そうとう　ひよう　へ
結婚式に相当な費用がかかるけど、それを減らしたい。
결혼식에 상당한 비용이 드는데 그것을 줄이고 싶다.

17 みなと
港
항구

わたし　みなとまち　す　やけい　み
私は港町に住んでいてきれいな夜景が見られる。
나는 항구 도시에 살고 있어서 예쁜 야경을 볼 수 있다.

18 きろく
記録
기록
동

こんど　もくひょう　じぶん　きろく　やぶ
今度の目標は自分の記録を破ることです。
이번 목표는 자신의 기록을 깨는 것입니다.

記 : 기록할 기　記録(きろく) 기록
紀 : 벼리 기　世紀(せいき) 세기

Day 26

19 せいせき
成績
□□□ 성적

+ 実績じっせき 실적

すうがく　せいせき　かんたん　あ
数学の成績は簡単に上がらない。
수학 성적은 쉽게 오르지 않는다.

績 : 길쌈할 적　成績(せいせき) 성적
積 : 쌓을 적　面積(めんせき) 면적

20 じむしょ
事務所
□□□ 사무소

ぜんこく　しょ　じむしょ
全国の２０か所に事務所をおいている。
전국 20군데에 사무소를 두고 있다.

21 ほうこくしょ
報告書
□□□ 보고서

しゅっちょう　ほうこくしょ　はや　だ
出張の報告書はなるべく早く出してください。
출장 보고서는 되도록 빨리 제출해 주세요.

22
スタッフ
□□□ 스태프, 직원

しつもん　かた　もう　つ
質問のある方はスタッフまでお申し付けください。
질문이 있으신 분은 직원에게 말씀해 주세요.

23
ポイント
□□□ 포인트, 요점

かれ　しゅちょう　わ
彼の主張はポイントがずれていて分かりにくい。
그의 주장은 요점이 빗나가 있어서 이해하기 어렵다.

24 お
追いつく
□□□ 따라가(오)다, 좇아가(오)다

ぎじゅつ　しんぽ　ほうりつ　お
技術の進歩に法律が追いつけないこともある。
기술 진보를 법률이 따라가지 못하는 경우도 있다.

Chapter 01 Chapter 02 **Chapter 03**

25 わた
渡す
건네다, 주다

内容(ないよう)の確認(かくにん)が終(お)わったら、すぐお渡(わた)しします。
내용 확인이 끝나면 바로 드리겠습니다.

26 なづ
名付ける
이름 붙이다, 이름 짓다

新(あたら)しく生(う)まれた子猫(こねこ)を「ハナ」と名付(なづ)けた。
새로 태어난 새끼 고양이를 '하나'라고 이름 지었다.

27 うかが
伺う
찾아뵙다, 듣다, 묻다 (겸양어)

すぐ伺(うかが)いますので、少々(しょうしょう)お待(ま)ちください。
금방 찾아뵐 테니 잠시만 기다려 주십시오.

28 あず
預ける
맡기다, 보관시키다

+ 預金よきん 예금

ホテルに荷物(にもつ)だけ預(あず)けることもできる。
호텔에 짐만 맡기는 것도 가능하다.

29 やぶ
破る
깨다, 찢다, 깨뜨리다

みんなで決(き)めたルールを破(やぶ)ってはいけない。
다 같이 정한 규칙을 깨서는 안 된다.

破 : 깨뜨릴 파　破(やぶ)る 깨다, 부수다
波 : 물결 파　波(なみ) 파도

30 とど
届く
도착하다, 닿다

ネットで注文(ちゅうもん)した物(もの)が届(とど)くにはもっと時間(じかん)がかかる。
인터넷에서 주문한 것이 도착하려면 시간이 더 걸린다.

Day 26

31 さが
捜す
☐☐☐ 찾다

+ 捜査そうさ 수사
≒ 探さがす 찾다

どっかに落(お)としちゃった財布(さいふ)を捜(さが)してるけど、ないね。
어딘가에 떨어트린 지갑을 찾고 있는데 없네.

捜さがす는 잃어버려서 보이지 않게 된 것(범인, 분실물 등)을 찾을 때 사용하고 探さがす는 원하는 어떤 것(직업, 집 등)을 찾을 때 사용한다.

32 ひ こ
冷え込む
☐☐☐ 추워지다, 차가워지다

関東地方(かんとうちほう)を中心(ちゅうしん)に厳(きび)しく冷(ひ)え込(こ)む見込(みこ)みだ。
관동 지방을 중심으로 몹시 추워질 전망이다.

33 たず
訪ねる
☐☐☐ 방문하다, 찾아가다

人(ひと)の家(いえ)を訪(たず)ねる時(とき)は前(まえ)もって連絡(れんらく)すべきだ。
남의 집을 방문할 때는 미리 연락해야 한다.

34 ひ ぱ
引っ張る
☐☐☐ 당기다

チームの足(あし)を引(ひ)っ張(ぱ)ったようで申(もう)し訳(わけ)ない。
팀의 발목을 잡은 것 같아서 미안하다.
(※ 足を引っ張る : '발목을 잡다'라는 뜻의 관용 표현)

35 よご
汚れる
☐☐☐ 더러워지다, 오염되다

+ 汚よごす 더럽히다

椅子(いす)が汚(よご)れているから、拭(ふ)いて座(すわ)ってね。
의자가 더러우니까 닦고 앉아.

36 と し
取り締まる
☐☐☐ 단속하다, 관리하다

+ 取とり締しまり 단속

盗撮(とうさつ)はもっと厳(きび)しく取(と)り締(し)まらないといけない。
도촬은 더 엄격하게 단속해야 한다.

하루 1분 체크

1 다음 단어의 읽기로 가장 알맞은 것을 a, b 중에서 고르세요.

1. 捜す (a. さがす b. わたす)

2. 歓迎 (a. かんえい b. かんげい)

3. 正方形 (a. せいほうけい b. せいほうかた)

2 다음 단어의 한자 표기로 가장 알맞은 것을 a, b 중에서 고르세요.

4. 성적(せいせき) (a. 成績 b. 成積)

5. 언덕(さか) (a. 坂 b. 板)

6. 자료(しりょう) (a. 資科 b. 資料)

3 다음 괄호 안에 들어갈 말로 가장 알맞은 것을 a, b 중에서 고르세요.

7. みんなで決(き)めたルールを(a. 破っては b. 割っては)いけない。

8. 技術(ぎじゅつ)の進歩(しんぽ)に法律(ほうりつ)が(a. 追いつけない b. 追い込めない)こともある。

9. 世(よ)の中(なか)にはいろいろな(a. 判別 b. 差別)が存在(そんざい)する。

정답 1ⓐ 2ⓑ 3ⓐ 4ⓐ 5ⓐ 6ⓑ 7ⓐ 8ⓐ 9ⓑ

MP3 01-27

Day 27

26 27 28

공부 순서: 미리 보기 → 따라 읽기 → 단어 암기 → 확인 학습

- □ 伝言(でんごん)
- □ 現状(げんじょう)
- □ 上達(じょうたつ)
- □ 述語(じゅつご)
- □ 順番(じゅんばん)
- □ 裏(うら)
- □ 骨折(こっせつ)
- □ 添付(てんぷ)
- □ 資格(しかく)
- □ 物質(ぶっしつ)
- □ 農業(のうぎょう)
- □ 進歩(しんぽ)
- □ 選択(せんたく)
- □ 服装(ふくそう)
- □ 消防署(しょうぼうしょ)
- □ 指導(しどう)
- □ 危険(きけん)
- □ 太陽(たいよう)
- □ 袋(ふくろ)
- □ 予算(よさん)
- □ 列島(れっとう)
- □ オリジナル
- □ ランキング
- □ 贈(おく)る
- □ 察(さっ)する
- □ 壊(こわ)れる
- □ 描(えが)く
- □ 思(おも)い切(き)る
- □ 映(うつ)る
- □ 倒(たお)す
- □ 抜(ぬ)く
- □ 祈(いの)る
- □ 続(つづ)く
- □ 崩(くず)れる
- □ 申(もう)し上(あ)げる
- □ 存(ぞん)じる

01 でんごん
伝言
전언, 메시지
동

伝言(でんごん)がありましたら、ここに記入(きにゅう)してください。
전할 말씀이 있으시면 여기에 기입해 주세요.

- 言(말씀 언)
  ごん 伝言(でんごん) 전언
  げん 言語(げんご) 언어

02 げんじょう
現状
현상(현재 상태)

現状(げんじょう)ではバイヤーの要求(ようきゅう)を受(う)け入(い)れることができません。
현재 상태로는 바이어의 요구를 받아들일 수 없습니다.

03 じょうたつ
上達
숙달, 향상
동

英会話(えいかいわ)が上達(じょうたつ)するには時間(じかん)がかかる。
영어 회화가 향상되려면 시간이 걸린다.

04 じゅつご
述語
술어

＋ 述(の)べる 말하다, 서술하다

今日(きょう)は主語(しゅご)と述語(じゅつご)について学(まな)びましょう。
오늘은 주어와 술어에 대해서 배워 봅시다.

05 じゅんばん
順番
순번, 순서

≒ 順序じゅんじょ 순서

順番(じゅんばん)にご案内(あんない)しますので、外(そと)でお待(ま)ちください。
순서대로 안내해 드릴 테니 밖에서 기다려 주세요.

06 うら
裏
뒤, 안쪽

↔ 表おもて 앞면, 앞

申(もう)し込(こ)み書(しょ)の裏(うら)に詳(くわ)しい説明(せつめい)が書(か)いてある。
신청서 뒷면에 자세한 설명이 적혀 있다.

07 こっせつ
骨折
골절
동

あの選手は足の骨を骨折して試合に参加できない。
(せんしゅ / あし / ほね / こっせつ / しあい / さんか)
저 선수는 발이 골절되어 경기에 참가할 수 없다.

骨 : 뼈 골　骨折(こっせつ) 골절
滑 : 미끄러울 활　滑走(かっそう) 활주

08 てんぷ
添付
첨부
동

関連資料はメールに添付したので、ご確認ください。
(かんれんしりょう / てんぷ / かくにん)
관련 자료는 메일에 첨부하였으므로, 확인해 주세요.

付 : 부칠 부　添付(てんぷ) 첨부
府 : 마을 부　政府(せいふ) 정부

09 しかく
資格
자격

保育園で働くには資格が必要です。
(ほいくえん / はたら / しかく / ひつよう)
보육원에서 일하려면 자격이 필요합니다.

10 ぶっしつ
物質
물질

アレルギーを起こす物質には様々なものがある。
(お / ぶっしつ / さまざま)
알레르기를 일으키는 물질에는 다양한 것이 있다.

- 物(물건 물)
  ぶつ　物質(ぶっしつ) 물질
  もつ　貨物(かもつ) 화물

11 のうぎょう
農業
농업

この国は大体の国民が農業に従事している。
(くに / だいたい / こくみん / のうぎょう / じゅうじ)
이 나라는 대부분의 국민이 농업에 종사하고 있다.

12 しんぽ
進歩
진보
동

科学技術の進歩につれて我々の生活は便利になった。
(かがくぎじゅつ / しんぽ / われわれ / せいかつ / べんり)
과학 기술의 진보에 따라서 우리 생활은 편리해졌다.

13 せんたく
選択
□□□ 선택
동

選択(せんたく)が難(むずか)しいほど携帯(けいたい)の種類(しゅるい)が多(おお)い。
선택이 어려울 정도로 휴대폰 종류가 많다.

14 ふくそう
服装
□□□ 복장

クラシックコンサートは服装制限(ふくそうせいげん)がある場合(ばあい)が多(おお)い。
클래식 콘서트는 복장 제한이 있는 경우가 많다.

15 しょうぼうしょ
消防署
□□□ 소방서

2年生(ねんせい)の子供(こども)たちをつれて消防署(しょうぼうしょ)を見学(けんがく)してきた。
2학년 아이들을 데리고 소방서를 견학하고 왔다.

16 しどう
指導
□□□ 지도
동

教授(きょうじゅ)の指導(しどう)の下(もと)で論文(ろんぶん)を準備(じゅんび)しています。
교수님의 지도하에 논문을 준비하고 있습니다.

導 : 인도할 도　指導(しどう) 지도
道 : 길 도　道路(どうろ) 도로

17 きけん
危険
□□□ 위험

+ 危険性きけんせい 위험성
ナ

この辺(へん)は危険(きけん)だから、夜(よる)は歩(ある)き回(まわ)らない方(ほう)がいい。
이 주변은 위험하니까 밤에는 돌아다니지 않는 게 좋다.

険 : 험할 험　危険(きけん) 위험
検 : 검사할 검　点検(てんけん) 점검

18 たいよう
太陽
□□□ 태양

地球(ちきゅう)と太陽(たいよう)との距離(きょり)は約(やく)1億(おく)5千万(せんまん)キロです。
지구와 태양 사이의 거리는 약 1억 5천만km입니다.

19 ふくろ
袋
봉지, 봉투

この袋(ふくろ)はリサイクル可能(かのう)な紙(かみ)で作(つく)られた。
이 봉투는 재생 가능한 종이로 만들어졌다.

20 よさん
予算
예산

国会(こっかい)で今年度(こんねんど)の予算(よさん)が決(き)まりました。
국회에서 금년도 예산이 결정되었습니다.

予 : 미리 예　予算(よさん) 예산
序 : 차례 서　順序(じゅんじょ) 순서

21 れっとう
列島
열도

日本列島(にほんれっとう)の長(なが)さは約(やく)3,000キロだそうです。
일본 열도의 길이는 약 3,000km라고 합니다.

島 : 섬 도　列島(れっとう) 열도
鳥 : 새 조　鳥類(ちょうるい) 조류

22
オリジナル
오리지널, 독창적, 독특함

≒ 独特どくとくだ 독특하다 ナ

自分(じぶん)の絵(え)をオリジナルエコバックにしてくれる。
자신의 그림을 오리지널 에코백으로 만들어 준다.

23
ランキング
랭킹, 순위

≒ 順位じゅんい 순위

今日(きょう)、最新(さいしん)のFIFAランキングが発表(はっぴょう)されました。
오늘 최신 FIFA 랭킹이 발표되었습니다.

24 おく
贈る
(감사, 애정이 담긴 물품 등을) 보내다

最近(さいきん)はお歳暮(せいぼ)を宅配(たくはい)で贈(おく)る場合(ばあい)が多(おお)い。
최근에는 연말 선물을 택배로 보내는 경우가 많다.

贈 : 줄 증　贈(おく)る 보내다
増 : 더할 증　増(ふ)える 증가하다

25 さっ
察する
살피다, 헤아리다, 추측하다

猫(ねこ)は気配(けはい)を察(さっ)する能力(のうりょく)が高(たか)い。
고양이는 낌새를 살피는 능력이 높다.

26 こわ
壊れる
고장 나다, 파손되다

＋ 崩壊ほうかい 붕괴

デパートで自動(じどう)ドアが壊(こわ)れて人(ひと)がけがをした。
백화점에서 자동문이 고장 나서 사람이 다쳤다.

27 えが
描く
그리다, 묘사하다

愛(あい)する人(ひと)への思(おも)いを描(えが)いた曲(きょく)です。
사랑하는 사람에 대한 마음을 그린 곡입니다.

描 : 그릴 묘　描(えが)く 묘사하다
猫 : 고양이 묘　猫(ねこ) 고양이

28 おも き
思い切る
단념하다, 대담한 일을 하다

≒ 諦あきらめる
포기하다, 단념하다

人生(じんせい)でたまには思(おも)い切(き)った決断(けつだん)が必要(ひつよう)な時(とき)がある。
인생에서 가끔은 대담한 결단이 필요한 때가 있다.

29 うつ
映る
비치다, (화면에) 나오다

テレビ画面(がめん)に映(うつ)る顔(かお)は大(おお)きく見(み)えるそうだ。
TV 화면에 비치는 얼굴은 크게 보인다고 한다.

映うつる는 거울이나 영상, 화면 등에 비친다는 의미이고, 移うつる는 장소나 자리를 이동하거나 마음이나 화제가 옮겨간다는 의미이다.

30 たお
倒す
넘어뜨리다, 쓰러뜨리다

ランキング１位(い)のチームを倒(たお)すなんて驚(おどろ)きました。
랭킹 1위 팀을 쓰러뜨리다니 놀랐습니다.

31 ぬ
抜く
□□□ 빼다

むしば　は　ぬ
虫歯がひどくて歯を抜くしかないそうだ。
충치가 심해서 이를 뺄 수밖에 없다고 한다.

32 いの
祈る
□□□ 바라다, 기원하다

+ 祈願きがん 기원

けんこう　しあわ　いの
あなたの健康と幸せを祈ります。
당신의 건강과 행복을 기원합니다.

33 つづ
続く
□□□ 계속되다

あめ　ひ　つづ
雨の日が続いてじめじめしてうっとうしいです。
비오는 날이 계속되어서 눅눅하고 울적합니다.

34 くず
崩れる
□□□ 무너지다, 붕괴되다

わたし　なつ　からだ　ちょうし　くず
私は夏になると体の調子が崩れます。
나는 여름이 되면 몸 상태가 안 좋아집니다.

35 もう　あ
申し上げる
□□□ 말하다(겸양어)

≒ 申もうす 말하다(겸양어)

しぶや　こ　きゃくさま　あんないもう　あ
渋谷からお越しのお客様にご案内申し上げます。
시부야에서 오신 손님에게 안내 말씀 드리겠습니다.

36 ぞん
存じる
□□□ 알다(겸양어)

じじつ　わたし　ぞん
その事実については私も存じております。
그 사실에 대해서는 저도 알고 있습니다.

하루 1분 체크

1 다음 단어의 읽기로 가장 알맞은 것을 a, b 중에서 고르세요.

1. 伝言 (**a.** でんげん **b.** でんごん)

2. 農業 (**a.** のうぎょう **b.** ふうぎょう)

3. 述語 (**a.** じゅつご **b.** しゅつご)

2 다음 단어의 한자 표기로 가장 알맞은 것을 a, b 중에서 고르세요.

4. 첨부(てんぷ) (**a.** 添付 **b.** 添府)

5. 골절(こっせつ) (**a.** 骨折 **b.** 滑折)

6. 고장 나다(こわれる) (**a.** 壊れる **b.** 崩れる)

3 다음 괄호 안에 들어갈 말로 가장 알맞은 것을 a, b 중에서 고르세요.

7. 渋谷(しぶや)からお越(こ)しのお客様(きゃくさま)にご案内(あんない)(**a.** 申し上げます **b.** 存じ上げます)。

8. テレビ画面(がめん)に(**a.** 移る **b.** 映る)顔(かお)は大(おお)きく見(み)えるそうだ。

9. この辺(へん)は(**a.** 危険 **b.** 危機)だから、夜(よる)は歩(ある)き回(まわ)らない方(ほう)がいい。

정답 1ⓑ 2ⓐ 3ⓐ 4ⓐ 5ⓐ 6ⓐ 7ⓐ 8ⓑ 9ⓐ

MP3 01-28

Day

27 **28** 29

공부 순서 ▶ ☐ 미리 보기 ➡ ☐ 따라 읽기 ➡ ☐ 단어 암기 ➡ ☐ 확인 학습

☐ 不慣れだ <small>ふ な</small>	☐ 健やかだ <small>すこ</small>	☐ けちだ	☐ しつこい
☐ 盛大だ <small>せいだい</small>	☐ 困難だ <small>こんなん</small>	☐ 不器用だ <small>ぶ きよう</small>	☐ 柔らかい <small>やわ</small>
☐ 賢明だ <small>けんめい</small>	☐ 内気だ <small>うち き</small>	☐ 平和だ <small>へい わ</small>	☐ わざとらしい
☐ 主だ <small>おも</small>	☐ シンプルだ	☐ 格別だ <small>かくべつ</small>	☐ 渋い <small>しぶ</small>
☐ 透明だ <small>とうめい</small>	☐ 上品だ <small>じょうひん</small>	☐ 案外だ <small>あんがい</small>	☐ 嫌らしい <small>いや</small>
☐ にこやかだ	☐ 当たり前だ <small>あ ま え</small>	☐ だらしない	☐ 四角い <small>し かく</small>
☐ 悲惨だ <small>ひ さん</small>	☐ 不可欠だ <small>ふ か けつ</small>	☐ 息苦しい <small>いきぐる</small>	☐ 恋しい <small>こい</small>
☐ 明確だ <small>めいかく</small>	☐ おおまかだ	☐ みっともない	☐ おめでたい
☐ 退屈だ <small>たいくつ</small>	☐ 苦手だ <small>にが て</small>	☐ 濃い <small>こ</small>	☐ ばかばかしい

01 ふな
不慣れだ
□□□ 익숙지 않다, 낯설다
명

まだ不慣(ふな)れなため、ご迷惑(めいわく)をおかけしました。
아직 익숙하지 않아서 폐를 끼쳤습니다.

02 せいだい
盛大だ
□□□ 성대하다

あの二人(ふたり)は海外(かいがい)で盛大(せいだい)な結婚式(けっこんしき)を挙(あ)げた。
저 두 사람은 해외에서 성대한 결혼식을 올렸다.

• 盛(성할 성)
せい　盛大(せいだい) 성대
じょう　繁盛(はんじょう) 번성

03 けんめい
賢明だ
□□□ 현명하다
명

だめなのは早(はや)くあきらめた方(ほう)が賢明(けんめい)だ。
안 되는 것은 빨리 포기하는 편이 현명하다.

賢 : 어질 현　賢明(けんめい) 현명
堅 : 굳을 견　堅固(けんご) 견고

04 おも
主だ
□□□ 주요하다, 중요하다

契約(けいやく)の主(おも)な内容(ないよう)はここにまとめて書(か)いておきました。
계약의 주된 내용은 여기에 정리해서 적어 두었습니다.

• 主(주인 주)
おも　主(おも)だ 주요하다
ぬし　持(も)ち主(ぬし) 소유주

05 とうめい
透明だ
□□□ 투명하다
명

貼(は)ったら透明(とうめい)に見(み)えるフィルムもある。
붙이면 투명하게 보이는 필름도 있다.

06
にこやかだ
□□□ 상냥하다, 부드럽다

いつもにこやかな笑顔(えがお)で対応(たいおう)してくれました。
항상 상냥한 미소로 대응해 주었습니다.

Chapter 01　Chapter 02　Chapter 03

Day 28

07 ひさん
悲惨だ
비참하다
명

世界各地で悲惨な事件が相次いでいる。
세계 각지에서 비참한 사건이 이어지고 있다.

惨 : 참혹할 참　悲惨(ひさん) 비참함
参 : 참여할 참　参加(さんか) 참가

08 めいかく
明確だ
명확하다

≒ 確実かくじつだ 확실하다

「やりたいこと」と「できること」を明確にした方がいい。
'하고 싶은 것'과 '할 수 있는 것'을 명확하게 하는 편이 좋다.

09 たいくつ
退屈だ
지루하다, 따분하다

≒ つまらない
시시하다, 재미가 없다.
명

日常が退屈でたまらない時は体を動かしてみよう。
일상이 지루해서 견디기 힘들 때는 몸을 움직여 보자.

屈 : 굽힐 굴　退屈(たいくつ) 지루함
掘 : 파낼 굴　発掘(はっくつ) 발굴

10 すこ
健やかだ
튼튼하다, 건강하다

自然の中で心も体も健やかに暮らしたい。
자연 속에서 마음도 몸도 건강하게 지내고 싶다.

11 こんなん
困難だ
곤란하다
명

急な計画の変更は困難です。
급작스러운 계획의 변경은 곤란합니다.

12 うちき
内気だ
내성적이다, 소심하다

↔ 前向まえむきだ 적극적이다
명

彼は無口な人で、性格も内気です。
그는 말이 없는 사람이고 성격도 내성적입니다.

13
シンプルだ
□□□ 심플하다, 단순하다
명

私(わたし)は服(ふく)もかばんもシンプルなデザインが好(す)きだ。
나는 옷도 가방도 심플한 디자인을 좋아한다.

14
上品(じょうひん)だ
□□□ 고상하다, 품위가 있다

↔ 下品げひんだ
천하다, 품위가 없다

シンプルだが、上品(じょうひん)に見(み)えるスタイルの服(ふく)です。
심플하지만 고상해 보이는 스타일의 옷입니다.

15
当(あ)たり前(まえ)だ
□□□ 당연하다

≒ 当然とうぜんだ 당연하다

社会人(しゃかいじん)として当(あ)たり前(まえ)なことができない人(ひと)が多(おお)い。
사회인으로서 당연한 것이 안 되는 사람이 많다.

16
不可欠(ふかけつ)だ
□□□ 불가결하다
명

会社(かいしゃ)で必要(ひつよう)不可欠(ふかけつ)な存在(そんざい)になりたい。
회사에서 필요 불가결한 존재가 되고 싶다.

17
おおまかだ
□□□ 대략적이다,
너글너글하다

システム開発(かいはつ)の流(なが)れをおおまかにまとめてみました。
시스템 개발의 흐름을 대략적으로 정리해 봤습니다.

18
苦手(にがて)だ
□□□ 서투르다, 질색이다

≒ 下手へただ 서투르다, 못하다
명

彼女(かのじょ)は勉強(べんきょう)はできるけど、体(からだ)を動(うご)かすのは苦手(にがて)だ。
그녀는 공부는 잘하지만 몸을 움직이는 것은 서툴다.

苦手にがてだ는 '능력이 부족해서 서툴기도 하지만 본인에게 맞지 않아 고역이다'라고 하는 거부감의 의미를 포함하는 데 반해, 下手へただ는 '객관적으로 단순히 능력이 부족하다'라는 뉘앙스이다.

19
けちだ
인색하다
명

お金(かね)にけちな人(ひと)と結婚(けっこん)したら苦労(くろう)するに違(ちが)いない。
돈에 인색한 사람과 결혼하면 고생할 게 뻔하다.

20
不器用(ぶきよう)だ
서투르다, 요령이 없다

↔ 器用(きよう)だ
재주가 있음, 능숙함

私(わたし)は恋愛(れんあい)に不器用(ぶきよう)な彼女(かのじょ)がかわいいと思(おも)う。
나는 연애에 서투른 그녀가 귀엽다고 생각한다.

- 不(아니 불(부))
  ぶ　不器用(ぶきよう)だ 서투르다
  ふ　不安(ふあん)だ 불안하다

21
平和(へいわ)だ
평화롭다
명

戦争(せんそう)のない平和(へいわ)な世界(せかい)になってほしい。
전쟁이 없는 평화로운 세계가 되길 바란다.

22
格別(かくべつ)だ
각별하다

自分(じぶん)で直接育(ちょくせつそだ)てた野菜(やさい)だから格別(かくべつ)においしいわけだ。
자신이 직접 키운 야채니까 각별히 맛있을 만하다.

23
案外(あんがい)だ
뜻밖이다, 의외이다

勝(か)つと思(おも)ったが、案外(あんがい)な結果(けっか)になって残念(ざんねん)だ。
이길 거라 생각했는데 의외의 결과가 돼서 안타깝다.

24
だらしない
단정하지 못하다,
칠칠치 못하다

彼女(かのじょ)はだらしないといつも母(はは)に怒(おこ)られる。
그녀는 칠칠치 못하다고 항상 엄마에게 혼난다.

25 いきぐる
息苦しい
□□□ 답답하다, 숨막히다

高(たか)い山(やま)では酸素(さんそ)が足(た)りなくて息苦(いきぐる)しくなる。
높은 산에서는 산소가 부족해서 숨 쉬기 힘들어진다.

26
みっともない
□□□ 꼴사납다, 보기 흉하다

≒ みにくい
보기 흉하다, 보기 싫다

後輩(こうはい)にみっともない姿(すがた)を見(み)せてしまって恥(は)ずかしい。
후배에게 꼴사나운 모습을 보여서 부끄럽다.

---

27 こ
濃い
□□□ 짙다, 진하다

↔ 薄うすい 옅다, 흐리다

彼女(かのじょ)には濃(こ)い化粧(けしょう)が似合(にあ)わないと思(おも)う。
그녀에게는 진한 화장이 어울리지 않는 것 같아.

28
しつこい
□□□ 집요하다, 끈질기다

何(なに)かにしつこくこだわる人(ひと)が成功(せいこう)すると思(おも)う。
무언가에 집요하게 매달리는 사람이 성공한다고 생각한다.

---

29 やわ
柔らかい
□□□ 부드럽다

+ 柔軟じゅうなん 유연

ふわふわで柔(やわ)らかい布団(ふとん)で寝転(ねころ)ぶのが好(す)きだ。
푹신푹신하고 부드러운 이불에서 뒹구는 것을 좋아한다.

30
わざとらしい
□□□ 꾸민 듯 부자연스럽다

彼女(かのじょ)は演技(えんぎ)も不自然(ふしぜん)で笑顔(えがお)もわざとらしい。
그녀는 연기도 부자연스럽고 웃는 얼굴도 꾸민 듯하다.

31 しぶ
渋い
떫다, 떨떠름하다, 수수하다

しぶ ちゃ あ わがし おし
渋いお茶に合う和菓子を教えてください。
떫은 차에 어울리는 화과자를 알려 주세요.

32 いや
嫌らしい
불쾌하다, 징그럽다

ひと ところ わるくち い いや ひと
人のいない所で悪口を言う嫌らしい人だ。
사람이 없는 곳에서 험담을 하는 불쾌한 사람이다.

33 しかく
四角い
네모나다

しかく かお まる う
四角い顔を丸くするマッサージを受けている。
네모난 얼굴을 둥글게 하는 마사지를 받고 있다.

34 こい
恋しい
그립다

う そだ こきょう こい
生まれ育った故郷が恋しくてたまらない。
태어나서 자란 고향이 정말 그립다.

恋 : 그리워할 련　恋(こい)しい 그립다
変 : 변할 변　　変(か)える 바꾸다

35
おめでたい
경사스럽다

はなし ふつうしゅっさん けっこん い
おめでたい話って普通出産とか結婚のことを言う。
경사스러운 이야기라는 것은 보통 출산이나 결혼을 말한다.

36
ばかばかしい
어이없다, 바보 같다, 엄청나다

≒ ばからしい
어처구니없다, 어리석다

かれ はなし き
彼の話はばかばかしくて聞いていられないよ。
그의 이야기는 어이가 없어서 듣고 있을 수가 없어.

하루 1분 체크

1 다음 단어의 읽기로 가장 알맞은 것을 a, b 중에서 고르세요.

1. 内気だ (**a.** ないきだ **b.** うちきだ)

2. 悲惨だ (**a.** ひざんだ **b.** ひさんだ)

3. 盛大だ (**a.** せいだいだ **b.** じょうだいだ)

2 다음 단어의 한자 표기로 가장 알맞은 것을 a, b 중에서 고르세요.

4. 주요하다(おもだ) (**a.** 主だ **b.** 注だ)

5. 건강하다(すこやかだ) (**a.** 健やかだ **b.** 康やかだ)

6. 그립다(こいしい) (**a.** 変しい **b.** 恋しい)

3 다음 괄호 안에 들어갈 말로 가장 알맞은 것을 a, b 중에서 고르세요.

7. 彼女(かのじょ)には(**a.** 濃い **b.** 太い)化粧(けしょう)が似合(にあ)わないと思(おも)う。

8. いつも(**a.** おおまかな **b.** にこやかな)笑顔(えがお)で対応(たいおう)してくれました。

9. シンプルだが、(**a.** 上品に **b.** 高品に)見(み)えるスタイルの服(ふく)です。

정답 1ⓑ 2ⓑ 3ⓐ 4ⓐ 5ⓐ 6ⓑ 7ⓐ 8ⓑ 9ⓐ

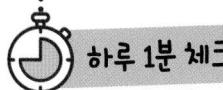

MP3 01-29

Day

28 **29** 30

공부 순서 ▶ ☐ 미리 보기 ➡ ☐ 따라 읽기 ➡ ☐ 단어 암기 ➡ ☐ 확인 학습

☐ 巨大だ _{きょだい}	☐ 快適だ _{かいてき}	☐ 不思議だ _{ふ し ぎ}	☐ 臭い _{くさ}
☐ 適切だ _{てきせつ}	☐ 厳重だ _{げんじゅう}	☐ 新ただ _{あら}	☐ 美しい _{うつく}
☐ 強力だ _{きょうりょく}	☐ 永遠だ _{えいえん}	☐ 幸福だ _{こうふく}	☐ 騒がしい _{さわ}
☐ 様々だ _{さまざま}	☐ 一般的だ _{いっぱんてき}	☐ ご存じだ _{ぞん}	☐ 堅苦しい _{かたくる}
☐ 不規則だ _{ふ き そく}	☐ 微妙だ _{び みょう}	☐ 本気だ _{ほん き}	☐ 可愛らしい _{か わい}
☐ 円滑だ _{えんかつ}	☐ 短気だ _{たん き}	☐ 若々しい _{わかわか}	☐ 望ましい _{のぞ}
☐ 容易だ _{よう い}	☐ 多忙だ _{た ぼう}	☐ 紛らわしい _{まぎ}	☐ 偉い _{えら}
☐ 完璧だ _{かんぺき}	☐ 弱気だ _{よわ き}	☐ 淡い _{あわ}	☐ 幅広い _{はばひろ}
☐ 真っ青だ _{ま さお}	☐ 得意だ _{とく い}	☐ 大人しい _{おとな}	☐ 好ましい _{この}

01 きょだい
巨大だ
□□□ 거대하다
명

かいしゃ ちか きょだい た
会社の近くに巨大なビルを建てています。
회사 근처에 거대한 빌딩을 짓고 있습니다.

02 てきせつ
適切だ
□□□ 적절하다
명

しゃちょう てきせつ はんだん ひつよう とき
社長の適切な判断が必要な時だ。
사장의 적절한 판단이 필요한 때이다.

03 きょうりょく
強力だ
□□□ 강력하다
명

きょうりょく たいふう ちかづ じゅうぶん ちゅうい ひつよう
強力な台風が近付いているので、十分な注意が必要だ。
강력한 태풍이 접근하고 있어서 충분한 주의가 필요하다.

04 さまざま
様々だ
□□□ 다양하다, 가지각색이다

≒ 色々いろいろだ 여러 가지다

こくみんねんきん さまざま いけん
国民年金については様々な意見があります。
국민 연금에 대해서는 다양한 의견이 있습니다.

05 ふきそく
不規則だ
□□□ 불규칙적이다
명

ふきそく しょくせいかつ つづ ふと
不規則な食生活が続くと太りやすくなる。
불규칙적인 식생활이 계속되면 살찌기 쉽다.

06 えんかつ
円滑だ
□□□ 원활하다

がいこくじん えんかつ えいご ひっす
外国人との円滑なコミュニケーションのために英語は必須だ。
외국인과의 원활한 커뮤니케이션을 위해서 영어는 필수이다.

Chapter 01 Chapter 02 Chapter 03

07 ようい
容易だ
용이하다, 쉽다

今(いま)の状況(じょうきょう)では失敗(しっぱい)することが容易(ようい)に想像(そうぞう)できる。
지금 상황에서는 실패할 거라 쉽게 상상할 수 있다.

08 かんぺき
完璧だ
완벽하다
명

完璧(かんぺき)な人(ひと)は世(よ)の中(なか)に存在(そんざい)しない。
완벽한 사람은 세상에 존재하지 않는다.

09 まさお
真っ青だ
새파랗다

+ 真(ま)っ赤(か)だ 새빨갛다
명

池(いけ)に真(ま)っ青(さお)な空(そら)の色(いろ)が映(うつ)ってもっと青(あお)く見(み)える。
연못에 새파란 하늘 색이 비쳐서 더 파랗게 보인다.

10 かいてき
快適だ
쾌적하다
명

オフィスを快適(かいてき)で過(す)ごしやすくしたいです。
사무실을 쾌적하고 지내기 편하게 하고 싶습니다.

快 : 쾌할 쾌　快適(かいてき) 쾌적
決 : 결단할 결　決定(けってい) 결정

11 げんじゅう
厳重だ
엄중하다

その件(けん)については厳重(げんじゅう)に受(う)け止(と)めています。
그 건에 대해서는 엄중하게 받아들이고 있습니다.

12 えいえん
永遠だ
영원하다
명

二人(ふたり)の友情(ゆうじょう)は永遠(えいえん)に続(つづ)くと思(おも)います。
둘의 우정은 영원히 계속될 거라고 생각합니다.

13 いっぱんてき
一般的だ
□□□ 일반적이다

一般的(いっぱんてき)なお盆休(ぼんやす)みは8月(がつ)13日(にち)から16日(にち)までです。
일반적인 오봉(추석) 연휴는 8월 13일부터 16일까지입니다.

14 びみょう
微妙だ
□□□ 미묘하다

双子(ふたご)だけど、顔(かお)が微妙(びみょう)に違(ちが)う。
쌍둥이지만 얼굴이 미묘하게 다르다.

微 : 작을 미　微妙(びみょう) 미묘함
徴 : 부를 징　特徴(とくちょう) 특징

15 たんき
短気だ
□□□ 성급하다

≒ せっかちだ 성급하다
명

彼(かれ)は短気(たんき)な性格(せいかく)でいつもミスが多(おお)い。
그는 성급한 성격이라서 항상 실수가 많다.

16 たぼう
多忙だ
□□□ 다망하다
명

多忙(たぼう)なスケジュールでとても疲(つか)れている。
다망한 스케줄로 매우 피곤하다.

17 よわき
弱気だ
□□□ 연약하다, 심약하다
명

みんな応援(おうえん)しているから弱気(よわき)にならないでね。
모두 응원하고 있으니까 약해지지 마.

18 とくい
得意だ
□□□ 잘하다
명

スポーツはあまり得意(とくい)じゃないけど、やってみる。
스포츠는 잘 못하지만 해 볼게.

19 ふしぎ
不思議だ
이상하다, 신기하다
명

この世界(せかい)は不思議(ふしぎ)なことがたくさん起(お)きている。
이 세계는 신기한 일이 많이 일어나고 있다.

20 あら
新ただ
새롭다

あなたの新(あら)たなチャレンジを応援(おうえん)します。
당신의 새로운 도전을 응원합니다.

21 こうふく
幸福だ
행복하다
명

お金(かね)が人(ひと)を幸福(こうふく)にするわけではない。
돈이 사람을 행복하게 하는 것은 아니다.

22 ぞん
ご存じだ
알고 계시다(존경어)

+ 存ぞんじる 알다(겸양어)

ノーベル化学賞(かがくしょう)が決(き)まったんですが、ご存(ぞん)じですか。
노벨 화학상이 결정되었는데 알고 계신가요?

23 ほんき
本気だ
진심이다, 진지하다
명

ふざけてると思(おも)ったけど、彼(かれ)の話(はなし)は本気(ほんき)らしい。
장난한다고 생각했는데 그의 이야기는 진심인 것 같다.

24 わかわか
若々しい
젊다

+ 若年じゃくねん
약년, 젊은 나이

彼女(かのじょ)は年(とし)を重(かさ)ねても若々(わかわか)しく見(み)える。
그녀는 나이가 들어도 젊어 보인다.

25 まぎ
紛らわしい
헷갈리기 쉽다

漢字(かんじ)の書(か)き順(じゅん)は紛(まぎ)らわしくて間違(まちが)いやすい。
한자의 획순은 헷갈려서 틀리기 쉽다.

紛 : 어지러울 분　紛(まぎ)らわしい 헷갈리기 쉽다
粉 : 가루 분　粉薬(こなぐすり) 가루약

26 あわ
淡い
옅다, 연하다, 희미하다

こんな淡(あわ)い色(いろ)の服(ふく)は私(わたし)には似合(にあ)わない。
이런 옅은 색의 옷은 나에게는 어울리지 않는다.

27 おとな
大人しい
얌전하다, 점잖다

普通(ふつう)は大人(おとな)しいけど、お酒(さけ)に酔(よ)ったら人(ひと)が変(か)わる。
평소에는 얌전한데 술에 취하면 사람이 변한다.

28 くさ
臭い
(좋지 않은) 냄새가 나다, 수상하다

＋ 生臭なまくさい
비린내가 나다

車(くるま)の中(なか)から臭(くさ)いにおいがしている。
차 안에서 고약한 냄새가 난다.

29 うつく
美しい
아름답다

アフリカの美(うつく)しい自然(しぜん)を守(まも)りましょう。
아프리카의 아름다운 자연을 보호합시다.

30 さわ
騒がしい
시끄럽다, 뒤숭숭하다

≒ 騒々そうぞうしい
소란스럽다

パリで起(お)きたテロ事件(じけん)のことで世間(せけん)が騒(さわ)がしい。
파리에서 일어난 테러 사건 때문에 세간이 시끄럽다.

Day 29

31 かたくる
堅苦しい
딱딱하다, 숨이 막히다

メールでは堅苦(かたくる)しい挨拶(あいさつ)はぬきにしてもいいと思(おも)う。
메일에서는 딱딱한 인사는 생략해도 된다고 생각한다.

32 かわい
可愛らしい
사랑스럽다, 귀엽다

髪型(かみがた)を変(か)えたら可愛(かわい)らしく見(み)えます。
머리 스타일을 바꿨더니 귀엽게 보입니다.

33 のぞ
望ましい
바람직하다

≒ 好(この)ましい
좋다, 바람직하다

大統領(だいとうりょう)として望(のぞ)ましい選択(せんたく)だったと思(おも)う。
대통령으로서 바람직한 선택이었다고 생각한다.

34 えら
偉い
위대하다, 훌륭하다

+ 偉(えら)そうだ 잘난 척하다

彼(かれ)の偉(えら)そうな言(い)い方(かた)とか態度(たいど)が大嫌(だいきら)いです。
그의 잘난 척하는 말투며 태도가 정말 싫습니다.

35 はばひろ
幅広い
폭넓다

この歌(うた)は幅広(はばひろ)い世代(せだい)から愛(あい)されている。
이 노래는 폭넓은 세대에게 사랑받고 있다.

36 この
好ましい
좋다, 바람직하다

+ 好(この)む 좋아하다, 바라다

これは面接(めんせつ)の服装(ふくそう)としては好(この)ましくない。
이것은 면접 복장으로서는 바람직하지 않다.

하루 1분 체크

1 다음 단어의 읽기로 가장 알맞은 것을 a, b 중에서 고르세요.

1. 淡い　(a. あさい　b. あわい)

2. 真っ青だ　(a. まっあおだ　b. まっさおだ)

3. 微妙だ　(a. びみょうだ　b. みみょうだ)

2 다음 단어의 한자 표기로 가장 알맞은 것을 a, b 중에서 고르세요.

4. 헷갈리다(まぎらわしい)　(a. 紛らわしい　b. 粉らわしい)

5. 딱딱하다(かたくるしい)　(a. 固苦しい　b. 堅苦しい)

6. 쾌적하다(かいてきだ)　(a. 快適だ　b. 決適だ)

3 다음 괄호 안에 들어갈 말로 가장 알맞은 것을 a, b 중에서 고르세요.

7. ノーベル化学賞(かがくしょう)が決(き)まったんですが、(a. ご存じですか　b. 存じていますか)。

8. 大統領(だいとうりょう)として(a. たくましい　b. のぞましい)選択(せんたく)だったと思(おも)う。

9. ふざけてると思(おも)ったけど、彼(かれ)の話(はなし)は(a. 本格　b. 本気)らしい。

정답 1ⓑ 2ⓑ 3ⓐ 4ⓐ 5ⓑ 6ⓐ 7ⓐ 8ⓑ 9ⓑ

MP3 01-30

Day 30

29 30

공부 순서 ▢ 미리 보기 ➔ ▢ 따라 읽기 ➔ ▢ 단어 암기 ➔ ▢ 확인 학습

□ ごろごろ	□ 実(じつ)に	□ かえって	□ わくわく
□ およそ	□ しみじみ	□ ごく	□ つくづく
□ 次第(しだい)に	□ 確(たし)か	□ ぶつぶつ	□ ぜひ
□ 絶(た)えず	□ つい	□ ざっと	□ きっと
□ いよいよ	□ どうしても	□ 早速(さっそく)	□ いかにも
□ うっかり	□ 大(たい)して	□ しょっちゅう	□ そこで
□ がっかり	□ まさに	□ 一通(ひととお)り	□ なお
□ ぐんぐん	□ うろうろ	□ しばしば	□ もしくは
□ 必(かなら)ずしも	□ 非常(ひじょう)に	□ 後(のち)ほど	□ すると

01 **ごろごろ**
□□□ 데굴데굴, 빈둥빈둥
[동]

やることないなら、ごろごろしないで掃除(そうじ)でもしろよ。
할 일 없으면 빈둥거리지 말고 청소라도 해.

02 **およそ**
□□□ 대강, 약, 대략

≒ だいたい 대개, 대략

この山(やま)の高(たか)さはおよそ3,000mだそうです。
이 산의 높이는 대략 3,000m라고 합니다.

03 **次第(しだい)に**
□□□ 점점, 점차적으로

いろんな経験(けいけん)を重(かさ)ねるうちに次第(しだい)に成長(せいちょう)していく。
여러 경험을 쌓는 동안에 점점 성장해 간다.

04 **絶(た)えず**
□□□ 끊임없이, 항상

実力(じつりょく)を向上(こうじょう)させるために絶(た)えず努力(どりょく)している。
실력을 향상시키기 위해서 끊임없이 노력하고 있다.

05 **いよいよ**
□□□ 마침내, 드디어

いよいよ旅行(りょこう)も最後(さいご)の日(ひ)を迎(むか)えた。
드디어 여행도 마지막 날을 맞이했다.

06 **うっかり**
□□□ 깜빡, 무심코
[동]

会議(かいぎ)があるのをうっかり忘(わす)れて遅刻(ちこく)してしまった。
회의가 있는 것을 깜빡 잊어버려서 지각하고 말았다.

☐☐☐ **がっかり**
실망, 낙담한 모양
동

期待していた旅行がキャンセルになってがっかりした。
기대했던 여행이 취소돼서 실망했다.

08
☐☐☐ **ぐんぐん**
쭉쭉, 무럭무럭

英語力がぐんぐん伸びる方法を紹介します。
영어 실력이 쭉쭉 느는 방법을 소개하겠습니다.

09
☐☐☐ **必ずしも**
반드시(~한 것은 아니다)

強いチームだからといって必ずしも勝つわけではない。
강한 팀이라고 해서 반드시 이기는 것은 아니다.

> 必かならずしも는 부정형과 함께 쓰여 '반드시 ~한 것은 아니다'라는 의미이고 必かならず는 '의무, 약속, 기정 사실, 자연 법칙' 등 예외가 없음을 말할 때 사용한다.

10
☐☐☐ **実に**
실로, 참으로

オーストリアでのオペラ公演は実にすばらしかった。
오스트리아에서의 오페라 공연은 참으로 훌륭했다.

11
☐☐☐ **しみじみ**
절실하게, 깊이, 정말로

≒ つくづく 절실히, 곰곰이

今度の旅行で英語の必要性をしみじみと感じました。
이번 여행에서 영어의 필요성을 절실하게 느꼈습니다.

12
☐☐☐ **確か**
아마도, 틀림없이

確かどこかにあの時の写真があるはずです。
아마도 어딘가에 그때의 사진이 있을 거예요.

> 確たしか는 기억이 애매해서 확실하지는 않지만 아마 그럴 것이라는 추측을 의미하고 確たしかに는 어떤 내용이 '틀림없이 확실하다'라는 의미를 나타낸다.

13 つい
☐☐☐ 그만, 무심코,

≒ 思わず(おもわず) 엉겁결에

つい口(くち)を滑(すべ)らせて彼女(かのじょ)を怒(おこ)らせた。
무심코 말실수를 해서 그녀를 화나게 했다.

---

14 どうしても
☐☐☐ 아무리 해도, 무슨 일이 있어도

頑張(がんば)っているのにどうしてもだめな日(ひ)もあります。
열심히 하는데 아무리 해도 안 되는 날도 있습니다.

---

15 大(たい)して
☐☐☐ 그다지, 별로

≒ さほど 그다지, 별로

遠(とお)いけど、電車(でんしゃ)で行(い)くと大(たい)して時間(じかん)はかからない。
멀지만 전철로 가면 그다지 시간은 걸리지 않는다.

---

16 まさに
☐☐☐ 바로, 당연히, 틀림없이

これはまさに私(わたし)がほしかった車(くるま)です。
이것은 바로 내가 원하던 자동차입니다.

---

17 うろうろ
☐☐☐ 어슬렁어슬렁, 허둥지둥 [동]

駅(えき)に早(はや)く着(つ)いて、時間(じかん)つぶしに周(まわ)りをうろうろした。
역에 빨리 도착해서 시간도 때울 겸 주변을 어슬렁거렸다.

---

18 非常(ひじょう)に
☐☐☐ 매우, 대단히

この学校(がっこう)の校則(こうそく)は非常(ひじょう)に厳(きび)しい。
이 학교의 교칙은 대단히 엄격하다.

19 **かえって**

□□□ 오히려, 도리어

ちょっとした騒音(そうおん)はかえって集中力向上(しゅうちゅうりょくこうじょう)に役(やく)に立(た)つ。

약간의 소음은 오히려 집중력 향상에 도움이 된다.

20 **ごく**

□□□ 극히, 아주

数(かず)ある曲(きょく)の中(なか)でヒットするのはごく一部(いちぶ)にすぎない。

수많은 곡 중에서 히트하는 것은 극히 일부에 지나지 않는다.

21 **ぶつぶつ**

□□□ 투덜투덜, 중얼중얼

彼(かれ)はいつもぶつぶつ文句(もんく)ばかり言(い)っている。

그는 항상 투덜투덜 불만만 말하고 있다.

22 **ざっと**

□□□ 대충, 대강, 대략

≒ およそ 대략, 약

彼(かれ)の企画書(きかくしょ)をざっと見(み)たけど、いいと思(おも)う。

그의 기획서를 대충 봤는데, 괜찮은 것 같다.

23 **早速(さっそく)**

□□□ 곧, 즉시, 바로

それでは早速始(さっそくはじ)めさせていただきます。

그러면 바로 시작하겠습니다.

24 **しょっちゅう**

□□□ 항상, 끊임없이, 자주

しょっちゅう雨(あめ)が降(ふ)るから、傘(かさ)を持(も)ち歩(ある)いた方(ほう)がいい。

자주 비가 내리니까 우산을 가지고 다니는 게 좋아.

25 ひととお

一通り
□□□
대충, 대강

≒ ざっと 대충, 대강, 대략

かい ぎ まえ しょるい ひととお め とお
会議の前に書類に一通り目を通しておいてください。
회의 전에 서류를 대충 훑어 봐 주세요.

26

しばしば
□□□
종종, 자주, 흔히

わたし さん か
私はしばしばフリーマーケットに参加する。
나는 종종 플리마켓에 참가한다.

27 のち

後ほど
□□□
나중에, 조금 지난 뒤에

くわ ないよう のち おく
詳しい内容は後ほどメールでお送りします。
자세한 내용은 나중에 메일로 보내 드리겠습니다.

28

わくわく
□□□
두근두근, 울렁울렁
동

けっこんしき かんが むね
結婚式のことを考えると胸がわくわくします。
결혼식을 생각하면 가슴이 두근두근합니다.

29

つくづく
□□□
절실히, 곰곰이, 지그시

で あ かん
あなたに出会えてよかったとつくづく感じました。
당신을 만나서 다행이라고 절실히 느꼈습니다.

30

ぜひ
□□□
제발, 꼭, 아무쪼록

ひま た よ
暇があればぜひお立ち寄りください。
여유가 있으면 꼭 들러 주세요.

31 **きっと**

분명, 꼭

≒ ぜひ 제발, 꼭

きっとまたいつか会(あ)えるでしょう。
분명 언젠가 다시 만날 수 있겠죠.

きっとは「～でしょう」와 같은 추측 표현과 함께 쓰여 '분명 ~할 것이다'라는 강한 추측이나 확신을 표현하고, ぜひは 주로 「～たい、～ください」 등과 같이 쓰여 강한 희망이나 바람을 나타낸다.

32 **いかにも**

정말로, 너무나도

＋ いかに
어떻게, 얼마나, 아무리

彼(かれ)は会社(かいしゃ)をやめるのがいかにもうれしそうだ。
그는 회사를 그만두는 것이 정말로 기쁜 것 같다.

いかにもは '정말로, 마치, 확실히'라는 의미이고, いかには '아무리, 어떻게, 어찌'라는 의미로 유사한 표현은 「どんなに(아무리)」, 「どのように(어떻게)」이다.
예) いかに苦(くる)しくても頑張(がんば)る(아무리 괴로워도 힘낼 거야)

33 **そこで**

그래서

家(いえ)が狭(せま)くて古(ふる)い。そこで、引(ひ)っ越(こ)しすることにした。
집이 좁고 오래됐다. 그래서 이사하기로 했다.

34 **なお**

또한, 여전히, 더구나

なお、詳(くわ)しい資料(しりょう)は後(のち)ほどお渡(わた)しします。
또한 자세한 자료는 나중에 드리겠습니다.

34 **もしくは**

또는, 혹은

大学(だいがく)では経済(けいざい)もしくは法律(ほうりつ)を専攻(せんこう)をするつもりだ。
대학에서 경제 또는 법률을 전공할 생각이다.

36 **すると**

그러자, 그러면

昨日(きのう)彼女(かのじょ)にプロポーズした。すると彼女(かのじょ)は泣(な)き出(だ)した。
어제 그녀에게 프러포즈했다. 그러자 그녀는 울기 시작했다.

하루 1분 체크

1 다음 단어의 일본어 표현으로 가장 알맞은 것을 a, b 중에서 고르세요.

1. 아무리 해도 (**a.** どうしても **b.** どうでも)

2. 투덜투덜 (**a.** わくわく **b.** ぶつぶつ)

3. 드디어 (**a.** ざっと **b.** いよいよ)

4. 점차적으로 (**a.** しだいに **b.** ぐんぐん)

5. 절실히 (**a.** すくすく **b.** つくづく)

2 다음 빈칸에 들어갈 가장 알맞은 단어를 a, b 중에서 고르세요.

보기 **a.** ざっと **b.** ぜひ **c.** 必ずしも

6. 暇(ひま)があれば(　　　　)お立(た)ち寄(よ)りください。

7. 強(つよ)いチームだからといって(　　　　)勝(か)つわけではない。

8. 彼(かれ)の企画書(きかくしょ)を(　　　　)見(み)たけど、いいと思(おも)う。

3 다음 괄호 안에 들어갈 말로 가장 알맞은 것을 a, b 중에서 고르세요.

9. 今年(ことし)の夏(なつ)は夜(よる)でもエアコンなしには生活(せいかつ)できないくらい暑(あつ)い。昨日(きのう)もエアコンをつけっぱなしにして髪(かみ)を乾(かわ)かそうとドライヤーの電源(でんげん)を入(い)れた。(**a.** なお **b.** すると)突然(とつぜん)家(いえ)が真(ま)っ暗(くら)になった。おそらく容量(ようりょう)オーバーで停電(ていでん)になったようだ。仕方(しかた)なくぬれたままの髪(かみ)で寝(ね)たら朝(あさ)すごい寝癖(ねぐせ)がついていた。

정답 1ⓐ 2ⓑ 3ⓑ 4ⓐ 5ⓑ 6ⓑ 7ⓒ 8ⓐ 9ⓑ

해석 올해 여름은 밤에도 에어컨 없이는 생활할 수 없을 정도로 덥다. 어제도 에어컨을 켠 채로 머리를 말리려고 드라이어의 전원을 켰다. 그러자 갑자기 집이 캄캄해졌다. 아마도 용량 초과로 정전이 된 것 같다. 어쩔 수 없이 머리가 젖은 채로 잤더니 아침에 머리가 엄청 뻗쳐 있었다.

실전 유형 테스트

문제 1 밑줄 친 단어의 읽기 방법으로 가장 알맞은 것을 고르세요. (한자 읽기)

1 彼はどんなことにも興味を示さないから、一緒にいるとつまらない。

1 しめさない　　2 まかさない　　3 ためさない　　4 しるさない

2 朝から渋滞に巻き込まれて大事な会議に遅れてしまった。

1 じゅたい　　2 じゅうたい　　3 しゅうてい　　4 しゅてい

3 中国の化粧品市場は世界一競争が激しい。

1 けいそ　　2 きょうそ　　3 けいそう　　4 きょうそう

문제 2 밑줄 친 단어의 한자 표기로 가장 알맞은 것을 고르세요. (한자 표기)

4 あの選手は陸上の試合で世界きろくを突破した。

1 記録　　2 記緑　　3 紀録　　4 紀緑

5 かんしゃの気持ちはちゃんと言葉として表すべきだ。

1 減射　　2 減謝　　3 感謝　　4 感射

6 結果とかせいせきだけが人を判断する基準になってはいけない。

1 誠績　　2 成績　　3 成積　　4 誠積

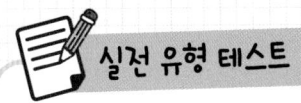

문제 3 빈칸에 들어갈 단어로 가장 알맞은 것을 고르세요. (문맥 규정)

7 (　　　　)眠れない時は、むりやり寝ようとしない方がいい。

1 どうして　　2 どうやら　　3 どうしても　　4 どうかして

8 入力内容に(　　　　)がある場合は、登録手続きが完了しません。

1 不順　　2 不備　　3 不要　　4 不実

9 LA発の飛行機に不審者がいるということで、空港に(　　　　)。

1 引き返した　　2 取り返した　　3 見返した　　4 乗り返した

문제 4 밑줄 친 단어와 의미가 가장 가까운 것을 고르세요. (유의어)

10 <u>せっかちな</u>性格の人と一緒にいるとすぐ疲れてしまう。

1 弱気な　　2 内気な　　3 短気な　　4 強気な

11 今大会の参加者は<u>ざっと</u>1,000人くらいだそうだ。

1 およそ　　2 ごく　　3 つい　　4 大して

12 これは会社に行く人の服装としては<u>望ましくない</u>。

1 紛らわしくない　　2 好ましくない

3 大人しくない　　4 頼もしくない

➔ 정답과 해석은 다음 페이지에서 확인하세요.

실전 유형 테스트 정답과 해석

정답 1① 2② 3④ 4① 5③ 6② 7③ 8② 9① 10③ 11① 12②

	문제 해석	복습하기
1	그는 어떤 일에도 흥미를 보이지 않아서 같이 있으면 지루하다.	→ p.194
2	아침부터 도로 정체에 휘말려서 중요한 회의에 늦어 버렸다.	→ p.189
3	중국 화장품 시장은 세계에서 제일 경쟁이 심하다.	→ p.181
4	저 선수는 육상 시합에서 세계 기록을 돌파했다.	→ p.223
5	감사의 마음은 제대로 말로 표현해야 한다.	→ p.182
6	결과나 성적만이 사람을 판단하는 기준이 되면 안 된다.	→ p.224
7	(아무리 해도) 잠이 오지 않을 때는 억지로 자려고 하지 않는 편이 좋다.	→ p.255
8	입력 내용에 (미비함)이 있으면 등록 수속이 완료되지 않습니다.	→ p.183
9	LA발 비행기에 수상한 사람이 있다고 해서 공항으로 (되돌아갔다).	→ p.202
10	성격이 급한 사람과 함께 있으면 금방 피곤해진다. 1 연약한 2 내성적인 3 성급한 4 성격이 센	→ p.247
11	이번 대회의 참가자는 대략 1,000명 정도라고 한다. 1 대략 2 극히 3 그만 4 그다지	→ p.256
12	이것은 회사에 가는 사람의 복장으로서는 바람직하지 않다. 1 헷갈리지 않다 2 바람직하지 않다 3 점잖지 않다 4 믿음직하지 않다.	→ p.250

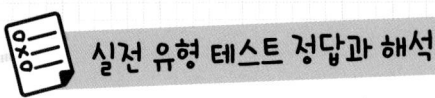

부록

플러스 단어 360

1	挨拶(あいさつ) 인사	人(ひと)に会(あ)ったらちゃんと挨拶(あいさつ)しなさい。 사람을 만나면 제대로 인사해.
2	明(あ)かり 불빛	誰(だれ)もいないのに部屋(へや)に明(あ)かりがついている。 아무도 없는데 방에 불이 켜져 있다.
3	足跡(あしあと) 발자취	大会史(たいかいし)に大(おお)きな足跡(あしあと)を残(のこ)した試合(しあい)だった。 대회사(史)에 큰 발자취를 남긴 시합이었다.
4	遺産(いさん) 유산	今度(こんど)、世界文化遺産(せかいぶんかいさん)に指定(してい)された。 이번에 세계 문화 유산으로 지정되었다.
5	維持(いじ) 유지	人(ひと)は現状(げんじょう)を維持(いじ)したがるきらいがある。 사람은 현상을 유지하고 싶어하는 경향이 있다.
6	遺書(いしょ) 유서	念(ねん)のため遺書(いしょ)を書(か)いておくといい。 만일을 위해 유서를 써 두면 좋다.
7	委託(いたく) 위탁	この研究(けんきゅう)は民間(みんかん)に委託(いたく)している。 이 연구는 민간에 위탁하고 있다.
8	板前(いたまえ) (일본 요리의) 요리사	日本料理(にほんりょうり)の料理人(りょうりにん)を「板前(いたまえ)」と呼(よ)ぶ。 일본 요리의 요리사를 '이타마에'라 부른다.
9	緯度(いど) 위도	日本(にほん)の緯度(いど)はおよそ北緯(ほくい)20～45度(ど)だ。 일본의 위도는 약 북위 20~45도이다.
10	居眠(いねむ)り 졸음	居眠(いねむ)り運転(うんてん)は危(あぶ)ないからやめてください。 졸음운전은 위험하니까 하지 마세요.
11	演奏(えんそう) 연주	彼(かれ)のチェロ演奏(えんそう)を聴(き)いていると涙(なみだ)が出(で)る。 그의 첼로 연주를 듣고 있으면 눈물이 난다.
12	沖(おき) 먼 바다	人(ひと)が沖(おき)に流(なが)されたけど、救助(きゅうじょ)された。 사람이 먼 바다로 휩쓸렸지만 구조되었다.
13	汚職(おしょく) (공직자의) 부정	国会議員(こっかいぎいん)の汚職事件(おしょくじけん)で世間(せけん)がうるさい。 국회 의원의 부정 사건으로 세간이 시끄럽다.
14	海岸(かいがん) 해안	海岸(かいがん)にカフェが立(た)ち並(なら)んでいる。 해안에 카페가 늘어서 있다.
15	解釈(かいしゃく) 해석	人(ひと)によって解釈(かいしゃく)が違(ちが)う場合(ばあい)もある。 사람에 따라서 해석이 다른 경우도 있다.

16	かいまく **開幕** 개막	こくさいえいがさい あした かいまく カンヌ国際映画祭は明日開幕します。	칸 국제 영화제는 내일 개막합니다.
17	がいよう **概要** 개요	ほん がいよう まえ ほう か 本の概要は前の方に書いてあります。	책의 개요는 앞 쪽에 적혀 있습니다.
18	かくご **覚悟** 각오	かんたん お かくご 簡単に終わらないから、覚悟しといてね。	간단하게 끝나지 않을 테니 각오해 둬.
19	がけ **崖** 절벽	がけ お ゆめ いみ 崖から落ちる夢はどんな意味ですか。	절벽에서 떨어지는 꿈은 어떤 의미입니까?
20	かはんすう **過半数** 과반수	さんせい かはんすう し 賛成が過半数を占める。	찬성이 과반수를 차지한다.
21	かぶしき **株式** 주식	こじん かぶしきとうし あぶ 個人の株式投資は危ない。	개인의 주식 투자는 위험하다.
22	かみなり **雷** 천둥	かみなり な とき そと で 雷が鳴る時は外に出ないでください。	천둥이 칠 때는 바깥에 나가지 마세요.
23	かもつ **貨物** 화물	かもつじどうしゃ うんてんしゅ さいよう 貨物自動車の運転手を採用する。	화물 자동차 운전사를 채용한다.
24	かわぐつ **革靴** 가죽 구두	ちち ねんかんかわぐつ つく しごと 父は４０年間革靴を作る仕事をしている。	아버지는 40년간 가죽 구두를 만드는 일을 하고 있다.
25	かんばん **看板** 간판	みせ かんばん この店は看板がとてもおしゃれだ。	이 가게는 간판이 아주 멋지다.
26	きし **岸** 둔덕, 물가	かわ きし そ き う 川の岸に沿って木が植えられている。	강둑을 따라 나무가 심어져 있다.
27	ぎせい **犠牲** 희생	じけん ひと ぎせい テロ事件でたくさんの人が犠牲になった。	테러 사건으로 많이 사람들이 희생되었다.
28	きっさてん **喫茶店** 찻집	い きっさてん さび 行きつけの喫茶店がなくなって寂しい。	단골 찻집이 없어져서 아쉽다.
29	**キャリア** 커리어, 경력	じぶん つ しゅうちゅう 自分のキャリアを積むことに集中しよう。	자신의 경력을 쌓는데 집중하자.
30	きょうふ **恐怖** 공포	わたし たか ところ きょうふ おぼ 私は高い所で恐怖を覚える。	나는 높은 곳에서 공포를 느낀다.

플러스 단어 360

31	ぎょぎょう 漁業 어업	町の人の大半は漁業に従事している。 마을 사람들 대부분은 어업에 종사하고 있다.
32	きんぱく 緊迫 긴박	住民は緊迫した状況下で避難した。 주민은 긴박한 상황하에서 피난했다.
33	きんゆう 金融 금융	金融機関に対して税務調査を行っている。 금융기관에 대해서 세무 조사를 실시하고 있다.
34	くぎ 区切り 구분, 매듭	恋愛にも仕事にも区切りをつけたい。 연애도 일도 매듭을 짓고 싶다.
35	くず 쓰레기, 찌꺼기	紙くずはこのボックスに捨ててください。 종이 찌꺼기는 이 박스에 버려 주세요.
36	くせ 癖 버릇	緊張すると爪を噛む癖があります。 긴장하면 손톱을 무는 버릇이 있습니다.
37	クリア 클리어, 통과	全ての段階をクリアして賞金をもらった。 모든 단계를 통과해서 상금을 받았다.
38	けいこ 稽古 레슨, 연습	撮影のために乗馬の稽古に通っている。 촬영을 위해서 승마 레슨을 다니고 있다.
39	けいこく 警告 경고	画面にセキュリティー警告が出ている。 화면에 보안 경고가 떠 있다.
40	けいと 毛糸 털실	今日から毛糸の半額セールをしている。 오늘부터 털실 반액 세일을 하고 있다.
41	げじゅん 下旬 하순	８月下旬になっても全然涼しくならない。 8월 하순이 되어도 전혀 선선해지지 않는다.
42	けつえき 血液 혈액	全国的に血液が不足しているそうです。 전국적으로 혈액이 부족하다고 합니다.
43	けっかん 欠陥 결함	商品に欠陥が見つかって返品した。 상품에 결함이 발견되어 반품했다.
44	けつぼう 欠乏 결핍	ビタミン欠乏による症状はいろいろある。 비타민 결핍에 의한 증상은 여러 가지가 있다.
45	げんこう 原稿 원고	締め切りまでに原稿を完成させた。 마감까지 원고를 완성시켰다.

46	けんぽう 憲法 헌법	けんぽう　さだ　　　　　こくみん　けんり 憲法に定められている国民の権利だ。 헌법에 정해져 있는 국민의 권리이다.
47	ごう か 豪華 호화	き むら　　　　ごう か 木村さんは豪華マンションに住んでいる。 기무라 씨는 호화 맨션에 살고 있다.
48	こうけん 貢献 공헌	しゃかい　こうけん　　　　　し ごと 社会に貢献できる仕事がしたいです。 사회에 공헌할 수 있는 일을 하고 싶습니다.
49	こうざん 鉱山 광산	の　　　　　こうざん　なか　けんがく トロッコに乗って鉱山の中を見学した。 광차를 타고 광산 안을 견학했다.
50	こうぶつ 鉱物 광물	じつ　　　　　　　　　　　　おな　こうぶつ 実はルビーもサファイアも同じ鉱物だ。 사실은 루비도 사파이어도 같은 광물이다.
51	こう ほ 候補 후보	だいとうりょうせんきょ　　にん　こう ほ　しゅつ ば 大統領選挙に７人の候補が出馬した。 대통령 선거에 7인의 후보가 출마했다.
52	こ きょう 故郷 고향	かいしゃ　いんたい　　　こ きょう　かえ 会社を引退したら故郷に帰りたい。 회사를 은퇴하면 고향에 돌아가고 싶다.
53	こくふく 克服 극복	ひとり　こくふく どんなことでも一人で克服できる。 어떤 일이라도 혼자서 극복할 수 있다.
54	コック 요리사	ゆうめい 有名なコックがいるレストランです。 유명한 요리사가 있는 레스토랑입니다.
55	ことわざ 속담	ゆ らい　おし このことわざの由来を教えてください。 이 속담의 유래를 알려 주세요.
56	ぶ さ た ご無沙汰 격조	なが　あいだ　ぶ さ た 長い間ご無沙汰してすみません。 오랫동안 격조해서 죄송합니다.
57	ご らく 娯楽 오락	ご らく し せつひと　　　　いなか　す 娯楽施設一つない田舎に住んでいる。 오락 시설 하나 없는 시골에서 살고 있다.
58	コラム 칼럼	まいしゅうざっ し　　　　　　　の 毎週雑誌にコラムを載せている。 매주 잡지에 칼럼을 싣고 있다.
59	こんきょ 根拠 근거	こんきょ　　　うわさ　ふ まわ 根拠のない噂に振り回されないでね。 근거가 없는 소문에 휘둘리지 마.
60	さいばん 裁判 재판	こん ど　さいばん　こうかい 今度の裁判は公開することになった。 이번 재판은 공개하게 되었다.

61	さくいん **索引** 색인	さくいん　りよう　かんたん　けんさく 索引を利用すると簡単に検索できます。 색인을 이용하면 간단히 검색할 수 있습니다.
62	さっかく **錯覚** 착각	え　め　さっかく　お この絵は目の錯覚を起こします。 이 그림은 눈의 착각을 일으킵니다.
63	さ ほう **作法** 작법, 규범, 예절	しゃかいじん　れい ぎ さ ほう　し 社会人としての礼儀作法を知らない。 사회인으로서의 예의범절을 모른다.
64	じ いん **寺院** 사원	やま　ゆうめい　じ いん この山には有名な寺院があります。 이 산에는 유명한 사원이 있습니다.
65	し しゃ ご にゅう **四捨五入** 사사오입, 반올림	し しゃ ご にゅう　かた　おし 四捨五入のやり方を教えてください。 반올림 하는 방법을 알려 주세요.
66	しば ふ **芝生** 잔디	こうえんない　しば ふ　はい 公園内の芝生に入らないでください。 공원 내의 잔디에 들어가지 마세요.
67	じ まん **自慢** 자랑	かれ　じ まんばなし 彼の自慢話はもううんざりだ。 그의 자랑 이야기는 이제 질색이다.
68	しも **霜** 서리, 성에	れいぞう こ　こ しょう　しも　はっせい 冷蔵庫が故障して霜が発生している。 냉장고가 고장 나서 성에가 발생하고 있다.
69	じゃくてん **弱点** 약점	ひと　じゃくてん　つ　こ　ひ きょう 人の弱点に付け込むのは卑怯だ。 남의 약점을 이용하는 것은 비겁하다.
70	しゃりん **車輪** 차바퀴	そうこうちゅう　しゃりんだつらく じ こ　おお 走行中の車輪脱落事故が多い。 주행 중의 바퀴 탈락 사고가 많다.
71	しゅくしょう **縮小** 축소	しゅくしょう ファイルのサイズを縮小するアプリだ。 파일 사이즈를 축소하는 어플이다.
72	じゅみょう **寿命** 수명	にんげん　へいきんじゅみょう　の 人間の平均寿命は伸びつつある。 인간의 평균 수명은 계속 늘어나고 있다.
73	じょう き **蒸気** 증기	こうえん　じょう き き かんしゃ　お 公園に蒸気機関車が置いてある。 공원에 증기 기관차가 놓여 있다.
74	じょう ぎ **定規** 자	さ ぎょう　さんかくじょう ぎ　ひつよう この作業は三角定規が必要だ。 이 작업은 삼각자가 필요하다.
75	しょうげき **衝撃** 충격	かのじょ　いんたい　おお　ひと　しょうげき　う 彼女の引退に多くの人が衝撃を受けた。 그녀의 은퇴에 많은 사람들이 충격을 받았다.

76	象徴(しょうちょう) 상징	この選手(せんしゅ)は日本(にほん)サッカーの象徴(しょうちょう)である。 이 선수는 일본 축구의 상징이다.
77	焦点(しょうてん) 초점	この写真(しゃしん)は焦点(しょうてん)が合(あ)っていない。 이 사진은 초점이 맞지 않는다.
78	職人(しょくにん) 장인	伝統工芸職人(でんとうこうげいしょくにん)が作(つく)った財布(さいふ)です。 전통 공예 장인이 만든 지갑입니다.
79	書籍(しょせき) 서적	ここは古(ふる)い書籍(しょせき)を扱(あつか)っている。 여기는 오래된 서적을 취급하고 있다.
80	庶民(しょみん) 서민	ここは庶民(しょみん)がよく利用(りよう)する居酒屋(いざかや)だ。 여기는 서민이 자주 이용하는 선술집이다.
81	署名(しょめい) 서명	本人(ほんにん)が署名(しょめい)しないと無効(むこう)となる。 본인이 서명하지 않으면 무효가 된다.
82	白髪(しらが) 흰머리	まだ４０代(だい)なのに白髪(しらが)が多(おお)い。 아직 40대인데 흰머리가 많다.
83	城(しろ) 성	この城(しろ)は８００年(ねん)の歴史(れきし)を持(も)っている。 이 성은 800년의 역사를 지니고 있다.
84	しわ 주름	最近急(さいきんきゅう)に、しわが増(ふ)えた。 최근에 갑자기 주름이 늘었다.
85	心臓(しんぞう) 심장	心臓(しんぞう)に無理(むり)のない範囲(はんい)で体(からだ)を動(うご)かそう。 심장에 무리가 없는 범위에서 몸을 움직이자.
86	森林(しんりん) 삼림	週末(しゅうまつ)は森林(しんりん)を守(まも)る活動(かつどう)をしている。 주말에는 삼림을 보호하는 활동을 하고 있다.
87	ストライキ 파업	今日(きょう)から無期限(むきげん)ストライキが始(はじ)まった。 오늘부터 무기한 파업이 시작되었다.
88	頭脳(ずのう) 두뇌	このゲームは頭(あたま)を使(つか)う頭脳(ずのう)パズルです。 이 게임은 머리를 사용하는 두뇌 퍼즐입니다.
89	些細(ささい)だ 사소하다	けんかの原因(げんいん)はいつも些細(ささい)なことだった。 싸움의 원인은 항상 사소한 것이었다.
90	晴天(せいてん) 맑은 하늘	当分(とうぶん)は晴天(せいてん)が続(つづ)くそうです。 당분간은 맑은 하늘이 계속된다고 합니다.

플러스 단어 360

91	そうおう 相応 상응	としそうおう ふくそう しぜん 年相応の服装が自然でいい。 나이에 어울리는 복장이 자연스럽고 좋다.
92	そう こ 倉庫 창고	そうじ どうぐ そうこ い 掃除道具は倉庫に入れてあります。 청소 도구는 창고에 넣어져 있습니다.
93	そうさく 創作 창작	なに そうさく くる みち 何かを創作することは苦しい道だ。 무언가를 창작하는 것은 괴로운 길이다.
94	そうじゅう 操縦 조종	そうじゅう しかく も ヘリの操縦ができる資格を持っている。 헬리콥터를 조종할 수 있는 자격을 가지고 있다.
95	そこ 底 바닥, 속	こころ そこ おも 心の底からありがたいと思った。 마음 깊은 곳에서 고맙다고 생각했다.
96	そ しき 組織 조직	わたし せいかく そしき む おも 私の性格は組織に向かないと思う。 나의 성격은 조직에 맞지 않는다고 생각한다.
97	そんけい 尊敬 존경	そんけい せんぱい こうえん 尊敬する先輩と公演できてうれしい。 존경하는 선배와 공연할 수 있어서 기쁘다.
98	だ きょう 妥協 타협	かれ いっさい だ きょう ゆる ひと 彼は一切の妥協を許さない人です。 그는 일절 타협을 허락하지 않는 사람입니다.
99	たに 谷 산골짜기	じんせい やま たに おも 人生は山あり谷ありだと思う。 인생은 좋을 때도 있고 나쁠 때도 있다고 생각한다.
100	たび 旅 여행	あたら たび おうえん みんなの新しい旅を応援します。 여러분의 새로운 여행을 응원합니다.
101	ち え 知恵 지혜	ち え あつ なん かいけつ みんなの知恵を集めて何とか解決した。 모두의 지혜를 모아 겨우 해결했다.
102	ちゅうこく 忠告 충고	きみ ちゅうこく う と 君の忠告をしっかり受け止めています。 당신의 충고를 제대로 받아들이고 있습니다.
103	ちょしゃ 著者 저자	ちょしゃ ひら 著者のブックコンサートが開かれる。 저자의 북콘서트가 개최된다.
104	ついきゅう 追求 추구	きしゃ しんじつ ついきゅう しごと 記者は真実を追求する仕事だ。 기자는 진실을 추구하는 직업이다.
105	つぶ 粒 낱알, (주판의) 알	つぶ おお こめ しょっかん わる 粒の大きい米は食感が悪い。 알이 큰 쌀은 식감이 나쁘다.

106	梅雨(つゆ) 장마	普通6月下旬から梅雨入りします。 보통 6월 하순부터 장마가 시작됩니다.
107	弟子(でし) 제자	有名な先生に弟子にとってもらった。 유명한 선생님께서 제자로 받아 주셨다.
108	撤去(てっきょ) 철거	バイトで舞台撤去の仕事をしている。 아르바이트로 무대 철거 일을 하고 있다.
109	鉄橋(てっきょう) 철교	世界で二番目に高い鉄橋です。 세계에서 두 번째로 높은 철교입니다.
110	典型(てんけい) 전형	「パワハラの典型」 6つを紹介します。 '갑질의 전형' 6가지를 소개하겠습니다.
111	東西南北(とうざいなんぼく) 동서남북	東西南北が分からない方向音痴です。 동서남북을 모르는 방향치입니다.
112	泥(どろ) 진흙	息子が泥まみれになって遊んでいる。 아들이 진흙투성이가 되어서 놀고 있다.
113	内緒(ないしょ) 비밀	この話は内緒にしてください。 이 이야기는 비밀로 해 주세요.
114	半ば(なかば) 중간, 절반	犯人は30代半ばの男だそうだ。 범인은 30대 중반의 남자라고 한다.
115	斜め(ななめ) 비스듬함	交差点の斜め向こうに花屋がある。 교차로의 대각선 방향에 꽃집이 있다.
116	ニーズ 요구, 필요성	お客さんのニーズを把握しにくい。 손님의 요구를 파악하기 힘들다.
117	熱帯(ねったい) 열대	1か月も熱帯夜が続いている。 한 달이나 열대야가 계속되고 있다.
118	燃焼(ねんしょう) 연소	ろうそくの燃焼時間を調べる実験をした。 촛불의 연소 시간을 알아보는 실험을 했다.
119	粘土(ねんど) 점토	子供たちの粘土作品を展示している。 아이들의 점토 작품을 전시하고 있다.
120	ノルマ 할당량	営業のノルマが高すぎてつらい。 영업 할당량이 너무 많아서 괴롭다.

플러스 단어 360

121	把握(はあく) 파악	ことの真相を正確に把握すること。 일의 진상을 정확하게 파악할 것.
122	灰色(はいいろ) 회색, 잿빛	灰色のスーツを着て面接を受けた。 회색 양복을 입고 면접을 봤다.
123	俳句(はいく) 하이쿠(일본의 짧은 시)	最近、俳句を作ることにはまっている。 요즘 하이쿠를 짓는 일에 빠져 있다.
124	敗北(はいぼく) 패배	素直に敗北を認めた方がいい。 순순히 패배를 인정하는 편이 좋다.
125	罰金(ばっきん) 벌금	駐車違反で高い罰金を払った。 주차 위반으로 높은 벌금을 지불했다.
126	発射(はっしゃ) 발사	人工衛星の発射実験が行われた。 인공 위성 발사 실험이 실시되었다.
127	悲劇(ひげき) 비극	シリアの悲劇はまだ終わっていない。 시리아의 비극은 아직 끝나지 않았다.
128	筆跡(ひっせき) 필적	筆跡で人の性格まで判断できる。 필적으로 사람의 성격까지 판단할 수 있다.
129	避難(ひなん) 피난	この町は噴火で避難勧告が出ている。 이 마을은 분화 때문에 피난 권고가 내려져 있다.
130	評価(ひょうか) 평가	この製品は海外でも高い評価を得ている。 이 제품은 해외에서도 높은 평가를 얻고 있다.
131	標識(ひょうしき) 표식, 표지	道路標識の意味を正しく把握すること。 도로 표지의 의미를 정확하게 파악할 것.
132	貧富(ひんぷ) 빈부	世界的に貧富の差が拡大している。 세계적으로 빈부의 격차가 확대되고 있다.
133	封筒(ふうとう) 봉투	書類は封筒に入れて保管している。 서류는 봉투에 넣어서 보관하고 있다.
134	双子(ふたご) 쌍둥이	双子だけど、全然似てないよ。 쌍둥이지만 전혀 닮지 않았어.
135	筆(ふで) 붓	筆で年賀状を書きました。 붓으로 연하장을 썼습니다.

136	噴火(ふんか) 분화	桜島(さくらじま)で大規模(だいきぼ)な噴火(ふんか)が起(お)きた。	사쿠라지마에서 대규모 분화가 일어났다.
137	弁護士(べんごし) 변호사	こういう件(けん)は弁護士(べんごし)に相談(そうだん)した方(ほう)がいい。	이런 건은 변호사에게 상담하는 편이 좋다.
138	ほうぼう 이곳저곳	新潟(にいがた)のほうぼうの人気店(にんきてん)を紹介(しょうかい)する。	니가타 이곳저곳의 인기 가게를 소개한다.
139	頬(ほお) 볼	両側(りょうがわ)の頬(ほお)に米粒(こめつぶ)が付(つ)いている。	양쪽 볼에 밥알이 붙어 있다.
140	誇(ほこ)り 자랑	娘(むすめ)のことを誇(ほこ)りに思(おも)っている。	딸을 자랑으로 여기고 있다.
141	募集(ぼしゅう) 모집	夜(よる)でも仕事(しごと)ができる人(ひと)を募集(ぼしゅう)している。	밤에도 일할 수 있는 사람을 모집하고 있다.
142	翻訳(ほんやく) 번역	翻訳(ほんやく)は専門家(せんもんか)に任(まか)せた方(ほう)がいい。	번역은 전문가에게 맡기는 편이 좋다.
143	摩擦(まさつ) 마찰	摩擦熱(まさつねつ)によってインキが消(き)える仕組(しく)みだ。	마찰열에 의해 잉크가 지워지는 구조이다.
144	真似(まね) 흉내	彼女(かのじょ)は人(ひと)の真似(まね)をするのが上手(じょうず)だ。	그녀는 사람 흉내를 내는 것이 능숙하다.
145	見(み)かけ 겉모습	人(ひと)は見(み)かけによらないと思(おも)う。	사람은 겉모습이 다가 아니라고 생각한다.
146	実(みの)り 열매, 결실	実(みの)りの秋(あき)を迎(むか)えて食材(しょくざい)が豊(ゆた)かになる。	결실의 가을을 맞이하여 식자재가 풍부해진다.
147	群(む)れ 무리	渡(わた)り鳥(どり)は群(む)れを成(な)して移動(いどう)する。	철새는 무리를 지어 이동한다.
148	面積(めんせき) 면적	北海道(ほっかいどう)の面積(めんせき)は83,450㎢です。	홋카이도의 면적은 83,450 ㎢입니다.
149	模範(もはん) 모범	子供(こども)の模範(もはん)になる大人(おとな)になりたい。	아이의 모범이 되는 어른이 되고 싶다.
150	役人(やくにん) 공무원	法務省(ほうむしょう)の役人(やくにん)として一生(いっしょう)働(はたら)いた。	법무성의 공무원으로 평생 일했다.

플러스 단어 360

151 ゆいごん
遺言 유언
彼は何の遺言も残していない。
그는 아무런 유언도 남기지 않았다.

152 ゆか
床 마루, 바닥
うちは床暖房で冬でも暖かい。
우리 집은 바닥 난방이라 겨울에도 따뜻하다.

153 ゆげ
湯気 (뜨거운 물의) 김
お湯の湯気で軽いやけどをした。
뜨거운 물의 김 때문에 가벼운 화상을 입었다.

154 ゆそう
輸送 수송
この会社は国際輸送サービスを提供する。
이 회사는 국제 수송 서비스를 제공한다.

155 ゆでん
油田 유전
バーレーンで最大の油田が発見された。
바레인에서 최대 유전이 발견되었다.

156 ゆらい
由来 유래
様々な地名の由来を調べてみた。
다양한 지명의 유래를 조사해 봤다.

157 ようし
要旨 요지
相手の話の要旨が理解できない。
상대방 이야기의 요지를 이해할 수 없다.

158 よくばり
欲張り 욕심쟁이
彼は欲張りで、自己中です。
그는 욕심쟁이이고 자기중심적입니다.

159 りょうがえ
両替 환전
ホテルのロビーでも両替ができる。
호텔 로비에서도 환전할 수 있다.

160 りんじ
臨時 임시
大学まで臨時バスを運行している。
대학까지 임시 버스를 운행하고 있다.

161 ろうどう
労働 노동
違法長時間労働が社会問題になっている。
위법 장시간 노동이 사회 문제가 되고 있다.

162 わ
輪 원, 고리
みんな輪になって座ってください。
모두 원을 만들어 앉아 주세요.

163 わき
脇 옆, 겨드랑이
脇道から出る車に注意してください。
옆길에서 나오는 차에 주의하세요.

164 あ
遭う 당하다
事故に遭って会社に遅刻した。
사고를 당해서 회사에 지각했다.

165 あき
呆れる 기막히다
呆れてものも言えない。
기가 막혀서 말도 안 나온다.

166	憧(あこが)れる	동경하다	憧(あこが)れていた作家(さっか)に会(あ)えてうれしい。 동경하던 작가를 만날 수 있어서 기쁘다.
167	溢(あふ)れる	흘러넘치다	コンサート会場(かいじょう)は人(ひと)で溢(あふ)れるほどだった。 콘서트 회장은 사람으로 흘러넘칠 정도였다.
168	過(あやま)つ	잘못하다	道(みち)を過(あやま)って遠回(とおまわ)りしてしまった。 길을 잘못 들어서 멀리 돌아가고 말았다.
169	荒(あ)れる	거칠어지다	海(うみ)が荒(あ)れているからサーフィンは無理(むり)だ。 바다가 거칠어지고 있어서 서핑은 무리이다.
170	薄(うす)める	묽게 하다	焼酎(しょうちゅう)はいつも水(みず)で薄(うす)めて飲(の)みます。 소주는 항상 물로 희석해서 마십니다.
171	奪(うば)う	빼앗다	約束(やくそく)に遅(おく)れるのは人(ひと)の時間(じかん)を奪(うば)うことだ。 약속에 늦는 것은 남의 시간을 뺏는 것이다.
172	埋(う)まる	묻히다	大雪(おおゆき)で家(いえ)が雪(ゆき)に埋(う)まっている。 폭설로 집이 눈에 묻혀 있다.
173	裏切(うらぎ)る	배신하다	友達(ともだち)に裏切(うらぎ)られてショックです。 친구에게 배신당해서 충격입니다.
174	裏付(うらづ)ける	뒷받침하다	あの人(ひと)の主張(しゅちょう)は裏付(うらづ)ける証拠(しょうこ)がない。 저 사람의 주장은 뒷받침할 증거가 없다.
175	占(うらな)う	점치다	正月(しょうがつ)に運勢(うんせい)を占(うらな)ってもらった。 정월에 운세를 점쳤다.
176	上回(うわまわ)る	웃돌다, 상회하다	ここの時給(じきゅう)は全国平均(ぜんこくへいきん)を上回(うわまわ)っている。 이곳의 시급은 전국 평균을 웃돌고 있다.
177	追(お)い越(こ)す	추월하다	この車線(しゃせん)では追(お)い越(こ)すことができない。 이 차선에서는 추월할 수 없다.
178	覆(おお)う	덮다	山(やま)の頂上(ちょうじょう)は雪(ゆき)に覆(おお)われている。 산 정상은 눈으로 덮여 있다.
179	掲(かか)げる	내걸다, 게양하다	ビルに大(おお)きな看板(かんばん)を掲(かか)げている。 빌딩에 큰 간판을 내걸고 있다.
180	欠(か)ける	빠지다	担当者(たんとうしゃ)なのに専門性(せんもんせい)に欠(か)けている。 담당자인데 전문성이 결여되어 있다.

플러스 단어 360

181	駆ける 달리다	彼氏は今でも駆けつけてきてくれそうだ。 남자 친구는 지금이라도 달려와 줄 것 같다.
182	稼ぐ 벌다	家族のために一生懸命お金を稼いでいる。 가족을 위해서 열심히 돈을 벌고 있다.
183	担ぐ 짊어지다	神田祭でお神輿を担ぐことになった。 간다 마쓰리에서 가마를 지게 되었다.
184	交わす 주고받다	あの二人は結婚の約束を交わした。 그 두 사람은 결혼 약속을 주고받았다.
185	刻む 새기다	先生の話は今でも心に刻まれている。 선생님의 이야기는 지금도 마음에 새겨져 있다.
186	くたびれる 지치다	ひどい暑さでみんなくたびれている。 심한 더위로 모두 지쳐 있다.
187	くつろぐ 푹 쉬다	ゆっくりくつろぐには温泉が一番だ。 푹 쉬기에는 온천이 최고이다.
188	暮れる 저물다	日が暮れると少しは涼しくなります。 해가 저물면 조금은 선선해집니다.
189	焦げる 타다	強火にすると焦げてしまいます。 강불로 하면 타 버립니다.
190	拒む 거절하다, 거부하다	お客さんからの要求だから拒むことができない。 손님의 요구이기 때문에 거절할 수 없다.
191	こぼれる 넘치다	コップの水がこぼれました。 컵의 물이 넘쳤습니다.
192	ごまかす 속이다, 얼버무리다	笑ってごまかすのもほどほどにしなさい。 웃음으로 얼버무리는 것도 정도껏 하세요.
193	さかのぼる 거슬러 올라가다	京都の歴史をさかのぼる旅に出る。 교토의 역사를 거슬러 올라가는 여행을 떠난다.
194	探る 찾다	相次ぐ故障の原因を探っている。 계속되는 고장의 원인을 찾고 있다.
195	定める 정하다	国民の義務は憲法で定められている。 국민의 의무는 헌법으로 정해져 있다.

196	錆(さ)びる 녹슬다	潮風(しおかぜ)に当(あ)たって自転車(じてんしゃ)が錆(さ)びてしまった。 바닷바람을 맞아서 자전거가 녹슬어 버렸다.
197	妨(さまた)げる 방해하다	人(ひと)の通行(つうこう)を妨(さまた)げないようにしましょう。 사람의 통행을 방해하지 않도록 합시다.
198	敷(し)く 깔다	この部屋(へや)には畳(たたみ)が敷(し)かれている。 이 방에는 다다미가 깔려 있다.
199	記(しる)す 적다, 기록하다	修正箇所(しゅうせいかしょ)は赤字(あかじ)で記(しる)している。 수정한 곳은 빨간 글씨로 적고 있다.
200	勧(すす)める 추천하다	先生(せんせい)に勧(すす)められた本(ほん)を読(よ)んでいる。 선생님에게 추천받은 책을 읽고 있다.
201	すれ違(ちが)う 엇갈리다	意見(いけん)がすれ違(ちが)って会議(かいぎ)が終(お)わらない。 의견이 엇갈려서 회의가 끝나지 않는다.
202	供(そな)える 바치다	お盆(ぼん)に仏壇(ぶつだん)に花(はな)を供(そな)えました。 오봉(추석)에 불단에 꽃을 바쳤습니다.
203	染(そ)める 염색하다	髪(かみ)の毛(け)を黒(くろ)に染(そ)めたら若(わか)く見(み)える。 머리를 까맣게 염색했더니 젊어 보인다.
204	絶(た)える 끊기다	ここは夜(よる)になっても人通(ひとどお)りが絶(た)えない。 이곳은 밤이 되어도 사람이 끊이지 않는다.
205	耐(た)える 견디다	この建物(たてもの)は震度(しんど)7にも耐(た)えられる。 이 건물은 진도 7에도 견딜 수 있다.
206	耕(たがや)す (논밭을) 갈다	この機械(きかい)は畑(はたけ)を耕(たがや)す時(とき)に使(つか)う。 이 기계는 밭을 갈 때 사용한다.
207	炊(た)く (밥을) 짓다	炊(た)いたばかりのご飯(はん)を冷凍(れいとう)して保存(ほぞん)する。 막 지은 밥을 냉동해서 보존한다.
208	蓄(たくわ)える 쌓다, 비축하다	小学校(しょうがっこう)では基礎(きそ)学力(がくりょく)を蓄(たくわ)えるべきだ。 초등학교에서는 기초 학력을 쌓아야 한다.
209	立(た)て替(か)える 대신 지불하다	家賃(やちん)は親(おや)に立(た)て替(か)えてもらっている。 집세는 부모님이 대신 내주고 있다.
210	ダブる 겹치다	日(ひ)にちを勘違(かんちが)いして約束(やくそく)がダブっちゃった。 날짜를 착각해서 약속이 겹쳐 버렸다.

플러스 단어 360

211	ためらう 망설이다	あの選手は移籍をためらっている。 그 선수는 이적을 망설이고 있다.
212	捕まる 잡히다	盗難事件の犯人が捕まったそうです。 도난 사건의 범인이 잡혔다고 합니다.
213	注ぐ 따르다	コップに溢れるほどビールを注いだ。 컵에 흘러넘칠 정도로 맥주를 따랐다.
214	次ぐ 다음가다, 버금가다	大阪は東京に次ぐ大都会だ。 오사카는 도쿄 다음가는 대도시이다.
215	尽くす 다하다	彼はどんなことにも最善を尽くす。 그는 어떤 일에도 최선을 다한다.
216	告げる 알리다	春の訪れを告げる雨が降っています。 봄소식을 알리는 비가 내리고 있습니다.
217	突っ込む 돌진하다, 깊이 파고들다	突っ込んできた自転車にぶつかった。 돌진해 온 자전거에 부딪혔다.
218	照らす 비추다	夜なのに月に照らされて明るい。 밤인데도 달이 비쳐서 밝다.
219	溶け込む 융화되다, 용해하다	私は新しい環境にすぐ溶け込むタイプだ。 나는 새로운 환경에 금방 융화되는 타입이다.
220	整う 갖추어지다	準備が整った人に奇跡はやってくる。 준비가 갖추어진 사람에게 기적은 찾아온다.
221	怒鳴る 소리지르다	隣の人に急に怒鳴られてびっくりした。 옆 사람이 갑자기 소리를 질러서 놀랐다.
222	取り返す 되돌리다, 만회하다	数学の遅れを取り返すのは難しい。 뒤처진 수학을 만회하는 것은 어렵다.
223	慰める 위로하다	慰めてくれる家族がいてよかった。 위로해 주는 가족이 있어서 다행이다.
224	倣う 따르다, 모방하다	好きな先輩に倣ってサークルに入った。 좋아하는 선배를 따라 동아리에 들어갔다
225	睨む 노려보다	彼は遅刻が多くて社長に睨まれている。 그는 지각이 많아 사장님에게 미움을 사고 있다.

226	煮る	삶다	弱火で1時間じっくり煮てください。 약불로 1시간 푹 삶아 주세요.
227	狙う	노리다	このチームは優勝を狙っている。 이 팀은 우승을 노리고 있다.
228	覗く	들여다보다, 엿보다	授業の様子を覗いてみよう。 수업 모습을 살짝 들여다보자.
229	生える	자라다	庭にたくさんの雑草が生えている。 정원에 많은 잡초가 자라 있다.
230	はがす	벗기다	シールは一度貼るとはがすのが大変だ。 실은 한번 붙이면 벗기는 것이 힘들다.
231	挟む	끼우다, 사이에 두다	道路を挟んで二つのデパートがある。 도로를 끼고 두 개의 백화점이 있다.
232	放す	놓아주다	釣った魚を全部放してやった。 잡은 물고기를 전부 놓아주었다.
233	跳ねる	튀다, 튀어오르다	泥が跳ねて服が汚れてしまった。 진흙이 튀어서 옷이 더러워졌다.
234	控える	삼가다	大雨の時は、外出を控えてください。 호우 때에는 외출을 삼가 주세요.
235	響く	울리다	心に響く名言を集めた本です。 마음을 울리는 명언을 모은 책입니다.
236	塞ぐ	막다, 닫다	トラックが駐車場の出口を塞いでいる。 트럭이 주차장 출구를 막고 있다.
237	防ぐ	방지하다	犯罪は未然に防ぐことが大切です。 범죄는 미연에 방지하는 것이 중요합니다.
238	踏み切る	결단하다, 단행하다	40代で転職に踏み切った。 40대에 이직을 단행했다.
239	震える	떨리다	足が震えるほど怖い経験だった。 다리가 떨릴 정도로 무서운 경험이었다.
240	振る舞う	행동하다	山田は偉そうに振る舞っている。 야마다는 잘났다는 듯이 행동하고 있다.

플러스 단어 360

241 へこむ 침울해지다

あか かれ とき
明るい彼でも時にはへこんだりする。
밝은 그라도 가끔은 우울해지기도 한다.

242 へだ
隔てる 사이에 두다

きつえん きんえん かべ へだ
喫煙と禁煙スペースは壁で隔ててある。
흡연과 금연 공간은 벽을 사이에 두고 있다.

243 へ
経る 거치다

えい が なが じ かん へ かんせい
この映画は長い時間を経て完成した。
이 영화는 오랜 시간을 거쳐서 완성되었다.

244 ま
増す 많아지다, 커지다

じ けん あい つ じゅうみん ふ あん ま
事件が相次いで住民の不安が増している。
사건이 잇따라서 주민의 불안이 커지고 있다.

245 み つ
見詰める 응시하다

れいせい げんじつ み
冷静に現実を見つめなければならない。
냉정하게 현실을 응시해야만 한다.

246 み のが
見逃す 못 보고 지나치다

ちい ふ ぐ あい み のが
小さな不具合も見逃してはいけない。
작은 불량도 놓치면 안 된다.

247 み は
見張る (눈을) 부릅뜨다, 망보다

よう ぎ しゃ いえ ちか み は
容疑者の家の近くで見張っている。
용의자 집 근처에서 감시하고 있다.

248 む
蒸す 찌다

あさ む た
朝は蒸したさつまいもを食べている。
아침에는 찐 고구마를 먹고 있다.

249 めくる (페이지를) 넘기다

て かんそう
手が乾燥していてページをめくりにくい。
손이 건조해서 페이지를 넘기기 어렵다.

250 もたらす 가져오다

きん けんこう こう か
筋トレは健康によい効果をもたらす。
근육 트레이닝은 건강에 좋은 효과를 가져온다.

251 もたれる 기대다

ね
ソファーにもたれて寝てしまった。
소파에 기대서 자 버렸다.

252 もち
用いる 이용하다

し りょう もち
この資料を用いてプレゼンをした。
이 자료를 이용해서 프레젠테이션을 했다.

253 も
漏れる 새다, 누설되다

けいやくないよう も
契約内容が漏れてはいけません。
계약 내용이 누설되면 안 됩니다.

254 やわ
和らげる 부드럽게 하다

かのじょ ひとこと ふん い き やわ
彼女の一言が雰囲気を和らげた。
그녀의 한마디가 분위기를 부드럽게 했다.

255 ゆび さ
指差す (손가락으로) 가리키다

ぼうこう じ けん せ けん ゆび さ
暴行事件で世間から指差されている。
폭행 사건으로 세간에서 손가락질받고 있다.

256	詫(わ)びる 사과하다	対応が遅れたことをお詫びします。 대응이 늦은 것을 사과드립니다.
257	あやふやだ 애매하다	あやふやな答えは相手を困らせる。 애매한 대답은 상대를 곤란하게 한다.
258	大(おお)ざっぱだ 엉성하다	彼は仕事のやり方が大ざっぱだ。 그는 일하는 방식이 엉성하다.
259	臆病(おくびょう)だ 겁이 많다	臆病な性格を少しでも直したいです。 겁 많은 성격을 조금이라도 고치고 싶습니다.
260	和(なご)やかだ 부드럽다	和やかな雰囲気の中で楽しく過ごした。 부드러운 분위기에서 즐겁게 지냈다.
261	おろかだ 어리석다	戦争なんてどんなにおろかなことか！ 전쟁이라니 얼마나 어리석은 일인가!
262	疎(おろそ)かだ 소홀하다	小さなことでも疎かにしたら事故になる。 작은 일이라도 소홀히 하면 사고가 된다.
263	温厚(おんこう)だ 온후하다	彼女は温厚に見えるが、怒ったら怖い。 그녀는 온후하게 보이지만 화내면 무섭다.
264	簡潔(かんけつ)だ 간결하다	簡潔な文章が分かりやすい。 간결한 문장이 이해하기 쉽다.
265	頑固(がんこ)だ 완고하다	彼女は意外と頑固なところがある。 그녀는 의외로 완고한 면이 있다.
266	肝心(かんじん)だ 중요하다	初心を忘れないのが肝心だ。 초심을 잃지 않는 것이 중요하다.
267	簡素(かんそ)だ 간소하다	結婚式はお金をかけず簡素に挙げたい。 결혼식은 돈을 안 들이고 간소하게 올리고 싶다.
268	几帳面(きちょうめん)だ 꼼꼼하다	几帳面な人だからミスが少ない。 꼼꼼한 사람이라서 실수가 적다.
269	気(き)の毒(どく)だ 불쌍하다, 딱하다	そんなに苦しんでいたなんて、気の毒だ。 그렇게 괴로워했었다니 딱하다.
270	険悪(けんあく)だ 험악하다	社長が入ったら険悪なムードになった。 사장이 들어가니 험악한 분위기가 되었다.

플러스 단어 360

271	質素(しっそ)だ 검소하다	お金(かね)持(も)ちなのに質素(しっそ)な生活(せいかつ)をしている。 부자인데도 검소한 생활을 하고 있다.
272	純粋(じゅんすい)だ 순수하다	純粋(じゅんすい)な好奇心(こうきしん)から生(う)まれた質問(しつもん)です。 순수한 호기심에서 나온 질문입니다.
273	速(すみ)やかだ 신속하다	時間(じかん)が決(き)まったら、速(すみ)やかにご連絡(れんらく)します。 시간이 정해지면 신속하게 연락드리겠습니다.
274	清潔(せいけつ)だ 청결하다	このホテルは清潔(せいけつ)で、夜景(やけい)もきれいだ。 이 호텔은 청결하고 야경도 예쁘다.
275	せっかちだ 성급하다	彼(かれ)はせっかちな性格(せいかく)で、ミスが多(おお)い。 그는 성급한 성격이라 실수가 많다.
276	素朴(そぼく)だ 소박하다	昔(むかし)ながらの素朴(そぼく)な民家(みんか)が立(た)ち並(なら)んでいる。 옛날 그대로의 소박한 민가가 늘어서 있다.
277	粗末(そまつ)だ 허술하다, 변변치 않다	自分(じぶん)を粗末(そまつ)にしないで、大切(たいせつ)にしないと。 자신을 소홀히 하지 말고 소중히 생각해야 해.
278	大胆(だいたん)だ 대담하다	彼女(かのじょ)は挑戦(ちょうせん)を恐(おそ)れない大胆(だいたん)な人(ひと)だ。 그녀는 도전을 두려워하지 않는 대담한 사람이다.
279	平(たい)らだ 평평하다	昔(むかし)の人(ひと)は「地球(ちきゅう)は平(たい)らだ」と固(かた)く信(しん)じていた。 옛날 사람들은 지구는 평평하다고 굳게 믿었었다.
280	的確(てきかく)だ 적확하다	的確(てきかく)な指示(しじ)を出(だ)すのが重要(じゅうよう)だ。 적확한 지시를 내리는 것이 중요하다.
281	生意気(なまいき)だ 건방지다	このクラスは生意気(なまいき)な子(こ)ばかりでむかつく。 이 클래스는 건방진 아이뿐이라 화난다.
282	滑(なめ)らかだ 매끄럽다	滑(なめ)らかな肌(はだ)になりたい。 매끄러운 피부가 되고 싶다.
283	のんきだ 느긋하다	のんきなこと言(い)ってる場合(ばあい)じゃないよ。 느긋한 소리 할 상황이 아니야.
284	はるかだ 아득하다	はるかに遠(とお)い未来(みらい)の話(はなし)だろう。 아득히 먼 미래의 이야기겠지.
285	卑怯(ひきょう)だ 비겁하다	卑怯(ひきょう)なやり方(かた)で成功(せいこう)したくない。 비겁한 방법으로 성공하고 싶지 않다.

286	顕著だ けんちょ 현저하다	技術開発に顕著な成果を残した。 ぎじゅつかいはつ けんちょ せいか のこ 기술 개발에 현저한 성과를 남겼다.
287	密かだ ひそ 은밀하다	私の密かな楽しみはダンスです。 わたし ひそ たの 나의 은밀한 즐거움은 댄스입니다.
288	皮肉だ ひにく 짓궂다, 빈정거리다	彼はいつも皮肉な言い方をする。 かれ ひにく い かた 그는 항상 빈정거리는 말투를 쓴다.
289	敏感だ びんかん 민감하다	私の肌は刺激に敏感に反応する。 わたし はだ しげき びんかん はんのう 내 피부는 자극에 민감하게 반응한다.
290	膨大だ ぼうだい 방대하다	地震復興には膨大な費用がかかる。 じしんふっこう ぼうだい ひよう 지진 부흥에는 방대한 비용이 든다.
291	朗らかだ ほが 명랑하다	朗らかで前向きな性格の人です。 ほが まえむ せいかく ひと 명랑하고 긍정적인 성격의 사람입니다.
292	惨めだ みじ 비참하다	こんな惨めな光景は見たことがない。 みじ こうけい み 이런 비참한 광경은 본 적이 없다.
293	むじゃきだ 천진난만하다	赤ちゃんのむじゃきな笑顔が大好きだ。 あか えがお だいす 아기의 천진난만한 웃음을 정말 좋아한다.
294	むやみだ 터무니없다	このブランドはむやみに高いと思う。 たか おも 이 브랜드는 터무니없이 비싼 것 같다.
295	厄介だ やっかい 성가시다	厄介な問題は早く解決したい。 やっかい もんだい はや かいけつ 성가신 문제는 빨리 해결하고 싶다.
296	ゆううつだ 우울하다	私は春になるとゆううつになります。 わたし はる 나는 봄이 되면 우울해집니다.
297	緩やかだ ゆる 완만하다	病気は緩やかに回復している。 びょうき ゆる かいふく 병은 천천히 회복되고 있다.
298	利口だ りこう 영리하다	利口な犬のランキングを紹介します。 りこう いぬ しょうかい 영리한 개 랭킹을 소개하겠습니다.
299	厚かましい あつ 뻔뻔하다	厚かましいお願いですが・・・。 あつ ねが 뻔뻔한 부탁입니다만….
300	危うい あや 위태롭다	命が危ういところだった。 いのち あや 목숨이 위태로운 상황이었다.

301	潔い (미련 없이) 깨끗하다	彼は潔く自分のミスを認めた。 그는 깨끗하게 자신의 실수를 인정했다.
302	勇ましい 용감하다	困難に勇ましく立ち向かった。 곤란에 용감하게 맞섰다.
303	意地悪い 심술궂다	どんな職場にも意地悪い人がいる。 어떤 직장에도 심술궂은 사람이 있다.
304	著しい 뚜렷하다	最近、体力が著しく低下している。 요즘에 체력이 현저하게 저하되고 있다.
305	疑わしい 의심스럽다	今の実力では合格するかどうか疑わしい。 지금 실력으로는 합격할지 어떨지 의심스럽다.
306	惜しい 아쉽다	頑張ったのに逆転負けして惜しかった。 열심히 했는데 역전패를 해서 아쉬웠다.
307	堅い 견고하다	守備が堅いチームが生き残る。 수비가 견고한 팀이 살아남는다.
308	くどい 장황하다	社長は話が長くて、説明がくどい。 사장님은 이야기가 길고 설명이 장황하다.
309	険しい 험하다	ここからは険しい山道が続く。 여기부터는 험한 산길이 계속된다.
310	心細い 쓸쓸하다, 허전하다	一人暮らしの留学生活は心細い。 혼자 사는 유학 생활은 쓸쓸하다.
311	素早い 재빠르다	子供の位置を素早く知らせてくれる。 아이의 위치를 재빠르게 알려준다.
312	情けない 한심하다	情けない試合だったと完敗を認めた。 한심한 경기였다고 완패를 인정했다.
313	憎らしい 얄밉다	彼女は憎らしいほど頭がいい。 그녀는 얄미울 정도로 머리가 좋다.
314	鈍い 둔하다	うちの犬はどんな刺激にも反応が鈍い。 우리 집 개는 어떤 자극에도 반응이 둔하다.
315	のろい 느리다	疲れた時は頭の回転がのろくなる。 피곤할 때는 머리 회전이 느려진다.

316	はなはだしい 심하다	これも知(し)らないなんて無知(むち)もはなはだしい。 이것도 모르다니 심하게 무지하다.
317	久(ひさ)しい 오래되다	彼(かれ)とは卒業(そつぎょう)してから久(ひさ)しく会(あ)っていない。 그와는 졸업하고 나서 오랫동안 만나지 않았다.
318	等(ひと)しい 같다	AとBは大(おお)きさと重(おも)さが等(ひと)しい。 A와 B는 크기와 무게가 같다.
319	待(ま)ち遠(どお)しい 애타게 기다리다	今年(ことし)の夏(なつ)は暑(あつ)すぎて秋(あき)が待(ま)ち遠(どお)しい。 올해 여름은 너무 더워서 가을이 기다려진다.
320	まぶしい 눈부시다	太陽(たいよう)がまぶしくて目(め)が開(あ)けられない。 태양이 눈부셔서 눈을 뜰 수가 없다.
321	空(むな)しい 허무하다	最後(さいご)まで頑張(がんば)ったけど、空(むな)しく負(ま)けた。 마지막까지 열심히 했지만 허무하게 졌다.
322	もろい 약하다	涙(なみだ)にもろくて「泣(な)き虫(むし)」と呼(よ)ばれる。 눈물에 약해서(눈물을 잘 흘려서) '울보'라고 불린다.
323	ややこしい 까다롭다, 복잡하다	本音(ほんね)を隠(かく)すと話(はなし)がややこしくなる。 본심을 숨기면 이야기가 복잡해진다.
324	緩(ゆる)い 느슨하다	この学校(がっこう)は校則(こうそく)が緩(ゆる)い。 이 학교는 교칙이 느슨하다.
325	あるいは 또는	日本語(にほんご)あるいは英語(えいご)で書(か)いてください。 일본어 또는 영어로 적어 주세요.
326	いかに 아무리	いかに疲(つか)れても運動(うんどう)は欠(か)かさない。 아무리 피곤해도 운동은 빠트리지 않는다.
327	一向(いっこう)に 전혀	いくら運動(うんどう)しても一向(いっこう)に痩(や)せない。 아무리 운동해도 전혀 살이 빠지지 않는다.
328	いわば 이를테면	富士山(ふじさん)はいわば日本(にほん)の象徴(しょうちょう)だ。 후지산은 이를테면 일본의 상징이다.
329	大(おお)いに 많이, 대단히	自分(じぶん)の人生(じんせい)を大(おお)いに楽(たの)しみましょう。 자신의 인생을 많이 즐깁시다.
330	おおむね 대강	プレゼンの準備(じゅんび)はおおむねできた。 발표 준비는 대강 끝났다.

플러스 단어 360

331	仮(かり)に 만약	仮(かり)に失敗(しっぱい)してもやり直(なお)すつもりだ。 만약 실패해도 다시 할 생각이다.
332	かろうじて 가까스로	かろうじて終電(しゅうでん)に間(ま)に合(あ)った。 가까스로 마지막 전철에 늦지 않았다.
333	かわりに 대신에	かわりに今日(きょう)は私(わたし)が残業(ざんぎょう)する。 대신에 오늘은 내가 잔업할게.
334	ぎっしり 가득	今週(こんしゅう)は予定(よてい)がぎっしり詰(つ)まっている。 이번 주는 예정이 가득 차 있다.
335	くれぐれも 아무쪼록	家族(かぞく)にくれぐれもよろしくお伝(つた)えください。 가족에게 아무쪼록 안부 전해 주세요.
336	現(げん)に 실제로	この事件(じけん)は現(げん)に起(お)こったことだ。 이 사건은 실제로 일어난 일이다.
337	こっそり 살짝	仕事中(しごとちゅう)にこっそり会社(かいしゃ)を抜(ぬ)け出(だ)した。 일하는 중에 살짝 회사를 빠져나왔다.
338	直(じか)に 직접	直(じか)に触(さわ)ってみたら柔(やわ)らかかった。 직접 만져 봤더니 부드러웠다.
339	直(じき)に 곧, 금방	会議(かいぎ)はもう直(じき)に終(お)わると思(おも)います。 회의는 이제 곧 끝날 것 같습니다.
340	すらすら 척척	夜(よる)は勉強(べんきょう)がすらすら進(すす)みます。 밤에는 공부가 척척 진척됩니다.
341	せいぜい 고작	留学(りゅうがく)といってもせいぜい3か月(げつ)ぐらいだ。 유학이라고 해도 고작 3개월 정도이다.
342	続々(ぞくぞく)と 속속	参加者(さんかしゃ)が続々(ぞくぞく)と集(あつ)まってきた。 참가자가 속속 모여 들었다.
343	それゆえに 그렇기 때문에	それゆえに私(わたし)はこの意見(いけん)に反対(はんたい)です。 그렇기 때문에 나는 이 의견에 반대입니다.
344	転々(てんてん) 전전	世界各地(せかいかくち)を転々(てんてん)とする仕事(しごと)だ。 세계 각지를 전전하는 일이다.
345	とうとう 드디어, 마침내	今日(きょう)修士論文(しゅうしろんぶん)がとうとう完成(かんせい)した。 오늘 석사 논문이 드디어 완성되었다.

346	**とはいえ** 그렇다 해도	とはいえ<ruby>歩<rt>ある</rt></ruby>いて<ruby>行<rt>い</rt></ruby>ける<ruby>距離<rt>きょり</rt></ruby>ではない。 그렇다 해도 걸어서 갈 수 있는 거리가 아니다.
347	**<ruby>何<rt>なに</rt></ruby>しろ** 아무튼	<ruby>何<rt>なに</rt></ruby>しろ<ruby>約束<rt>やくそく</rt></ruby>の<ruby>時間<rt>じかん</rt></ruby>には<ruby>間<rt>ま</rt></ruby>に<ruby>合<rt>あ</rt></ruby>わない。 아무튼 약속 시간에는 못 맞춘다.
348	**ばったりと** 우연히, 딱(뜻밖에 마주침)	<ruby>外国<rt>がいこく</rt></ruby>でばったりと<ruby>友達<rt>ともだち</rt></ruby>に<ruby>会<rt>あ</rt></ruby>った。 외국에서 우연히 친구를 만났다.
349	**<ruby>一時<rt>ひととき</rt></ruby>** 한때	<ruby>一時<rt>ひととき</rt></ruby>、<ruby>世界的<rt>せかいてき</rt></ruby>に<ruby>流行<rt>はや</rt></ruby>っていた<ruby>音楽<rt>おんがく</rt></ruby>です。 한때 세계적으로 유행했던 음악입니다.
350	**ひとまず** 일단	これでひとまず<ruby>安心<rt>あんしん</rt></ruby>しました。 이걸로 일단 안심했습니다.
351	**ぶかぶか** 헐렁헐렁	ぶかぶかした<ruby>靴<rt>くつ</rt></ruby>で<ruby>歩<rt>ある</rt></ruby>き<ruby>方<rt>かた</rt></ruby>が<ruby>変<rt>へん</rt></ruby>だ。 헐렁헐렁한 신발 때문에 걸음이 이상하다.
352	**ふわふわ** 푹신푹신	ふわふわとした<ruby>食感<rt>しょっかん</rt></ruby>のパンケーキだ。 푹신푹신한 식감의 팬케이크이다.
353	**ますます** 더욱더	スマホで<ruby>旅行<rt>りょこう</rt></ruby>がますます<ruby>便利<rt>べんり</rt></ruby>になった。 스마트폰 때문에 여행이 더욱더 편리해졌다.
354	**<ruby>真<rt>ま</rt></ruby>っ<ruby>先<rt>さき</rt></ruby>に** 맨 처음	<ruby>教室<rt>きょうしつ</rt></ruby>に<ruby>真<rt>ま</rt></ruby>っ<ruby>先<rt>さき</rt></ruby>に<ruby>着<rt>つ</rt></ruby>くのはいつも<ruby>彼<rt>かれ</rt></ruby>だ。 교실에 맨 처음 도착하는 것은 항상 그이다.
355	**めっきり** 뚜렷이, 눈에 띄게	<ruby>最近<rt>さいきん</rt></ruby>、<ruby>朝<rt>あさ</rt></ruby>がめっきり<ruby>寒<rt>さむ</rt></ruby>くなった。 요즘 아침이 부쩍 추워졌다.
356	**めったに** 좀처럼	<ruby>彼<rt>かれ</rt></ruby>はめったに<ruby>怒<rt>おこ</rt></ruby>らない<ruby>人<rt>ひと</rt></ruby>だ。 그는 좀처럼 화내지 않는 사람이다.
357	**もはや** 이제는	<ruby>彼<rt>かれ</rt></ruby>はもはや<ruby>昔<rt>むかし</rt></ruby>のように<ruby>若<rt>わか</rt></ruby>くはない。 그는 이제는 옛날처럼 젊지는 않다.
358	**やがて** 곧, 머지않아	この<ruby>会社<rt>かいしゃ</rt></ruby>に<ruby>入<rt>はい</rt></ruby>ってやがて 1 <ruby>年<rt>ねん</rt></ruby>になる。 이 회사에 들어와서 머지않아 1년이 된다.
359	**やたらと** 무턱대고, 몹시	だんなはやたらと<ruby>お金<rt>かね</rt></ruby>を<ruby>欲<rt>ほ</rt></ruby>しがる。 남편은 몹시 돈을 원한다.
360	**ろくに** 제대로	<ruby>基本的<rt>きほんてき</rt></ruby>な<ruby>英会話<rt>えいかいわ</rt></ruby>もろくにできない。 기본적인 영어 회화도 제대로 못한다.

색인

색인

색인

색인

색인

색인

색인

색인

색인

색인

な행

は행

색인

색인

ま행

색인

색인

ら 행

색인

Memo

Memo

중요 단어

시험장에서 중요도 높은 단어를 빠르게 훑어볼 수 있도록 본책의 1순위 단어를 정리했습니다.

중요 단어

단어	뜻	단어	뜻
普及(ふきゅう)	보급	予測(よそく)	예측
誤り(あやま)	오류	冷蔵庫(れいぞうこ)	냉장고
乾燥(かんそう)	건조	撮影(さつえい)	촬영
違反(いはん)	위반	バランス	밸런스, 균형
混乱(こんらん)	혼란	アレンジ	정리, 배열, 편곡, 각색
協力(きょうりょく)	협력	含む(ふく)	포함하다
優勝(ゆうしょう)	우승	抱える(かか)	안다, (어려움 등을) 껴안다
きっかけ	계기	断る(ことわ)	거절하다
管理(かんり)	관리	重ねる(かさ)	겹치다, 쌓다
装置(そうち)	장치	欠かす(か)	빠트리다
油断(ゆだん)	방심	達する(たっ)	달하다
省略(しょうりゃく)	생략	当てる(あ)	맞히다, 대다, 해당하다
破片(はへん)	파편	ぶつける	부딪치다
警備(けいび)	경비	乱れる(みだ)	흐트러지다, 엉망이 되다
注目(ちゅうもく)	주목	備える(そな)	대비하다, 준비하다
発揮(はっき)	발휘	問い合わせる(と・あ)	문의하다
完了(かんりょう)	완료	怒る(おこ)	화내다
改善(かいぜん)	개선	劣る(おと)	떨어지다, 뒤지다

단어	뜻	단어	뜻
回復(かいふく)	회복	世(よ)の中(なか)	세상
郊外(こうがい)	교외	抽選(ちゅうせん)	추첨
法律(ほうりつ)	법률	製造(せいぞう)	제조
禁止(きんし)	금지	ショック	쇼크, 충격
腕(うで)	팔, 기술, 솜씨	リーダー	리더
治療(ちりょう)	치료	破(やぶ)れる	찢어지다, 깨지다, 터지다
福祉(ふくし)	복지	済(す)ませる	끝내다
評判(ひょうばん)	평판	慌(あわ)てる	당황하다
植物(しょくぶつ)	식물	招(まね)く	부르다, 초대하다, 초래하다
追加(ついか)	추가	与(あた)える	주다, 공급하다
勢(いきお)い	기세, 힘	乾(かわ)く	마르다, 건조되다
討論(とうろん)	토론	雇(やと)う	고용하다
収穫(しゅうかく)	수확	振(ふ)り向(む)く	뒤돌아보다
中断(ちゅうだん)	중단	触(ふ)れる	닿다, 접촉하다
進学率(しんがくりつ)	진학율	傾(かたむ)く	기울다
行方(ゆくえ)	행방	補(おぎな)う	보충하다
尊重(そんちょう)	존중	暮(く)らす	살다, 생활하다
過剰(かじょう)	과잉	救(すく)う	구하다

중요 단어

단어	뜻	단어	뜻
苦情(くじょう)	불만, 고충, 불편	演説(えんぜつ)	연설
強火(つよび)	강한 불	変更(へんこう)	변경
招待(しょうたい)	초대	邪魔(じゃま)	방해
出版(しゅっぱん)	출판	リラックス	릴랙스, 긴장을 푸는 것
商品(しょうひん)	상품	プラン	플랜, 계획
延期(えんき)	연기	譲(ゆず)る	양보하다, 물려주다
操作(そうさ)	조작	揃(そろ)う	갖추어지다, 모이다
削除(さくじょ)	삭제	散(ち)らかす	어지르다, 흩뜨리다
目上(めうえ)	윗사람	湿(しめ)る	습하다, 축축하다
安定(あんてい)	안정	悩(なや)む	고민하다
地元(じもと)	고향, 근거지, 그 고장	戻(もど)す	되돌리다, 돌려놓다
言(い)い訳(わけ)	변명	略(りゃく)する	줄이다, 생략하다
容姿(ようし)	모습, 자태, 얼굴과 몸매	取(と)り扱(あつか)う	취급하다
我慢(がまん)	참음, 용서	隠(かく)す	숨기다, 감추다
総額(そうがく)	총액	訪(おとず)れる	방문하다, 찾아오다
役目(やくめ)	역할, 임무	打(う)ち消(け)す	부정하다, 없애다, 지우다
最寄(もよ)り	가장 가까움	差(さ)し支(つか)える	지장이 있다, 방해가 되다
催促(さいそく)	재촉	優(すぐ)れる	뛰어나다, 우수하다

단어	뜻	단어	뜻
きゅうじん 求人	구인	けいき 契機	계기
みっぺい 密閉	밀폐	がんぼう 願望	원망, 바람, 희망
やま 山のふもと	산기슭	いってん 一転	일전, 완전히 바뀌는 것, 일변
ひふ 皮膚	피부	シーズン	시즌, 성수기
そうぞう 想像	상상	アピール	어필
かんづめ 缶詰	통조림	むかつく	화가 나다, 메슥거리다
ぎろん 議論	논의, 토론, 의논	の 述べる	말하다, 서술하다
こうぞう 構造	구조	ちぢ 縮む	줄다, 쭈글쭈글해지다
かいさつぐち 改札口	개찰구	にぎ 握る	쥐다
ひがい 被害	피해	せま 迫る	다가오다, 육박하다
げんしょう 現象	현상	く 悔やむ	후회하다, 애석히 여기다
かいせい 改正	개정	めざ 目指す	목표로 하다
ぼうさい 防災	방재	な 慣れる	익숙하다
かんじょう 勘定	계산, 지불, 셈	と 解く	풀다
きょひ 拒否	거부	おそ 恐れる	두려워하다
あいず 合図	신호, 사인	たも 保つ	유지하다
ぎょうじ 行事	행사	あいつ 相次ぐ	잇따르다
いきぬ 息抜き	잠시 쉼, 한숨 돌림	しょう 生じる	생기다, 발생하다

중요 단어

단어	뜻	단어	뜻
ぶんかい 分解	분해	ぼうえき 貿易	무역
てんかい 展開	전개	しゅうのう 収納	수납
ほしょう 保証	보증	ようじん 用心	조심
はり 針	침	メリット	메리트, 장점, 이점
ようきゅう 要求	요구	レンタル	대여, 빌림, 임대
れいぎ 礼儀	예의	う い 受け入れる	받아들이다
かんさつ 観察	관찰	あま 甘やかす	응석을 받아주다
せんそう 戦争	전쟁	しぼ 絞る	짜다, (범위를) 좁히다
りょうしゅうしょ 領収書	영수서(증)	やしな 養う	기르다, 양성하다
けいゆ 経由	경유	こと 異なる	다르다
ふくさよう 副作用	부작용	ともな 伴う	동반하다
もよお 催し	모임, 행사	か し 買い占める	사재기하다, 매점하다
きょり 距離	거리	ささやく	속삭이다, 소곤거리다
かくほ 確保	확보	つ 積む	쌓다, 싣다
めいしょ 名所	명소	いた 痛む	아프다, 손상되다
ていせい 訂正	정정	おさ 収める	거두다, 얻다, 넣다
ひひょう 批評	비평	のぞ 除く	제외하다, 빼다
けいぞく 継続	계속	しず 沈む	가라앉다, 저물다, 지다

단어	뜻	단어	뜻
そう ご 相互	상호	へんきゃく 返却	반납
し せい 姿勢	자세	ざいせき 在籍	재적
しょうとつ 衝突	충동	びょうどう 平等	평등
もん く 文句	불만, 불평	デザイン	디자인
ちょうじょう 頂上	정상	パンク	펑크
せつやく 節約	절약	ち 散らかる	흩어지다, 어질러지다
かんゆう 勧誘	권유	こお 凍る	얼다
かくじゅう 拡充	확충	したが 従う	따르다
あっしょう 圧勝	압승	おも 思いつく	생각해 내다
そんがい 損害	손해	めぐ 恵む	(은혜를) 베풀다
すみ 隅	구석	さそ 誘う	권하다, 불러내다
ま ぎわ 間際	바로 옆, 직전	うつむく	고개를 숙이다
かっこう 格好	모습, 모양	まも 守る	지키다
き ぼ 規模	규모	はげ 励む	힘쓰다, 전념하다
かた 肩	어깨	き 効く	듣다, 효과가 있다
いんたい 引退	은퇴	し 占める	차지하다, 점유하다
はんせい 反省	반성	へ 減る	줄다, 감소하다
とうぼう 逃亡	도망	かな 叶う	이루어지다

중요 단어

단어	뜻	단어	뜻
利益(りえき)	이익	汚染(おせん)	오염
諸国(しょこく)	제국, 여러 나라	世紀(せいき)	세기
首脳(しゅのう)	수뇌, 정상	貯蔵(ちょぞう)	저장
技術(ぎじゅつ)	기술	ブーム	붐, 유행
水滴(すいてき)	물방울	テンポ	템포, 박자
都合(つごう)	사정, 형편	務(つと)める	(역할을) 맡다
限定(げんてい)	한정	驚(おどろ)く	놀라다
交代(こうたい)	교대	抑(おさ)える	억제하다, 누르다
世間(せけん)	세간, 세상	つぶす	부수다, 망치다, (체면을) 손상시키다
爆発(ばくはつ)	폭발	足(た)す	더하다
機嫌(きげん)	기분, 심사	立(た)ち去(さ)る	(자리를) 떠나다, 물러가다
欧米(おうべい)	구미(유럽과 미국)	争(あらそ)う	싸우다
矛盾(むじゅん)	모순	掘(ほ)る	파다
廃止(はいし)	폐지	繰(く)り返(かえ)す	반복하다
補足(ほそく)	보족, 보충	積(つ)み重(かさ)なる	쌓이다, 겹쳐지다
上昇(じょうしょう)	상승	敗(やぶ)れる	패하다, 지다
愚痴(ぐち)	불평, 불만	競(きそ)う	경쟁하다
抵抗(ていこう)	저항	省(はぶ)く	생략하다

단어	뜻	단어	뜻
順調だ(じゅんちょう)	순조롭다	わずかだ	근소하다
勝手だ(かって)	제멋대로이다	積極的だ(せっきょくてき)	적극적이다
豊かだ(ゆた)	풍부하다, 풍요롭다	有効だ(ゆうこう)	유효하다
妥当だ(だとう)	타당하다	急速だ(きゅうそく)	급속하다
鮮やかだ(あざ)	선명하다	ルーズだ	헐렁하다, 느슨하다
夢中だ(むちゅう)	빠져 있다	幼い(おさな)	어리다
安易だ(あんい)	안이하다	珍しい(めずら)	드물다, 희귀하다, 신기하다
正直だ(しょうじき)	정직하다, 솔직하다	鋭い(するど)	예리하다
でたらめだ	엉터리이다, 터무니없다	やむを得ない(え)	어쩔 수 없다
独特だ(どくとく)	독특하다	乏しい(とぼ)	모자라다, 가난하다, 부족하다
貴重だ(きちょう)	귀중하다	詳しい(くわ)	자세하다, 상세하다
柔軟だ(じゅうなん)	유연하다	快い(こころよ)	기분이 좋다, 유쾌하다
面倒だ(めんどう)	귀찮다	賢い(かしこ)	현명하다, 똑똑하다
真剣だ(しんけん)	진지하다, 진심이다	涼しい(すず)	선선하다
大げさだ(おお)	과장되다, 요란스럽다	ふさわしい	어울리다
温暖だ(おんだん)	온난하다	やかましい	시끄럽다, 번거롭다
深刻だ(しんこく)	심각하다	怖い(こわ)	무섭다
明らかだ(あき)	분명하다	そそっかしい	경솔하다, 차분하지 않다

중요 단어

단어	뜻	단어	뜻
豊富(ほうふ)だ	풍부하다	なだらかだ	완만하다, 순조롭다, 원활하다
曖昧(あいまい)だ	애매하다	穏(おだ)やかだ	온화하다
変(へん)だ	이상하다	手軽(てがる)だ	손쉽다, 간단하다
冷静(れいせい)だ	냉정하다	大幅(おおはば)だ	폭이 넓다
わがままだ	제멋대로이다	スムーズだ	원활하다, 순조롭다
哀(あわ)れだ	불쌍하다, 애처롭다, 가엾다	怪(あや)しい	수상하다, 이상하다
率直(そっちょく)だ	솔직하다	頼(たの)もしい	믿음직하다, 촉망되다
活発(かっぱつ)だ	활발하다	悔(くや)しい	분하다, 억울하다
密接(みっせつ)だ	밀접하다	激(はげ)しい	심하다, 격하다
抽象的(ちゅうしょうてき)だ	추상적이다	輝(かがや)かしい	눈부시다, 빛나다, 훌륭하다
贅沢(ぜいたく)だ	사치스럽다, 분에 넘치다	慌(あわ)ただしい	분주하다, 숨가쁘다
幸(さいわ)いだ	다행이다	心強(こころづよ)い	마음 든든하다
垂直(すいちょく)だ	수직이다	ずるい	치사하다, 교활하다
乱暴(らんぼう)だ	난폭하다	恐(おそ)ろしい	무섭다, 염려스럽다
かすかだ	희미하다, 어렴풋하다	荒(あら)い	거칠다, 사납다, 거세다
永久(えいきゅう)だ	영구적이다	湿(しめ)っぽい	축축하다, 습하다
稀(まれ)だ	드물다	たくましい	늠름하다, 강인하다
小柄(こがら)だ	몸집이 작다	思(おも)いがけない	뜻밖이다

단어	뜻	단어	뜻
改めて(あらた)	다시(한번), 새삼스럽게	しばらく	잠시, 잠깐
たびたび	자주, 누차	じたばた	허둥지둥, 바둥바둥
突然(とつぜん)	돌연, 갑자기	きっぱり	단호히
途中(とちゅう)	도중에	ぎりぎり	빠듯함, 아슬아슬함
偶然(ぐうぜん)	우연히, 뜻밖에	ぐったり	축 늘어짐, 녹초가 됨
のんびり	느긋함, 한가로움	かつて	일찍이, 예전에, 옛날에
せめて	적어도, 하다못해	相変わらず(あいか)	변함없이
どうせ	어차피, 어쨌든, 결국	常に(つね)	언제나, 항상, 늘
はっきり	분명히, 확실히	あらゆる	모든
単なる(たん)	단순한	むしろ	오히려, 차라리
いきなり	갑자기	やっと	겨우, 간신히, 가까스로
とりあえず	우선, 일단, 즉시	とっくに	훨씬 이전에, 벌써
おそらく	아마도	ようやく	겨우, 가까스로, 드디어
着々と(ちゃくちゃく)	순조롭게, 척척	予め(あらかじ)	미리, 사전에
思い切って(おもき)	과감히, 마음껏	しかも	게다가
相当(そうとう)	상당히	したがって	따라서
直ちに(ただ)	곧, 즉시	すなわち	곧, 다시 말하면, 즉시
当分(とうぶん)	당분간	ただし	단, 단지

Memo

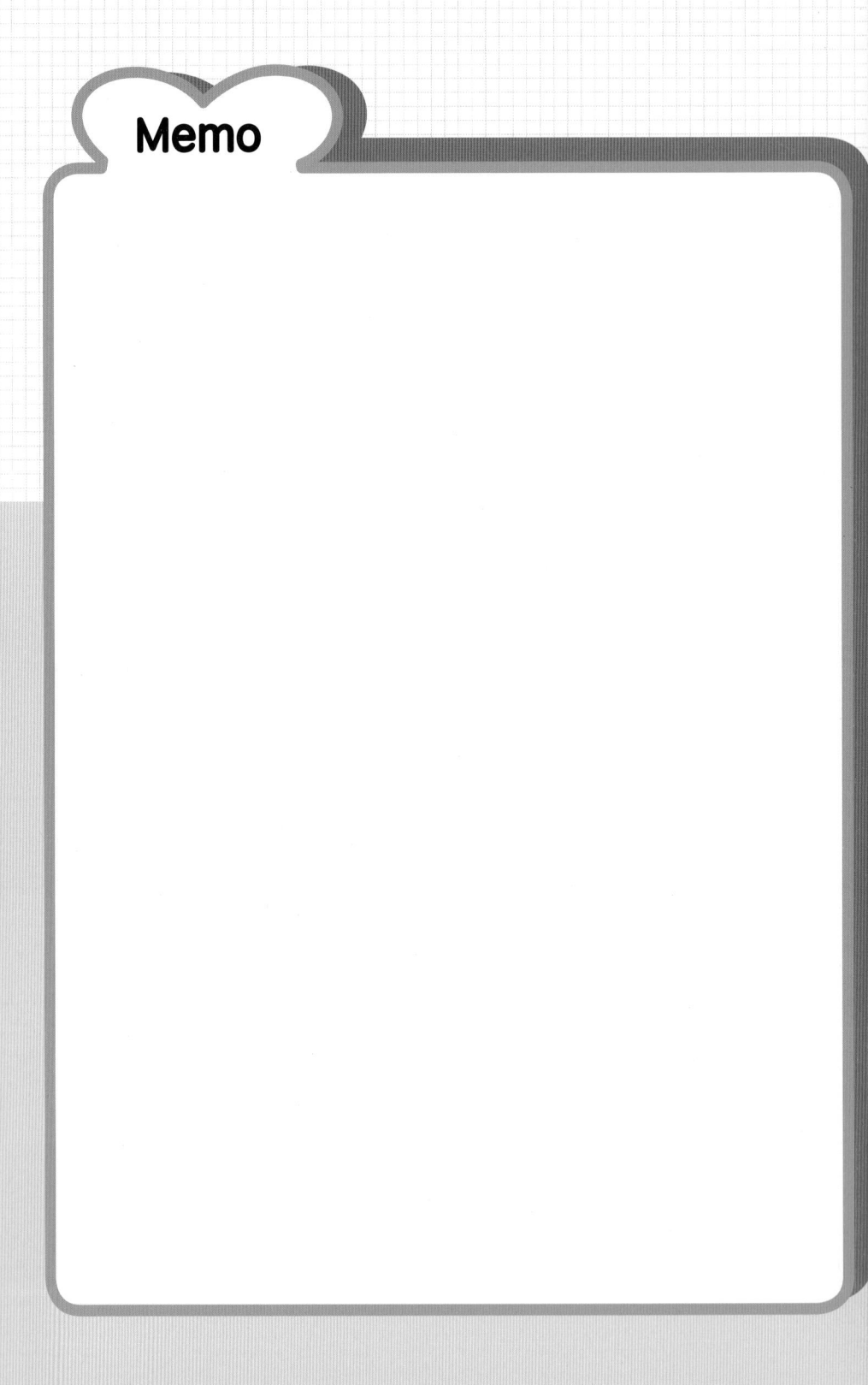

꿀팁 정리

동음이의어, 틀리기 쉬운 한자 읽기, 형태가 비슷한 한자 등 고득점 획득을 위한 팁들을 한눈에 볼 수 있도록 정리했습니다.

꿀팁 정리

동음이의어

破(やぶ)れる	찢어지다, 깨지다
敗(やぶ)れる	지다, 패배하다
保証(ほしょう)	보증
保障(ほしょう)	보장
収(おさ)める	거두다, 얻다, 넣다
納(おさ)める	(세금을) 납부하다
治(おさ)める	(혼란을) 수습하다
修(おさ)める	(심신을) 수양하다
効(き)く	듣다, 효과가 있다
利(き)く	듣다, 기능을 발휘하다
務(つと)める	(역할을) 맡다
勤(つと)める	일하다, 근무하다
努(つと)める	힘쓰다
抑(おさ)える	억제하다(감정, 기분)
押(お)さえる	누르다(물리적 힘)
攻(せ)める	공격하다
責(せ)める	비난하다
謝(あやま)る	사과하다
誤(あやま)る	실수하다, 틀리다
尋(たず)ねる	질문하다, 묻다(겸양어)
訪(たず)ねる	찾다, 방문하다
覚(さ)める	깨다(잠, 술, 정신)
冷(さ)める	식다
越(こ)える	넘다(산, 언덕, 강 등)
超(こ)える	넘다(일정한 분량 등)
捜(さが)す	찾다(범인, 분실물 등)
探(さが)す	찾다(집, 직업 등)
映(うつ)る	비치다
移(うつ)る	옮기다, 이동하다

틀리기 쉬운 한자 읽기

省 살필 성, 덜 생	省略(しょうりゃく) 생략
	反省(はんせい) 반성
復 회복할 복, 다시 부	回復(かいふく) 회복
	復活(ふっかつ) 부활

世 세상 세	よ なか 世の中 세상
	せ かい 世界 세계
	せい き 世紀 세기
地 땅 지	じ もと 地元 고향, 근거지
	ち きゅう 地球 지구
重 무거울 중	そんちょう 尊重 존중
	じゅうりょう 重量 중량
役 부릴 역, 소임 역	やく め 役目 역할, 임무
	げんえき 現役 현역
説 말씀 설	えんぜつ 演説 연설
	せつめい 説明 설명
定 정할 정	かんじょう 勘定 계산, 지불
	げんてい 限定 한정
図 그림 도	ち ず 地図 지도
	い と 意図 의도
行 갈 행	ぎょう じ 行事 행사
	こうどう 行動 행동

由 말미암을 유	けい ゆ 経由 경유
	じ ゆう 自由 자유
所 바 소, 곳 소	めいしょ 名所 명소
	きんじょ 近所 근처
易 바꿀 역, 쉬울 이	ぼうえき 貿易 무역
	あん い 安易 안이
心 마음 심	ようじん 用心 조심
	しん り 心理 심리
文 글월 문	もん く 文句 불만, 불평
	ぶんしょう 文章 문장
平 평평할 평	びょうどう 平等 평등
	へいきん 平均 평균
占 점칠 점, 점령할 점	し 占める 차지하다
	うらな 占う 점치다
都 도읍 도	つ ごう 都合 사정, 형편
	と し 都市 도시
代 대신할 대	こうたい 交代 교대
	だい り 代理 대리

꿀팁 정리

한자	단어
米 쌀 미	欧米(おうべい) 구미(유럽과 미국)
	新米(しんまい) 햅쌀, 신참
正 바를 정	正面(しょうめん) 정면
	正門(せいもん) 정문
倒 넘어질 도	面倒(めんどう)だ 귀찮다
	圧倒(あっとう) 압도
直 곧을 직	率直(そっちょく) 솔직
	正直(しょうじき) 정직
頼 의뢰할 뢰	頼(たの)む 부탁하다
	頼(たよ)る 의지하다
然 그러할 연	突然(とつぜん) 돌연
	天然(てんねん) 천연
景 볕 경	景色(けしき) 경치
	景気(けいき) 경기
作 지을 작	作業(さぎょう) 작업
	作成(さくせい) 작성
合 합할 합	合格(ごうかく) 합격
	合併(がっぺい) 합병

한자	단어
外 바깥 외	外見(がいけん) 외견, 겉모습
	外科(げか) 외과
焦 탈 초	焦(あ)せる 초조해하다
	焦(こ)げる 타다
通 통할 통	通(つう)じる (마음, 말이) 통하다
	通(と)おる 통과하다, 지나가다
場 마당 장	場面(ばめん) 장면
	登場(とうじょう) 등장
色 빛 색	特色(とくしょく) 특색
	景色(けしき) 경치
土 흙 토	国土(こくど) 국토
	土地(とち) 토지
相 서로 상	首相(しゅしょう) 수상
	相談(そうだん) 상담
気 기운 기	活気(かっき) 활기
	人気(ひとけ) 인기척
応 응할 응	応援(おうえん) 응원
	反応(はんのう) 반응

工 장인 공	工夫(くふう) 궁리
	工学(こうがく) 공학
抱 안을 포	抱(かか)える 안다(고민, 걱정 등)
	抱(だ)く 안다(물리적인 것)
	抱(いだ)く 안다(꿈, 불안 등)
興 일 흥, 흥취 흥	復興(ふっこう) 부흥
	興味(きょうみ) 흥미
名 이름 명	名字(みょうじ) 성, 성씨
	氏名(しめい) 성명
迷 미혹할 미	迷子(まいご) 미아
	迷路(めいろ) 미로
着 붙을 착	着(つ)く 도착하다
	着(き)る 입다
規 법 규	規制(きせい) 규제
	定規(じょうぎ) 자
児 아이 아	児童(じどう) 아동
	小児(しょうに) 소아

存 있을 존	依存(いぞん)(= いそん) 의존
	存在(そんざい) 존재
注 부을 주	注(そそ)ぐ 쏟다(액체, 힘, 노력 등)
	注(つ)ぐ 따르다(액체)
無 없을 무	無口(むくち) 무뚝뚝함
	無事(ぶじ) 무사함
強 굳셀 강	強引(ごういん) 억지로 함
	強力(きょうりょく) 강력
手 손 수	派手(はで) 화려함
	手足(てあし) 손발
下 아래 하	下品(げひん) 천함, 품위가 없음
	地下(ちか) 지하
画 그림 화	画期的(かっきてき) 획기적
	画面(がめん) 화면
丁 장정 정	丁寧(ていねい) 정중함, 정성스러움
	丁度(ちょうど) 꼭, 정확히, 마침
競 다툴 경	競争(きょうそう) 경쟁
	競馬(けいば) 경마

꿀팁 정리

한자	단어
登 오를 등	登山(とざん) 등산
	登校(とうこう) 등교
家 집 가	家賃(やちん) 집세
	家族(かぞく) 가족
中 가운데 중	授業中(じゅぎょうちゅう) 수업 중
	世界中(せかいじゅう) 전 세계
済 건널 제, 끝낼 제	経済(けいざい) 경제
	返済(へんさい) 변제
品 물건 품	製品(せいひん) 제품
	品物(しなもの) 물품, 물건
日 날 일	翌日(よくじつ) 익일, 다음날
	日時(にちじ) 일시
力 힘 력	魅力(みりょく) 매력
	自力(じりき) 자력
金 쇠 금	金額(きんがく) 금액
	黄金(おうごん) 황금
言 말씀 언	伝言(でんごん) 전언
	言語(げんご) 언어
物 물건 물	物質(ぶっしつ) 물질
	貨物(かもつ) 화물
盛 성할 성	盛大(せいだい) 성대
	繁盛(はんじょう) 번성(번창)
主 주인 주	主(おも)だ 주요하다, 중요하다
	持(も)ち主(ぬし) 소유주
不 아니 불(부)	不器用(ぶきよう)だ 서투르다
	不案(ふあん)だ 불안하다

형태가 비슷한 한자

한자	단어
操 잡을 조	操作(そうさ) 조작
燥 마를 조	乾燥(かんそう) 건조
違 어긋날 위	違反(いはん) 위반
偉 클 위	偉大(いだい) 위대
破 깨뜨릴 파	破片(はへん) 파편
被 입을 피	被害(ひがい) 피해
警 경계할 경	警備(けいび) 경비
敬 공경할 경	敬語(けいご) 경어

注 부을 주	注目(ちゅうもく) 주목
住 살 주	住所(じゅうしょ) 주소
測 헤아릴 측	観測(かんそく) 관측
側 곁 측	側面(そくめん) 측면
則 법 칙	反則(はんそく) 반칙
怒 성낼 노	怒(おこ)る 화내다
努 힘쓸 노	努(つと)める 힘쓰다
撮 찍을 촬	撮影(さつえい) 촬영
最 가장 최	最高(さいこう) 최고
療 고칠 료	治療(ちりょう) 치료
僚 동료 료	同僚(どうりょう) 동료
福 복 복	福祉(ふくし) 복지
副 버금 부	副詞(ふくし) 부사
穫 거둘 확	収穫(しゅうかく) 수확
獲 얻을 획	獲得(かくとく) 획득
製 지을 제	製造(せいぞう) 제조
制 절제할 제	制度(せいど) 제도

写 베낄 사	写(うつ)す 베끼다
与 줄 여	与(あた)える 주다, 부여하다
暮 저물 모	暮(く)らす 살다
募 모을 모	募(つの)る 모으다
招 부를 초	招待(しょうたい) 초대
紹 이을 소	紹介(しょうかい) 소개
版 널 판	出版(しゅっぱん) 출판
販 팔 판	販売(はんばい) 판매
坂 언덕 판	坂(さか) 언덕
板 널빤지 판	板(いた) 판자, 널빤지
除 덜 제	除去(じょきょ) 제거
徐 천천히 할 서	徐行(じょこう) 서행
途 길 도	途中(とちゅう) 도중
慢 게으를 만	我慢(がまん) 참음
漫 흩어질 만	漫画(まんが) 만화
魔 마귀 마	邪魔(じゃま) 방해
磨 갈 마	研磨(けんま) 연마

꿀팁 정리

湿 젖을 습	湿度(しつど) 습도
温 따뜻할 온	温度(おんど) 온도
求 구할 구	求人(きゅうじん) 구인
	求める(もと) 요구하다
救 구원할 구	救急(きゅうきゅう) 구급
	救う(すく) 구하다
球 공 구	地球(ちきゅう) 지구
像 모양 상	想像(そうぞう) 상상
象 코끼리 상	印象(いんしょう) 인상
議 의논할 의	議論(ぎろん) 논의, 토론, 의논
義 옳을 의	講義(こうぎ) 강의
構 얽을 구	構造(こうぞう) 구조
講 강론할 강	講演(こうえん) 강연
儀 거동 의	礼儀(れいぎ) 예의
観 볼 관	観察(かんさつ) 관찰
歓 기쁠 환	歓迎(かんげい) 환영
距 떨어질 거	距離(きょり) 거리
拒 막을 거	拒否(きょひ) 거부

伴 짝 반	伴う(ともな) 동반하다
従 좇을 종	従う(したが) 따르다
衝 부딪칠 충	衝突(しょうとつ) 충돌
衡 저울대 형	均衡(きんこう) 균형
節 마디 절	節約(せつやく) 절약
筋 힘줄 근	筋肉(きんにく) 근육
勧 권할 권	勧誘(かんゆう) 권유
観 볼 관	観光(かんこう) 관광
拡 넓힐 확	拡充(かくじゅう) 확충
広 넓을 광	広告(こうこく) 광고
模 본뜰 모	規模(きぼ) 규모
漠 사막 막	砂漠(さばく) 사막
逃 도망할 도	逃亡(とうぼう) 도망
挑 돋울 도	挑戦(ちょうせん) 도전
却 물러날 각	返却(へんきゃく) 반납
脚 다리 각	脚本(きゃくほん) 각본
諸 여러 제	諸国(しょこく) 제국, 여러 나라
緒 실마리 서	内緒(ないしょ) 비밀

脳 뇌 뇌	しゅのう 首脳 수뇌
悩 번뇌할 뇌	くのう 苦悩 고뇌
滴 물방울 적	すいてき 水滴 물방울
摘 딸 적	てきしゅつ 摘出 적출
適 맞을 적	てきよう 適用 적용
敵 대적할 적	てきぐん 敵軍 적군
限 한정할 한	げんてい 限定 한정
根 뿌리 근	こんきょ 根拠 근거
爆 터질 폭	ばくはつ 爆発 폭발
暴 사나울 폭	ぼうこう 暴行 폭행
矛 창 모	むじゅん 矛盾 모순
予 미리 예	よやく 予約 예약
序 차례 서	じゅんじょ 順序 순서
剣 칼 검	しんけん 真剣 진지, 진심
検 검사할 검	けんじ 検事 검사
鋭 날카로울 예	するど 鋭い 날카롭다
鈍 둔할 둔	にぶ 鈍い 둔하다

豊 풍년 풍	ほうふ 豊富 풍부
農 농사 농	のうみん 農民 농민
抽 뽑을 추	ちゅうしょうてき 抽象的 추상적
油 기름 유	ゆでん 油田 유전
詳 자세할 상	しょうさい 詳細 상세
洋 큰 바다 양	ようしょく 洋食 양식
補 도울 보	ほじゅう 補充 보충
	おぎな 補う 보충하다
捕 잡을 포	たいほ 逮捕 체포
	と 捕らえる 잡다, 파악하다
賢 어질 현	けんめい 賢明 현명
	かしこ 賢い 현명하다
堅 굳을 견	けんご 堅固 견고
	かた 堅い 단단하다
垂 드리울 수	すいちょく 垂直 수직
乗 탈 승	じょうしゃ 乗車 승차
永 길 영	えいきゅう 永久 영구
氷 얼음 빙	ひょうが 氷河 빙하

꿀팁 정리

軽 가벼울 경	軽量(けいりょう) 경량
較 견줄 교	比較(ひかく) 비교
慌 어리둥절할 황	慌(あわ)ただしい 분주하다
荒 거칠 황	荒(あら)い 거칠다
穏 편안할 온	穏(おだ)やかだ 온화하다
隠 숨길 은	隠(かく)す 숨기다
援 도울 원	援助(えんじょ) 원조
緩 느릴 완	緩和(かんわ) 완화
硬 굳을 경	硬貨(こうか) 경화, 동전
便 편할 편	便利(べんり) 편리
拾 주울 습	拾(ひろ)う 줍다
捨 버릴 사	捨(す)てる 버리다
偏 기울 편	偏(かたよ)る 기울다
編 엮을 편	編(あ)む 짜다
削 깎을 삭	削(けず)る 깎다
消 사라질 소	消(け)す 지우다, 끄다
提 끌 제	提供(ていきょう) 제공
掲 높이 들 게	掲示(けいじ) 게시

賃 품삯 임	運賃(うんちん) 운임
貨 재물 화	貨物(かもつ) 화물
録 기록할 록	登録(とうろく) 등록
緑 푸를 록	緑茶(りょくちゃ) 녹차
範 법 범	範囲(はんい) 범위
節 마디 절	節約(せつやく) 절약
批 비평할 비	批判(ひはん) 비판
比 견줄 비	比例(ひれい) 비례
寄 부칠 기	寄付(きふ) 기부
奇 기특할 기	奇妙(きみょう) 기묘
祝 빌 축	祝(いわ)う 축하하다
祈 빌 기	祈(いの)る 바라다
眺 바라볼 조	眺(なが)める 바라보다
挑 돋울 도	挑(いど)む 도전하다
例 법식 례	例外(れいがい) 예외
列 벌일 렬	行列(ぎょうれつ) 행렬
採 캘 채	採用(さいよう) 채용
菜 나물 채	野菜(やさい) 야채

壁 벽 벽	壁(かべ) 벽
癖 버릇 벽	癖(くせ) 버릇
権 권세 권	権利(けんり) 권리
勧 권할 권	勧告(かんこく) 권고
編 엮을 편	編集(へんしゅう) 편집
偏 치우칠 편	偏見(へんけん) 편견
職 직분 직	就職(しゅうしょく) 취직
識 알 식	知識(ちしき) 지식
察 살필 찰	診察(しんさつ) 진찰
擦 문지를 찰	摩擦(まさつ) 마찰
建 세울 건	建築(けんちく) 건축
健 굳셀 건	健康(けんこう) 건강
較 견줄 교	比較(ひかく) 비교
転 구를 전	回転(かいてん) 회전
共 한가지 공	共通(きょうつう) 공통
供 이바지할 공	供給(きょうきゅう) 공급
結 맺을 결	結(むす)ぶ 묶다
詰 물을 힐	詰(つ)まる 꽉 차다

輸 보낼 수	輸入(ゆにゅう) 수입
輪 바퀴 륜	車輪(しゃりん) 차바퀴
否 아닐 부	否定(ひてい) 부정
不 아닐 부(불)	不便(ふべん) 불편
注 부을 주	注意(ちゅうい) 주의
主 주인 주	主要(しゅよう) 주요
逮 잡을 체	逮捕(たいほ) 체포
康 편안 강	健康(けんこう) 건강
際 즈음 제	国際(こくさい) 국제
祭 제사 제	祭典(さいてん) 제전
給 줄 급	供給(きょうきゅう) 공급
拾 주울 습	拾得(しゅうとく) 습득
委 맡길 위	委員(いいん) 위원
季 계절 계	季節(きせつ) 계절
類 무리 류	種類(しゅるい) 종류
数 셈 수	数学(すうがく) 수학
張 베풀 장	緊張(きんちょう) 긴장
帳 장막 장	手帳(てちょう) 수첩

꿀팁 정리

植 심을 식	植える 심다		贈 줄 증	贈る 보내다
直 곧을 직	素直 순수함			贈与 증여
値 값 치	値する 가치가 있다		増 더할 증	増える 증가하다
	値段 가격			増加 증가
秀 빼어날 수	優秀 우수		深 깊을 심	深い 깊다
透 사무칠 투	透明 투명		探 찾을 탐	探す 찾다
幼 어릴 유	幼稚 유치		依 의지할 의	依然として 여전히
幻 헛보일 환	幻想 환상		衣 옷 의	衣類 의류
慎 삼갈 신	慎重 신중		斉 가지런할 제	一斉に 일제히
真 참 진	真実 진실		済 끝낼 제	決済 결제
複 겹칠 복	複雑 복잡		成 이룰 성	成長 성장
復 회복할 복	復元 복원		誠 정성 성	誠実 성실
審 살필 심	不審 의심스러움		謝 사례할 사	感謝 감사
番 차례 번	当番 당번		射 쏠 사	発射 발사
純 순수할 순	単純 단순		請 청할 청	請求 청구
鈍 둔할 둔	鈍感 둔감		晴 갤 청	快晴 쾌청
憎 미워할 증	憎い 밉다		伸 펼 신	伸びる 늘어나다
	憎悪 증오		申 거듭 신	申す 말하다(겸양어)

滞 막힐 체	渋滞(じゅうたい) 정체
帯 띠 대	世帯(せたい) 세대
票 표 표	投票(とうひょう) 투표
標 표할 표	目標(もくひょう) 목표
責 꾸짖을 책	責任(せきにん) 책임
債 빚 채	負債(ふさい) 부채
超 뛰어넘을 초	超過(ちょうか) 초과
越 넘을 월	超越(ちょうえつ) 초월
諦 체념할 체	諦(あきら)める 포기하다
締 맺을 체	締(し)める 조이다, 줄이다
舞 춤출 무	舞台(ぶたい) 무대
無 없을 무	無事(ぶじ) 무사함
判 판단할 판	判断(はんだん) 판단
伴 짝 반	同伴(どうはん) 동반
点 점 점	頂点(ちょうてん) 정점
占 점령할 점	占有(せんゆう) 점유
憶 생각할 억	記憶(きおく) 기억
億 억 억	一億(いちおく) 1억

警 경계할 경	警察(けいさつ) 경찰
驚 놀랄 경	驚異(けいい) 경이(놀랄 정도로 이상함)
敬 공경할 경	敬語(けいご) 경어
減 덜 감	減少(げんしょう) 감소
感 느낄 감	感動(かんどう) 감동
裕 넉넉할 유	余裕(よゆう) 여유
浴 목욕할 욕	入浴(にゅうよく) 입욕
兼 겸할 겸	兼(か)ねる 겸하다
嫌 싫어할 혐	嫌(きら)いだ 싫어하다
叫 부르짖을 규	叫(さけ)ぶ 외치다
呼 부를 호	呼(よ)ぶ 부르다
吸 마실 흡	呼吸(こきゅう) 호흡
級 등급 급	高級(こうきゅう) 고급
及 미칠 급	普及(ふきゅう) 보급
	及(およ)ぶ 미치다, 이르다
扱 다룰 급	扱(あつか)う 취급하다
苦 쓸 고	苦労(くろう) 고생
古 옛 고	古典(こてん) 고전

꿀팁 정리

練 익힐 련	くんれん 訓練 훈련
連 잇닿을 련	かんれん 関連 관련
拍 칠 박	はくしゅ 拍手 박수
泊 머무를 박	しゅくはく 宿泊 숙박
防 막을 방	ぼうはん 防犯 방범
妨 방해할 방	ぼうがい 妨害 방해
情 뜻 정	かんじょう 感情 감정
清 맑을 청	せいおん 清音 청음
精 정할 정	せいしん 精神 정신
案 생각 안	ていあん 提案 제안
委 맡길 위	い にん 委任 위임
良 어질 량	かいりょう 改良 개량
浪 물결 랑	ろう ひ 浪費 낭비
能 능할 능	のうりょく 能力 능력
態 태도 태	じょうたい 状態 상태
将 장수 장	しょうらい 将来 장래
奨 장려할 장	しょうがくきん 奨学金 장학금

刊 책 펴낼 간	はっかん 発刊 발간
肝 간 간	かんじん 肝心 가장 중요함
包 쌀 포	つつ 包む 싸다
抱 안을 포	かか 抱える 껴안다
料 헤아릴 료	し りょう 資料 자료
科 과목 과	か がく 科学 과학
問 물을 문	ほうもん 訪問 방문
門 문 문	せいもん 正門 정문
慣 익숙할 관	しゅうかん 習慣 습관
貫 꿸 관	かんつう 貫通 관통
形 형상 형	せいほうけい 正方形 정방형
型 거푸집 형	るいけい 類型 유형
記 기록할 기	き ろく 記録 기록
紀 벼리 기	せい き 世紀 세기
績 길쌈할 적	せいせき 成績 성적
積 쌓을 적	めんせき 面積 면적
破 깨뜨릴 파	やぶ 破る 깨다, 부수다
波 물결 파	なみ 波 파도

骨 뼈 골	骨折(こっせつ) 골절
滑 미끄러울 활	滑走(かっそう) 활주
付 부칠 부	添付(てんぷ) 첨부
府 마을 부	政府(せいふ) 정부
導 인도할 도	指導(しどう) 지도
道 길 도	道路(どうろ) 도로
険 험할 험	危険(きけん) 위험
検 검사할 검	点検(てんけん) 점검
島 섬 도	列島(れっとう) 열도
鳥 새 조	鳥類(ちょうるい) 조류
描 그릴 묘	描(えが)く 묘사하다, (그림을) 그리다
	描(か)く (그림을) 그리다
猫 고양이 묘	猫(ねこ) 고양이
盛 성할 성	盛大(せいだい) 성대
成 이룰 성	成功(せいこう) 성공
惨 참혹할 참	悲惨(ひさん) 비참함
参 참여할 참	参加(さんか) 참가

屈 굽힐 굴	退屈(たいくつ) 지루함
掘 파낼 굴	発掘(はっくつ) 발굴
恋 그리워할 련	恋(こい)しい 그립다
変 변할 변	変(か)える 바꾸다
快 쾌할 쾌	快適(かいてき) 쾌적
決 결단할 결	決定(けってい) 결정
微 작을 미	微妙(びみょう) 미묘함
徴 부를 징	特徴(とくちょう) 특징
紛 어지러울 분	紛(まぎ)らわしい 헷갈리기 쉽다
粉 가루 분	粉薬(こなぐすり) 가루약

경어(주요 존경 표현)

言(い)う 말하다	おっしゃる 말씀하시다
聞(き)く 듣다	お聞(き)きになる 들으시다
尋(たず)ねる 묻다	お尋(たず)ねになる 물으시다
	尋(たず)ねられる
見(み)る 보다	ご覧(らん)になる 보시다

꿀팁 정리

食(た)べる 먹다	召(め)し上(あ)がる 잡수다, 드시다
食(た)べる 먹다	お食(た)べになる
行(い)く 가다	いらっしゃる 가시다
行(い)く 가다	おいでになる
する 하다	なさる 하시다
来(く)る 오다	お越(こ)しになる 오시다
来(く)る 오다	お見(み)えになる
来(く)る 오다	いらっしゃる
来(く)る 오다	おいでになる
いる 있다	いらっしゃる 계시다
いる 있다	おいでになる
知(し)る 알다	ご存(ぞん)じ 아시다
知(し)る 알다	お知(し)りになる
持(も)つ 가지다	お持(も)ちになる 가지시다
会(あ)う 만나다	お会(あ)いになる 만나시다
会(あ)う 만나다	会(あ)われる
着(き)る 입다	召(め)す 입으시다
着(き)る 입다	お召(め)しになる
着(き)る 입다	着(き)られる
借(か)りる 빌리다	お借(か)りになる 빌리시다
借(か)りる 빌리다	借(か)りられる
読(よ)む 읽다	お読(よ)みになる 읽으시다
読(よ)む 읽다	読(よ)まれる

경어(주요 겸양 표현)

言(い)う 말하다	申(もう)す 말씀드리다
言(い)う 말하다	申(もう)し上(あ)げる
尋(たず)ねる 묻다	伺(うかが)う 여쭙다
尋(たず)ねる 묻다	お伺(うかが)いする
尋(たず)ねる 묻다	お尋(たず)ねする
聞(き)く 묻다, 듣다	伺(うかが)う 여쭙다, 듣다
聞(き)く 묻다, 듣다	拝聴(はいちょう)する 배청하다
聞(き)く 묻다, 듣다	承(うけたまわ)る

見る_み 보다	拝見する_{はいけん} 배견하다
食べる_た 먹다	いただく 먹다
	ちょうだいする
行く_い 가다	伺う_{うかが} 찾아뵙다
	参る_{まい}
する 하다	いたす 하다
いる 있다	おる 있다
知る_し 알다	存じる_{ぞん} 알다
	存じ上げる_{ぞん あ}
持つ_も 가지다	お持ちする_も 가지다
会う_あ 만나다	お目めにかかる_め 만나 뵙다
	お会いする_あ
借りる_か 빌리다	拝借する_{はいしゃく} 빌리다
	お借りする_か
読む_よ 읽다	拝読する_{はいどく} 읽다, 배독하다

Memo

다시 보기

잘 외워지지 않는 단어들은 그날그날 이곳에 정리하여 효율적으로 복습하고 시험장에서 최종 점검용으로 활용합니다.

다시 보기

공부한 날짜 : 월 일

단어	읽기	뜻	페이지
			p.
			p.
			p.
			p.
			p.
			p.
			p.
			p.
			p.
			p.
			p.
			p.
			p.
			p.

공부한 날짜 :　　월　　일

단어	읽기	뜻	페이지
			p.
			p.
			p.
			p.
			p.
			p.
			p.
			p.
			p.
			p.
			p.
			p.
			p.
			p.

다시 보기

공부한 날짜 : 월 일

단어	읽기	뜻	페이지
			p.
			p.
			p.
			p.
			p.
			p.
			p.
			p.
			p.
			p.
			p.
			p.
			p.
			p.

공부한 날짜 :　　월　　일

단어	읽기	뜻	페이지
			p.
			p.
			p.
			p.
			p.
			p.
			p.
			p.
			p.
			p.
			p.
			p.
			p.
			p.

다시 보기

공부한 날짜 : 월 일

단어	읽기	뜻	페이지
			p.
			p.
			p.
			p.
			p.
			p.
			p.
			p.
			p.
			p.
			p.
			p.
			p.
			p.

공부한 날짜 : 월 일

단어	읽기	뜻	페이지
			p.
			p.
			p.
			p.
			p.
			p.
			p.
			p.
			p.
			p.
			p.
			p.
			p.
			p.

다시 보기

공부한 날짜 :　　월　　일

단어	읽기	뜻	페이지
			p.
			p.
			p.
			p.
			p.
			p.
			p.
			p.
			p.
			p.
			p.
			p.
			p.
			p.

공부한 날짜 : 월 일

단어	읽기	뜻	페이지
			p.
			p.
			p.
			p.
			p.
			p.
			p.
			p.
			p.
			p.
			p.
			p.
			p.
			p.

다시 보기

공부한 날짜 :　　월　　일

단어	읽기	뜻	페이지
			p.
			p.
			p.
			p.
			p.
			p.
			p.
			p.
			p.
			p.
			p.
			p.
			p.
			p.

공부한 날짜 :　　　월　　　일

단어	읽기	뜻	페이지
			p.
			p.
			p.
			p.
			p.
			p.
			p.
			p.
			p.
			p.
			p.
			p.
			p.
			p.

다시 보기

공부한 날짜 : 월 일

단어	읽기	뜻	페이지
			p.
			p.
			p.
			p.
			p.
			p.
			p.
			p.
			p.
			p.
			p.
			p.
			p.
			p.

공부한 날짜 :　　월　　일

단어	읽기	뜻	페이지
			p.
			p.
			p.
			p.
			p.
			p.
			p.
			p.
			p.
			p.
			p.
			p.
			p.
			p.

다시 보기

공부한 날짜 :　　월　　일

단어	읽기	뜻	페이지
			p.
			p.
			p.
			p.
			p.
			p.
			p.
			p.
			p.
			p.
			p.
			p.
			p.
			p.

공부한 날짜 :　　월　　일

단어	읽기	뜻	페이지
			p.
			p.
			p.
			p.
			p.
			p.
			p.
			p.
			p.
			p.
			p.
			p.
			p.
			p.

다시 보기

공부한 날짜 : 월 일

단어	읽기	뜻	페이지
			p.
			p.
			p.
			p.
			p.
			p.
			p.
			p.
			p.
			p.
			p.
			p.
			p.
			p.

공부한 날짜 : 월 일

단어	읽기	뜻	페이지
			p.
			p.
			p.
			p.
			p.
			p.
			p.
			p.
			p.
			p.
			p.
			p.
			p.
			p.

다시 보기

공부한 날짜 : 월 일

단어	읽기	뜻	페이지
			p.
			p.
			p.
			p.
			p.
			p.
			p.
			p.
			p.
			p.
			p.
			p.
			p.
			p.

공부한 날짜 :　　월　　일

단어	읽기	뜻	페이지
			p.
			p.
			p.
			p.
			p.
			p.
			p.
			p.
			p.
			p.
			p.
			p.
			p.
			p.

다시 보기

공부한 날짜 :　　　월　　　일

단어	읽기	뜻	페이지
			p.
			p.
			p.
			p.
			p.
			p.
			p.
			p.
			p.
			p.
			p.
			p.
			p.
			p.

공부한 날짜 :　　　월　　　일

단어	읽기	뜻	페이지
			p.
			p.
			p.
			p.
			p.
			p.
			p.
			p.
			p.
			p.
			p.
			p.
			p.
			p.

다시 보기

공부한 날짜 : 월 일

단어	읽기	뜻	페이지
			p.
			p.
			p.
			p.
			p.
			p.
			p.
			p.
			p.
			p.
			p.
			p.
			p.
			p.

공부한 날짜 : 월 일

단어	읽기	뜻	페이지
			p.
			p.
			p.
			p.
			p.
			p.
			p.
			p.
			p.
			p.
			p.
			p.
			p.
			p.

다시 보기

공부한 날짜 :　　월　　일

단어	읽기	뜻	페이지
			p.
			p.
			p.
			p.
			p.
			p.
			p.
			p.
			p.
			p.
			p.
			p.
			p.
			p.

공부한 날짜 :　　월　　일

단어	읽기	뜻	페이지
			p.
			p.
			p.
			p.
			p.
			p.
			p.
			p.
			p.
			p.
			p.
			p.
			p.
			p.

Memo